Bequem war er nie
Christian Schwarz-Schillings
Leben für die Politik

Christian Schwarz-Schilling
Porträtzeichnung von Ernst Günter Hansing, Bonn, 1999.

Bequem war er nie

Christian Schwarz-Schillings Leben für die Politik

Beschrieben von
Karl Hugo Pruys

edition q

Die Deutsche Bibliothek - CIP-Einheitsaufnahme

Bequem war er nie : Christian Schwarz-Schillings Leben für die Politik / beschrieben von Karl Hugo Pruys. - Berlin : Ed. q, 2000
ISBN 3-86124-527-2

Druck und Bindung: Ebner Ulm
Printed in Germany

ISBN 3-86124-527-2

Inhalt

Als Voraussetzung für das Zustandekommen der Friedensverhandlungen lassen sich hauptsächlich zwei Faktoren benennen:
1. dass auf beiden Seiten der Wunsch nach Frieden bestanden hat; ...
2. dass diese Friedensbereitschaft nicht ungenutzt verstrichen ist, sondern durch einen glücklichen Umstand politisch wirksam werden konnte. Dieser glückliche Umstand lag darin, daß Wang Chi-chung als der richtige Mann zur richtigen Zeit am richtigen Ort einen entsprechend großen Einfluss besaß, er seine Aufgabe als Friedensmittler erkannte und es ihm nach unermüdlichem Einsatz gelungen war, beide Seiten an den Verhandlungstisch zu führen.

Christian Schwarz-Schilling: Der Friede von Shan-Yüan.
Ein Beitrag zur Geschichte der chinesischen Diplomatie.

Vorwort

Über Christan Schwarz-Schilling - den Sinologen, Musikliebhaber, Unternehmer, Parlamentarier, längstgedienten deutschen Postminister und schließlich den Streitschlichter in Bosnien - zu schreiben, bedeutet fast durchweg die reine Freude. Vielleicht schon deshalb, weil es einem Autor bei diesem Manne niemals langweilig wird. Er selbst verabscheut Langeweile und sorgt dafür, dass sie bei ihm niemals aufkommt.

So lange der nun Siebzigjährige die deutsche Innenpolitik mit gestaltete, so lange beschäftigten seine im Bundestag geäußerten Ideen und seine Beiträge zur Gestaltung der Politik in der Bundesregierung Millionen Menschen im Lande. Auch nach acht Jahren der Abkehr von der so genannten großen Politik im Bundeskabinett ist er bei den Bürgern immer noch in guter Erinnerung: Wer den CDU-Abgeordneten auf seinen Wegen vom Berliner Parlamentsbüro zum Reichstag begleitet, wird es erleben, dass ihn regelmäßig Passanten um ein Autogramm bitten und sich mit ihm fotografieren lassen. Der „Christian von der Post" ist vielen Bürgern unvergessen.

Schwarz-Schilling zählt unstreitig zu den herausragenden Namen der Nachkriegspolitik in Deutschland. Zu den Christdemokraten jedenfalls, die maßgeblich am Aufbau und der Modernisierung des Lebens hierzulande beteilig waren. Er war zu keiner Zeit jeweils nur das Eine: Medienplaner, Macher, Minister oder Menschenfreund. Zwar fand seine Tätigkeit im Kabinett Kohl irgendwann ein, übrigens: dramatisches Ende; doch wenn der heutige Firmeninhaber in der IT-Branche über neue Techniken redet, hört man immer noch den einstigen Ressortchef für das Post- und Fernmeldewesen heraus. Als ihn die „Süddeutsche" einmal fragte, weshalb er den „gewaltigen Sprung von den Postleitzahlen zu jugoslawischen Massakern" gemacht habe, und ob ihm denn die gute alte Post etwa zu langweilig geworden sei, da antwortete der vormalige Minister ungerührt: „Nein, überhaupt nicht!! Die Post halte ich für das Spannendste, was es gibt." Und wie es seiner Erzählweise entspricht, ergänzte Schwarz-Schilling auch in diesem Falle seine Erklärung mit einem anschaulichen, wenn auch zeitlich weit zurückliegenden Beispiel. Denn wie spannend und wichtig ihm beispielsweise das Fernmeldewesen sei, das habe er schon in der Kindheit kapiert: „Mich hat mal die Gestapo erwischt, als ich mit einem selbst gebastelten Radio Fremdsender gehört hatte. Ich musste den Apparat daraufhin zerstören und ihn auf einem Leiterwagen durch unser Dorf abtransportieren. Das war demütigend. Und damals habe ich mir geschworen, dass ich mich in einem freien Land für viele Sender einsetzen werde, die jeder empfangen kann." Eine schöne Geschichte, und der spätere Minister für das Post- und Fernmeldewesen garantiert tür deren Authentizität.

Früh sagte er sich: „Man lebt nur dreimal". Und fand den Weg über das hessische Landesparlament in den Bundestag, verpasste nicht den Aufstieg in die Bundesregierung, und rundet nun sein öffentliches Wirken mit der seit Jahren erfolgreichen Arbeit als Internationaler Streitschlichter in Bosnien ab.

Man kann nicht sagen, er verfüge über ein ungewöhnliches Quantum Charisma. Aber er besitzt ein Maß an Originalität, das in der überwiegend graumelierten politischen Landschaft selten geworden ist. Zudem ziert ihn ein Umstand, der es vor allem seinem Kanzler und Parteivorsitzenden Helmut Kohl stets schwer werden ließ, seinen Medienexperten und erst recht seinen Postminister zu gängeln oder gar zu lenken: Schwarz-Schilling war und ist unabhängig, und zwar nicht nur in materieller Hinsicht, was der früher einmal so genannte „schwarze Riese" bei seinen politischen Weggefährten überhaupt nicht mag. Von Abhängigkeit bei S.-S., wie er nach alter Gewohnheit bei seinen Mitarbeitern heißt, jedenfalls keine Spur! Schwarz-Schilling machte Karriere unter Kohl ausschließlich wegen seines unabweisbaren Könnens, seiner durch andere nicht ersetzbaren Kompetenz in fachlichen Angelegenheiten. Als der Postminister wegen unvereinbarer Ansichten innerhalb der Bundesregierung bei der Durchsetzung der Menschenrechte - manche meinen, es habe sich im Grunde doch nur um die ins Stocken geratene Postreform gehandelt - überraschend sein Ministeramt niederlegte, bewies er großen Mut und eine noch größere Unabhängigkeit. Niemals zuvor oder nach ihm hatte ein Minister unter dem Regime Kohl einen solchen Schritt gewagt. Bei diesem „deutschen Querkopf" hatte sich der Dickkopl'einmal durchgesetzt. Und im Gegensatz zu anderen Kabinettsmitgliedern, die aus den unterschiedlichsten Gründen vorzeitig ihre Ämter quittierten, ist unser Mann keineswegs in der Versenkung verschwunden. Er hat weder die Partei gewechselt noch seinen Prinzipien abgeschworen.

Denn seine politische Orientierung in einem strikt freiheitlich definierten christlich-demokratischen Milieu steht außer Frage. Bei seinen politischen Vorlieben dagegen erlaubt er sich Extratouren, die seine engeren Freunde zuweilen irritieren mögen. So lässt sich Schwarz-Schilling nicht davon abbringen, etwa den nordrhein-westfälischen Ministerpräsidenten Wolfgang Clement, Sozialdemokrat vom Scheitel bis zur Sohle, wegen dessen industriepolitisch richtigen Entscheidungen zu loben und umgekehrt von diesem Anerkennung für medienpolitisch wegweisende Entscheidungen in der Vergangenheit dankbar zu registrieren. Und wenn die Grüne Claudia Roth im Ausschuss für Menschenrechte des Deutschen Bundestages eine Politik betreibt, mit der unser Streitschlichter in Bosnien „voll und ganz übereinstimmt“, dann sagt er dies frei heraus. Als auf Betreiben der Grünen der vormalige „Unter“ausschuss für Menschenrechte beim Regierungswechsel 1998 zu einem regulären Ausschuss aufgewertet wurde, hat das niemanden so sehr gefreut wie Schwarz-Schilling. Offensichtlich geht es ihm um die Sache, nicht um die Parteifarbe.

Er ist ein in vieler Hinsicht Eigenwilliger und Selbstbestimmter, wie ihn jede Demokratie, die von den Rändern her zu verkümmern droht, benötigt, damit die Schläfrigen und Bequemen auf's Neue wach gerüttelt werden. Vor allem aber: Die Angepassten, die allzu Willfährigen, die sich aus falsch verstandener Treue zu ihrem jeweiligen „General“ abhängig fühlen und deshalb im Leben eines freiheitlich-selbstbestimmten Gemeinwesens wenig auszurichten hahen.

Bei der historischen Debatte des Bundestages über eine nochmalige Verlängerung der Verjährungsfrist (für Mord, d. h. in diesem Fall für Nazi-Verbrechen) im April 1979 bescheinigte ihm die angesehene „Frankfurter Allgemeine Zeitung“ in ihrem Leitartikel, „eine der besten Reden gehalten“ zu haben. Und über die amerikanisclle Fernsehserie „Holocaust“ äußerte er bewegt, sie habe „die Schicksale einzelner Personen und Familien, in ihrer Tragik, aber auch in ihrer Liebe und Zärtlichkeit untereinander, mit ihren Freuden und ihrem furchtbaren Leid nachgezeichnet und beim Zuschauer an den Bildschirmen dadurch ein inneres Beben ausgelöst...“ Selten eindringliche Worte, und noch seltener zu hören aus dem Munde eines Politikers!

AIs seine größte Leistung darf man die Vorbereitung und Durchsetzung der Postreform betrachten, selbst wenn sie bis heute nicht in allen Teilen vollendet ist. Hier und da hat er sich im Nachhinein korrigieren müssen, doch das Ganze hat Gestalt angenommen. Die Reformen sind mittlerweile politisch konsumiert und gesamtgesellschaftlich akzeptiert. Sie werden für immer vornehmlich mit seinem Namen verbunden bleiben.

Schwarz-Schilling selbst sieht sich unterdessen als einer, der jetzt vor allem den Menschen in einer neuen Staatenordnung auf dem Balkan helfen möchte. Seine Rolle als Internationaler Streitschlichter in Bosnien ist noch nicht ausgespielt. Vermutlich ist er häufiger bei seinen bosnischen Freunden anzutreffen als daheim in Büdingen. Im Herbst 1999 konnte er in einem ausführlichen Beitrag in der von der Konrad-Adenauer-Stiftung herausgegebenen Zeitschrift „Die politische Meinung" seiner begründeten Hoffnung Ausdruck verleihen, „die Erkenntnis (sei) gewachsen, dass es der Zusammenarbeit des NATO-Bündnisses inklusive der Führungsmacht der Vereinigten Staaten bedarf, um dieser Krise in Europa Herr zu werden..." Insbesondere begrüßt er die Benennung eines für die sicherheits- und außenpolitischen Fragen zuständigen EU-Kommissars. Dies sei ein Signal und ein Schritt in die richtige Richtung: „Einen solchen Zeitpunkt, zu dem sich die Entwicklungen in Ost- und Westeuropa zusammen mit den Vereinigten Staaten für eine gemeinsame Zielsetzung mehr und mehr aufeinander zu bewegen, hat es in den vergangenen Jahren nicht gegeben. Diese Konstellation birgt die große und vielleicht einmalige Chance, dass der Stabilitätspakt ein Erfolg werden kann." Dies wäre Schwarz-Schilling und uns allen zu wünschen.

Bonn, im Herbst 2000 — Karl Hugo Pruys

Bequem war er nie

Christian Schwarz-Schillings Leben für die Politik

Ein „deutscher Querkopf“

Er wäre gern Maler in Chinas Sung-Dynastie geworden, um seiner Phantasie mit filigranem Pinselstrich unsterbliche Bilder zu entlocken. Vielleicht wohl auch ein Gottesgelehrter, wenn es denn so gekommen wäre, dass er im späten Mittelalter lebte. Für die Neuzeit hätte er es vorgezogen, Komponist zu sein, ein kleiner Mozart wohl gar. Für das späte 19. oder das 20. Jahrhundert stand auf dem Katalog seiner Berufswünsche: Naturwissenschaftler.

Alles das ist Christian Schwarz-Schilling nicht beschieden gewesen. Er wurde Politiker. Und dessen Beruf hat er, wie Hunderte mit ihm, „von der Pike auf gelernt“. Was natürlich nichts anderes heißen will, als dass er, mit der Kommunalpolitik beginnend, schließlich in den Landtag von Hessen gewählt wurde, um in den siebziger Jahren in den Bundestag zu wechseln und, als Krönung seiner Laufbahn, 1982 Bundesminister im ersten Kabinett Helmut Kohls zu werden.

Das wäre, für sich genommen, noch nichts Besonderes: Wenn da nicht eine ungewöhnliche Herkunft aus einer höchst musischen, nicht nur Musik ausübenden Familie gewesen wäre. Und ein absolut ausgefallenes Studienfach, die Sinologie, Schwarz-Schilling als einen singulären Fall in der deutschen Politik seit dem zweiten Weltkrieg kennzeichnete.

Der Vater Komponist, dazu ausübender und lehrender Musiker. Die Mutter, aus Polen stammend, eine renommierte Pianistin. Die bei ungewöhnlichen Berufen nicht ungewöhnlichen Wohnwechsel bringen es mit sich, dass Schwarz-Schilling 1930 in Innsbruck geboren wird, doch in der Reichshauptstadt Berlin aufwächst und die Schule besucht. In einer ihn umgebenden Atmosphäre von Kunst und Musik erlernt der junge Mann das Klavier- und Flötenspiel, glaubt am Ende aber trotz hingebungsvoller Liebe zur Welt der schönen Töne nicht, daraus einen Beruf machen zu können. Dem zeitweiligen

SPD-Parteisprecher und nachmaligen SFB-Intendanten Franz Barsig liefert der Postminister 1986 in einem Interview die Begründung dafür nach, weshalb er die Musen nicht so nah an sich herangelassen hat, um voll von ihm Besitz ergreifen zu können. Dass er vielmehr dem tätigen Leben, schließlich der Politik, den Vorzug gab: „Ich habe durch eigenes Erleben in der Nazi-Zeit, und noch in der Nachkriegsära gespürt, wie wichtig es ist, sich für die Demokratie zu engagieren..."

Zunächst aber hieß es, sich in der Welt umzusehen, einen passenden Beruf zu wählen und sich danach im praktischen Leben zu bewähren. Wie so viele seines Jahrgangs entschied sich der Abiturient für das Jura-Studium. Eine vorläufige Wahl, keine Festlegung auf Dauer, wie sich schon bald zeigen wird. Ein Wechsel kündigte sich an. Wobei „König Zufall" das künftige Geschehen regierte. Schwarz-Schilling erinnert sich:

„Der eigentliche Anstoß, das Fach zu wechseln, war eine wunderbare Ausstellung chinesischer Malerei der Sung-, Ming- und Chin-Zeit im Berliner 'Haus am Waldsee'. Dort habe ich gesehen, wie diese Bilder in einem ganz engen Zusammenhang mit den Beschriftungen stehen und wie wunderbar diese Schriftzeichen zum Bild passen. Ich habe es bedauert, dass man das nicht selber lesen kann, weil es doch zu dieser Kunst gehört. Genau vierzehn Tage später stieß ich dann auf eine Anzeige über einen Chinesisch-Kurs an der Volkshochschule in Berlin-Zehlendorf. Ich habe mich dort zum Abendkurs angemeldet, und fand das im Laufe der nächsten Wochen immer interessanter ... Beim Wechsel nach München habe ich also als Nebenfach Sinologie belegt. Weil mich Jura nicht hinreichend motivierte. Ich belegte meine Fächer nun an der Philosophischen Fakultät: Zunächst als Hauptfach Geschichte, und als Nebenfach Sinologie. Später dann umgekehrt. Damals hatte ich das Empfinden, mit diesem Kombinationsstudium den wesentlichen Fragen und Antworten der Menschen und der Welt am ehesten näher zu kommen."

Diese Entscheidung blieb prägend für sein ferneres Leben. Es bewegte sich, allen praktischen Zwängen und Bindungen in einem langen Parlamentarierdasein zum Trotz, auf diese Weise oft auf der Grenzlinie zwischen Künstler und Gelehrtem. Nach dem Zusammenbruch des Nationalsozialismus waren romantische Lebensentwürfe nach dem Muster des Studenten Schwarz-Schilling eher die Regel statt eine Ausnahme. Ungewöhnlich bleibt sein Hang zur Eigenwilligkeit in Darstellung und politischer Profilierung seiner öffentlichen Äußerungen. In einer Porträt-Serie der Hamburger Wochenzeitung „Die Zeit“ zu den Eliten der Gegenwart zählte man Schwarz-Schilling zu den „Deutschen Querköpfen“, was natürlich als Kompliment der Sonderklasse verstanden werden will. Er gilt vielen im Lande als einer, der es sich leisten kann, „nicht *von* der Politik zu leben, sondern *für* die Politik“.

So hat er es stets gehalten. Seine Lebensumstände erleichterten dem promovierten Sinologie-Absolventen diese Entscheidung, weil er mit untrüglichem Instinkt für das jeweils Machbare und Praktische sich illusionslos, doch einigermaßen komfortabel im Dasein einzurichten wußte. Gemäß dem Motto: „Geld ist nicht alles, aber ohne Geld ist alles nichts“, übernahm der 27jährige die Geschäftsführung der familieneigenen Accumulatoren-Fabrik Sonnenschein GmbH. Das Leben hat eben eine handfeste Seite, auf der gewinnorientiert geplant und für den Unterhalt der Familie gearbeitet werden muss. Und eine andere, geistige Sphäre, in der man den nötigen Treibstoff für das tätige Dasein tankt. In diesem Gleichgewicht bewegte sich das ansonsten wechselvolle Schicksal des Sinologen, Musikers, Parlamentariers, Mittelständlers, Medienexperten, dienstältesten Postministers und internationalen Streitschlichters bis zur Vollendung des siebzigsten Lebensjahres.

Schwarz-Schilling gehört nebenbei zu den wenigen deutschen Staatspersonen der Gegenwart, die etwas von Philosophie verstehen, und deshalb begründen können, weshalb es sich immer noch lohnt Schopenhauer zu lesen und Hegel allenfalls andächtig in der Mottenkiste preußischer Orthodoxie aufzubewahren. Er braucht, anders als die zahllosen Schönredner und Blender es in ihren Sonntagsreden halten, seine Philosophiekenntnisse nicht, um mit ihnen durch Zitate zu glänzen. Es gibt eine Ausnahme, die alten Chinesen. Doch bei ihnen ist es eine von Jugend an sich entwickelnde, offenbar durch eine gewisse Geistesverwandtschaft geprägte Neigung, sich auch in politicis mit ihnen zu beschäftigen und seine Mitwelt an seinem Wissen teilhaben zu lassen.

Auf diese und keine andere Weise kommt es häufig zu Hinweisen auf die asiatischen Klassiker. Von ihrer Weisheit hat er seit der Studentenzeit in vieler Hinsicht profitiert. Vorzugsweise in halboffiziellen Gesprächen. Seltener bei der Ausübung des Politikerberufes, wobei er dem Umstand Rechnung trägt, dass die meisten seiner Parlamentskollegen ohnehin wenig davon verstehen dürften. Erst recht nicht der „Christian von der Post“, als den sich Minister Schwarz-Schilling nach guter alter PR-Manier preisen ließ, renommiert mit asiatischer Weltsicht. Mit Lust dagegen der Privatmensch, wie bei

Gelegenheit des 80. Geburtstages seines Vaters Reinhard, des leidenschaftlichen Musikers und angesehenen Komponisten.

Die Stunden, in denen der umtriebige, fast rastlose Politikmensch nach Ruhe, ja mehr: Harmonie verlangt, setzt den Sinologen immer wieder in seine Rechte: Der Presse gegenüber versäumt er niemals darauf hinzuweisen, dass Meditation für ihn eine tägliche Übung darstellt: „Seit vielen Jahren mache ich das morgens, eine Viertelstunde. Das gibt mir Kraft." Das Sinologie-Studium hat ihn gelehrt, dass sich bei den Chinesen „schon sehr früh der Glaube einer universalen Ordnung des Kosmos und daher notwendiger Harmonie zwischen Mensch und Kosmos ausbildete." Diese Harmonie, die er im Familienkreise zu beschwören pflegt, möchte der Politiker freilich ebenso gern im öffentlichen Leben verwirklicht sehen.

Für Schwarz-Schilling wissen die alten Chinesen auch in diesem Falle um den rechten Weg: „Das Regieren des chinesischen Kaisers diente dem Streben danach, den Makrokosmos der Natur mit dem Mikrokosmos des Menschen in Einklang zu halten, so dass sich alle Regeln für das Zusammenleben der Menschen aus der natürlichen Ordnung der Dinge ableiten lassen..."

Es überrascht nicht, dass ein im wohlverstanden konservativen Sinne denkender Schwarz-Schilling an der hierarchischen Ordnung der Gesellschaft nicht nur keinen Anstoß nimmt, sondern sie ausdrücklich unter Berufung auf das chinesische Weisheitsbuch „der Sitte" in einem Gedenkartikel für seinen Vater beschwört: „Wer seine Person bilden will, darf es nicht unterlassen, seinen Eltern zu dienen. Wer seinen Eltern dienen will, darf es nicht unterlassen, die Menschen zu erkennen. Wer den Menschen kennen will, darf es nicht unterlassen, den Himmel zu erkennen ... Außer dem Himmelsohn (Kaiser) hat niemand das Recht, die Sitten zu bereden, Maße zu schaffen und die Schreibart zu prüfen..."

Seine 1959 publizierte Dissertationsschrift handelt vom „Frieden von Shan-Yüan" (1005 n. Chr.), ein „Beitrag zur Geschichte der chinesischen Diplomatie". Neben anderen solcher Verträge gilt der Friede von Shan-Yüan Schwarz-Schilling als aufschlussreicher Kristallisationspunkt im zwischenstaatlichen Verkehr Ostasiens. Nicht zufällig scheint er sich dieses Thema gewählt zu haben. In seiner schwierigen Aufgabe als Streitschlichter für Bosnien-Herzegowina kann er Jahrzehnte später darauf Bezug nehmen. Es geht um Frieden durch großmütigen Ausgleich der Interessen, offenbar um einen ausdrücklichen Verzicht darauf, mit Macht und der Durchsetzungskraft militärischer Instrumente aufzutrumpfen.

Das muss den jungen Mann nach dem Abschluss seines Studiums gefesselt haben: Die Idee, dass Macht, mit Umsicht gepaart, Nützlicheres für das Leben der Völker in engerer Nachbarschaft bewirken kann. Denn, so die Schlussfolgerung des Sinologen in seiner Dissertation: Der Friede von Shan-Yüan beendete eine längere Periode kriegerischer Auseinandersetzungen und eröffnete zwischen der Sung-Dynastie und dem Liao-Reich der nördlich von ihrem Herrschaftsgebiet benachbarten Kitan eine noch längere Periode des Friedens. Durch Einsicht und Nachgeben, und durch freiwillige „Reparationen", die China nicht deshalb gewährte, weil es etwa aus Schwäche handelte, sondern in Übereinstimmung mit einem offensichtlich ebenso klugen Nachbarn, der auf den schätzenswerten Vorteil einer Friedensperiode vertraute!

Wenn dies etwa den Vorwurf eines „Harmonie"-Strebers rechtfertigte, so wollte Schwarz-Schilling ihn gern ertragen. In seinem späteren Leben wird er vielfältige Gelegenheit finden zu beweisen, dass er es mit seinen in den Studienjahren gewonnenen Erkenntnissen ernst meint. Ein Idealist? Schwarz-Schilling hielt meist ebenso trotzig wie tapfer dagegen: Mit einem klaren Bekenntnis zu einem wohlverstandenen Realismus. Große Worte liebt er ohnehin nicht. Sein Fazit, oft zitiert, lautet beinahe simpel, jedenfalls unauffällig und genauso lapidar: „In Theorie und Praxis Erfahrungen zu sammeln, ist immer eine außerordentlich gute Kombination." Das fand er schon als junger Mann heraus, wobei ihn die Familie darin bestärkte, in der er aufwuchs. Eine Rolle, die später seine akademischen Lehrer übernahmen, nach dem Studium abgelöst von der beruflichen Wirklichkeit und einem allmählichen Hineinwachsen in öffentliche Verantwortung zunächst als Kommunal-, dann Landes- und schließlich als Bundespolitiker.

Jugenderinnerungen

Mit nicht einmal acht Jahren wurde Christian, Sohn aus bürgerlichem Hause mit stark musischen Akzenten und christlichem Weltbild, anläßlich eines Besuchs im Hause des Großvaters in Hannover „zum erstenmal klar, dass wir in einer schwer durchschaubaren und gefährlichen Welt lebten". Was war geschehen?

Angesichts der Zustände im Dritten Reich mit seinen zahllosen Unwägbarkeiten, was Bespitzelung und nachbarliche Kontrolle betraf, etwas nur Alltägliches: Die Familie saß gerade im Erker des großen

Schwarz-Schillings Urgroßvater Carl Friedrich Wilhelm Gisbert Schwarz (1839 - 1908), Nachkomme des kurpfälzischen Hofrats, Professors für Ökonomie, Augenarztes und Dichters Johann Heinrich Jung-Stilling. Dieser ist uns bis heute als Jugendfreund Goethes und Herders bekannt.

Wohnzimmers, Christian spielte mit dem jüngeren Bruder gerade „Fang den Hut", da fiel schon mal der halb neugierige, halb gelangweilte Blick durchs Fenster auf die Straße. Christian entdeckte einen Passanten mit einem deutlich sichtbaren gelben Stern auf der Brust. Das führte umgehend zu der Frage, was das denn zu bedeuten habe?

Seine Tante, an die er die Frage richtete, schwieg zunächst, rückte dann aber mit der verlegen vorgetragenen Erklärung heraus, es handle „sich um Juden, und die müßten so etwas tragen".

Nach seiner bis heute lebendigen Erinnerung glaubt Schwarz-Schilling, mit seiner Fragerei allen Anwesenden gründlich die Laune ver-

Schwarz-Schillings Eltern, sie heirateten 1929.

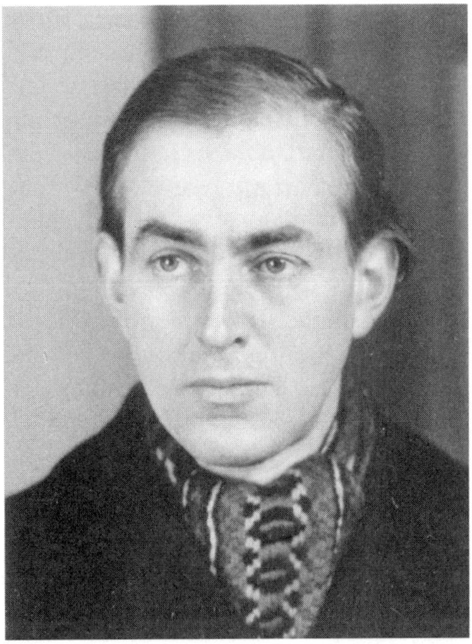

Der Vater, Reinhard Schwarz-Schilling, Komponist und Dirigent (Aufnahme um 1947).

Die Mutter, Dusza von Hakried, Konzertpianistin, aus Polen stammend.

dorben zu haben. Jedenfalls schien die Stimmung im Eimer. Doch was sollten Großeltern, Eltern oder Tanten auch dazu sagen? Was sollte, was musste ein Achtjähriger womöglich davon wissen? Der Vater beließ es nicht beim betretenen Schweigen. Von ihm erfuhr Christian, nachdem man einige Wochen darauf nach Geltow bei Potsdam in die elterliche Wohnung zurückgekehrt war, was es mit der entwürdigenden Etikettierung, sprich: dem Judenstern, auf sich habe. Und bei dieser Gelegenheit klärte ihn der Vater über das lauernde Unheil auf, das der Nationalsozialismus verbreitete - und von dem Kinder sich keine rechte Vorstellung zu machen wussten. Es war die erste und sein ferneres Leben tief berührende Erfahrung, dass die Welt nicht heil sei, sondern eine kaum abschätzbare Bedrohung darstelle, geradezu unheimlich, nicht deutbar und in jedem Augenblick auf die eine oder andere Weise gegenwärtig.

Als Christian zehn Jahre alt war, konnte nicht länger verheimlicht werden, womit er und seine Familie es zu tun hatten: Mit einer Umgebung, vor der sie sich besser in Acht nahmen. Ernüchternde Wirklichkeit, mit der ein auf die Welt und ihre angeblich tausend Wunder neugieriger Bub da konfrontiert wurde! NSDAP-Schnüffler und Denunzianten machten ihnen fast täglich zu schaffen. Die Mutter, aus Polen stammend, ambitionierte Konzertpianistin, war mit Auftrittsverbot belegt worden und schwebte damit bereits in akuter Gefahr. In der Schule musste sich der Quintaner „Polakensohn“ beschimpfen lassen. Und in den Wochen nach dem Überfall auf Polen brüllte der Pächter ständig irgendwelche Siegesmeldungen über den Hof, wobei er die Namen eroberter Städte mit gehässigem Unterton skandierte, um Mutter Schwarz-Schilling zu verletzen... Eine schreckliche Zeit für einen Heranwachsenden, für den die Familie doch der einzige Ort der Ruhe und Ausgeglichenheit gewesen war.

Doch die Umstände, sie waren nicht so. Das Leben der Schwarz-Schillings hatte nicht nur schöne Seiten, weiß Gott nicht. Bis zum Kriegsende - und damit dem unwiderruflichen Niedergang des Hitler-Regimes - lief es in unsicheren Bahnen, immer wieder in prekäre Situationen gestellt, die nur unter Aufbietung starker Nerven und großer Geisteskraft zu meistern waren.

Dem Vater hatte man an der Musikhochschule, an der er als Lehrer tätig war, mit allen Zeichen der Unnachgiebigkeit „nahegelegt“, der NSDAP beizutreten, wogegen er sich die ganze Zeit gewehrt hatte, und wobei er geblieben ist. Christians ältere Schwester wurde für Wochen bei der Gestapo festgehalten, die Eltern mehrere Mal zu stundenlangen Verhören bestellt, einzeln und getrennt. Eine Tortur für

Der kleine Christian im Alter von fünf Jahren im Garten des Hauses in Feldafing, in dem die Familie in den 30er Jahren wohnte.

Der Vater mit den Söhnen Fridolin und Christian (rechts), kurz nach dem Ende des 2. Weltkrieges.

den zu Hause wartenden Gymnasiasten, der zudem auf den kleineren Bruder aufpassen musste. Die bangen Stunden, in denen er – wenn es dann Abend geworden war – auf die Heimkehr von Vater und Mutter vergeblich hoffte, wird er sein Leben lang nicht vergessen können.

Aber es gibt auch eine andere Seite des Daseins, und ein kleiner Lichtblick fällt auf das düstere Schicksal der Familie. Der Vermieter des von den Schwarz-Schillings bewohnten Hauses, vormals jüdisches Eigentum und jetzt in der Hand eines ranghohen Mitglieds der „Organisation Todt", will es für sich selbst, da seine Frau „die Fliegerangriffe in Berlin nicht mehr ertragen kann". Eine Klage wird abgeschmettert, doch beim Kammergericht haben Schwarz-Schillings Glück. Geglaubt hatte niemand mehr daran. Ein paar Monate war man wieder bereit an einen Rest von Gerechtigkeit im Staate zu glauben.

Auch auf dem humanistischen Gymnasium in Potsdam wiederholte sich das doppelgleisige Spiel der Verwirrung der Gefühle. Einige Lehrer gaben sich als fanatische Nazis, andere wiederum erfüllten auf diesem Gebiet allenfalls Pflichtübungen. Und Christian lernt etwas im Geschichtsunterricht, was er später bei Max Weber bestätigt findet: Dass die Ideen den Taten vorangehen. Und man deshalb in ihnen Ursprung und Beweger geschichtlicher Abläufe und Veränderungen oft schon lange vor den Ereignissen erkennen kann.

Weil er noch zu jung ist, und ein in Aussicht genommener Musterungsbescheid nicht mehr rechtzeitig eintrifft, bleibt ihm die Einberufung in die Waffen SS -letztes Aufgebot im Kriegswinter 1944/45 - erspart. „Gott sei dank!", wie Schwarz-Schilling später ausrufen wird. Ehrlicherweise fragt er sich aber eines Tages, was geschehen wäre, wenn es denn doch noch dazu gekommen wäre? Seine Antwort ist von entwaffnender Offenheit: „Nur ein gütiges Geschick hat mich vor solchem Irrtum bewahrt. Das war keine Tugend, keine eigene Leistung, kein Opfer, kein heldenhafter Widerstand gegen böse Versuchungen. Und wenn man das einmal erfahren und begriffen hat, dann werden Steine unendlich schwer, wenn man sie aufhebt, um sie auf Menschen zu werfen, die in früheren Lebensphasen anders gehandelt haben als es der Einsicht ihrer späten Jahre entspricht..."

Christian als Gymnasiast 1947, mit 17 Jahren bei Verwandten in Stockholm, um wieder zu Kräften zu kommen.

Der Mittelständler blickt weit voraus

Als Sinologe und Kenner der chinesischen Geschichte hatte sich Schwarz-Schilling daran gewöhnt, weit zurückzuschauen und gleichwohl die Zusammenhänge nicht aus dem Auge zu verlieren. Dies befähigte ihn als Parlamentarier und bekennenden Mittelständler dazu, gelegentlich weit in die Zukunft zu schauen und sich dabei ebenso wenig zu irren wie er es im Blick auf fernöstliche Historie tat.

Da er als junger Mann bereits für einen mittelständischen Betrieb als Geschäftsführer verantwortlich war, schien ihm der Weg in den politisch organisierten Mittelstand der Christlich-Demokratischen Union/CDU praktisch vorgezeichnet. Diesen Weg schlug er frühzeitig ein, und ging ihn so konsequent wie irgendeiner. Als Schwarz-Schilling 1992 als dienstältester Postminister der Bundesrepublik Deutschland von seinem Kabinettsposten zurücktrat, feierte ihn der namhafte Politologe Hans-Peter Schwarz in der „Welt" als den „letzten Unternehmer" im Parlament. Auch in früheren Kabinetten waren Unternehmer freilich ausgesprochene Mangelware, und dies galt auch für die CDU/CSU-Bundestagsfraktion, die den „Vater des deutschen Wirtschaftswunders" - Ludwig Erhard - einst in ihren Reihen wußte. Die Zeiten hatten sich geändert, überwiegend Vertreter der Gewerkschaften und Großbürokratie saßen nun auf den Bänken der Abgeordneten. In unseren Tagen bestimmen neben diesen, vornehmlich bedingt durch den Einzug der Grünen in den Bundestag, Pädagogen und Vertreter verwandter Berufsgruppen das Parlamentsplenum.

Ganz anders unser Paradiesvogel Schwarz-Schilling. Vom Studium her bereits ein singulärer Fall, machte er zunächst im hessischen Landtag und später im Bundestag als unternehmerisch denkender und argumentierender Politiker von sich reden, ungewöhnlich im Auftreten, und oftmals auffällig hinsichtlich der Unabhängigkeit seines Urteils und seines Engagements in wirtschaftspolitischen wie in sozialen Fragen. Später dann, sehr viel später durfte es der Unternehmer Schwarz-Schilling noch erleben, dass er von der links-liberalen „Süddeutschen Zeitung" mit Lob geradezu überschüttet wurde. In einem Kommentar schrieb das Blatt, Schwarz-Schilling habe als Postminister den traditionell schlechten Ruf von Staatsunternehmen, die immer nur auf Kosten der Steuerzahler arbeiteten, eindrucksvoll widerlegt. Als privatisiertes Unternehmen jedenfalls hätte die Post „Börsenkurse verdient, die selbst Aktionäre von Daimler und Siemens erblassen ließen. Minister Schwarz-Schilling kann sich freuen. Er ist der Spitzenmanager des Jahres..."

Als Mittelständler denkt Schwarz-Schilling schon zu Beginn seiner politischen Karriere langfristig. Auch in den parlamentarischen Ämtern, die man ihm angetragen hat, pflegte er sich stets um ein unabhängiges, sachorientiertes Urteil zu bemühen. Das hat ihm nicht nur Freunde beschert. Geändert hat dies an seiner Haltung freilich nichts. Taktik war nie seine Stärke, Überzeugungen schon eher.

Zuweilen ging der Unternehmer dabei antizyklisch vor. Das heißt, er konnte vor Entwicklungen warnen, die der durchschnittliche „Kapitalist“ für gewöhnlich nicht gerade an erster Stelle in seine alltäglichen Überlegungen einbezieht. So zog er im Herbst 1975 für die Bundesrepublik eine tief ernüchternde soziale Bilanz, dabei natürlich den Blick auch auf die seinerzeit in Bonn regierende, sich selbst „sozialliberal“ nennende und auch so einstufende Koalition gerichtet. Auf dem Wirtschaftstag der CDU Hessen entwarf Schwarz-Schilling ein seinerzeit viel beachtetes düsteres Bild der sozialen Sicherung der Zukunft.

Sie dürfe, so der Mittelständler, „am allerwenigsten Gegenstand kurzfristiger politischer Überlegungen sein...“ Man müsse schon über den nächsten Wahltermin hinausschauen, um die drohenden Einbrüche in das soziale System zu erkennen und rechtzeitig Sicherungen einzubauen. Dann kam Schwarz-Schilling auf die sozialen Sicherungssysteme im Einzelnen zu sprechen und machte Ausführungen, die heute noch angesichts der Rentendiskussion hochaktuell sind. Wie aus einer Analyse der Bundesbank hervorgehe, seien die Ausgaben der Sozialversicherungen insgesamt innerhalb der letzten zehn Jahre um 300 Prozent gestiegen. Schwarz-Schillings zutreffende Prognose: „Trotz atemberaubender Anhebung der Beitragssätze ist schon heute abzusehen, dass sich die Leistungen in der Renten- und Krankenversicherung auf diese Weise in den künftigen Jahren nicht aufrechterhalten lassen. Dabei führen die Beitragserhöhungen schon jetzt zu einer beinahe unzumutbaren Einschränkung der verfügbaren Einkommen. Wie sich mit Zahlen belegen ließe, sind wir nicht mehr weit davon entfernt, dass den Arbeitnehmern 50 Prozent ihres Einkommenszuwachses durch erhöhte Steuern und Sozialversicherungsbeiträge entzogen werden...“

Alles dies ist, wie wir heute wissen, binnen einer Generation eingetreten. Die Warnungen haben nichts gefruchtet, übrigens auch nicht in den bürgerlich-liberalen Regierungen der 80er und 90er Jahre unter einem Bundeskanzler Helmut Kohl. Es gab und gibt eben zu wenig Parlamentarierer mit ausgeprägtem ökonomischen Verstand und Weitblick im Bundestag oder in den Landtagen; dagegen viel zu viele Abgeordnete, die ausschließlich an das soziale Wohlbefinden und die soziale Sicherung der Menschen denken, ohne greifbare Vorschläge machen zu wollen und wohl auch zu können, wodurch und womit beides finanziert werden soll.

Schwarz-Schilling wußte und sagte es damals bereits, „dass jede Regierung in den nächsten Jahren vor großen Problemen stehen wird". Umso verantwortungsloser sei es - und spätestens an dieser Stelle klingen des CDU-Ökonomen Ausführungen aus den 70er Jahren wirklich prophetisch -, „dass die heutige [1975] Bundesregierung schon das Nachdenken über diese Frage mit der Polemik ´sozialer Demontage´ beantwortet..." Vergißt man für einen Augenblick, wann diese Sätze gesprochen wurden, könnte man sie ohne Abstriche in die gegenwärtige politische Landschaft übertragen. Diese Problematik stand bei der politischen Wende im Herbst 1998 im Brennpunkt des Interesses; und auch zwei Jahre später hat sich Wesentliches daran nicht geändert. Wie sagte ein kluger Mann? Aus der Geschichte lernt man doch nur, dass man nichts aus ihr lernt...

Als Unternehmer war ihm stets bewußt gewesen, dass Erfolg verantwortliches Handeln voraussetzt. In der Politik verhält sich Schwarz-Schilling nicht anders, weshalb sich viele seiner Kritiker schwer damit taten, ihm in dieser Hinsicht Versäumnisse und Fehlverhalten vorzuwerfen. In einem Gespräch mit dem Fernsehjournalisten Wolfgang Herles erläuterte Schwarz-Schilling, worum es ihm ging - als Mittelständler und später als Minister für Post und Telekommunikation:

„Ich habe gelernt, Entscheidungen zu treffen, und sie bis zum letzten Punkt verantworten zu müssen. Kein Dritter steht dafür ein, wenn ich eine falsche Entscheidung getroffen habe. Das Unternehmen macht dann eben Verluste, oder es macht Gewinne, es wächst oder es schrumpft. Man muss wissen, dass man niemals mehr ausgeben darf als man einnimmt..."

Eine solide Grundregel für jeden guten Kaufmann. Doch der CDU-Politiker konnte stets auf Erfahrungen aus der Praxis verweisen, ein Umstand, der ihn von Beginn seiner politischen Karriere an begünstigte:

„Ich habe tiefe Einblicke in die modernen Technologien erhalten. Schon im Familienunternehmen verwaltete ich das Ressort Technik, Forschung und Entwicklung immer selbst. Auf ein Großunternehmen wie die Post übertragen heißt dies nichts anderes als die Fragen zu beantworten, die jeder Unternehmer beantworten muss: Was wollen wir weiterentwickeln, in welcher Zeit werden sich die hierfür er-

Ehefrau Marie-Luise, mit Schwarz-Schilling seit 1957 verheiratet.

Mußestunden am Flügel im Büdinger Privathaus.

forderlichen Kosten amortisieren, wie wollen wir Investitionen finanzieren - all dies reicht in den Kernbereich solcher Kenntnisse hinein."

Kein Wunder, wenn Schwarz-Schilling es stets bedauerte, dass nicht mehr Vertreter der freien Wirtschaft in die Parlamente und an die Kabinettstische gelangen. Das überwiegend aus Beamten und Mitarbeitern des öffentlichen Dienstes bestehende Bundesparlament - in den Ländern dürfte es nicht anders sein - ärgert ihn bis in die Gegenwart, wenn es ihn auch keineswegs verdrießlich gemacht hat.

Folgerichtig bedeutet diesem aufgeklärten Konservativen und Einflußreichen der Gebrauch politischer Macht „die Chance, eine jeweils bessere Ordnung durchzusetzen". Einem Parlament anzugehören, das mehrheitlich von Parteikarrieristen, Funktionären, Gewerkschaftlern, Lehrern und Anwälten bevölkert wird, macht ihn praktisch automatisch zum Mitglied der ganz kleinen Schar derjenigen, die noch eine gewisse Beziehung zum Wirtschaftsleben unterhalten.

Dagegen gibt es wirtschaftspolitische Sprecher parlamentarischer Fraktionen oder gar Minister für Wirtschaft, die noch nie einen Betrieb von innen gesehen haben, es sei denn als „Grußonkel" in amtlicher Eigenschaft. Seine Herkunft aus der freien Wirtschaft macht den Mittelständler Schwarz-Schilling in dieser Weise stark - doch für Übelwollende natürlich zugleich angreifbar. In Deutschland gehört es nicht zu den Selbstverständlichkeiten, ein Ressort zu verwalten, von dem man ab ovo etwas versteht. Und ein Mann der Wirtschaft zu sein war lange Zeit erst recht kein Ausweis für parlamentarische Untadeligkeit.

Mit der ihm eigenen Ehrlichkeit und Direktheit bekannte sich der 35jährige CDU-Mann dazu - er war damals gerade Mitglied des Büdinger Kreistags geworden -, in Fragen der Mitbestimmung keinerlei Erfahrung zu haben. Wenige Jahre darauf aber hielt Schwarz-Schilling auf der Jahresversammlung der Vereinigung der hessischen Arbeitgeberverbände bereits einen Vortrag zu diesem Thema. „Mitbestimmung in der Wirtschaft in einer sich wandelnden Gesellschaft" war gerade zu einem auch in der CDU heiß umstrittenen Thema avanciert. Und dieser wirtschaftspolitische Praktiker warnte angesichts eines ausufernden öffentlichen Streits davor, die Mitbestimmungsdiskussion weiter zu ideologisieren. Gleichzeitig bekannte sich Schwarz-Schilling unmißverständlich zum Betriebsverfassungsgesetz als "richtungweisendem Konzept auf realistischer Grundlage".

Skeptisch betrachtete er die Versuche von Vertretern der Wissenschaft, vor allem aber der Gewerkschaften, die Mitbestimmung aus

Schwarz-Schilling als stolzer Vater mit Tochter Cara am Flügel.

ihrem wirtschaftspolitischen Umfeld zu lösen und in einen nahezu ausschließlich gesellschaftspolitischen Kontext zu stellen. Das missfiel dem Unternehmer logischerweise sehr. Mitbestimmung als „Ergänzung der Demokratie", wie es in gewerkschaftlichen Aktionsprogrammen hieß, lehnte er entschieden ab. Aus dem einfachen Grund, weil dies - wie Schwarz-Schilling darlegte -, keine Forderungen seien, „die aus Erfahrungen mit wirtschaftspolitischer Praxis abgeleitet wurden." Am Ende zählte der unbequeme Mahner selbst in den eigenen politischen Reihen zu einer Minderheit derer, die sich gegen eine verordnete Demokratisierung aller Lebensbereiche - und damit einer schleichenden Relativierung des Freiheitsgedankens - zur Wehr setzten. Seine Position war eine pragmatische, und bei ihr ist er geblieben: „Wir können heute mit Genugtuung feststellen, dass das Betriebsverfassungsgesetz letztendlich überall dort, wo es mit dem guten Willen beider Seiten praktiziert wurde, zu einem Erfolg des Partnerschaftsgedankens geführt hat."

Denn worum ging es diesem stets etwas Unbequemen? Um die Verteidigung von Privilegien wohlhabender Minderheiten? Den Erhalt überkommener Strukturen um ihrer selbst willen? Sicherlich nicht, oder doch nicht in erster Linie. Die betriebliche Mitbestimmung zur Durchsetzung von Rechten, Ansprüchen und Interessen des Individuums im Unternehmen - das war stets gemeint, keineswegs aber eine Umkehr der Verfügungsgewalt von der einen in die andere Hand. An eine Deprivatisierung verantwortlicher Entscheidungen der Eigentümer war nie gedacht. Die einzelne Person und ihre wohlverstandenen Interessen und Rechte im Betrieb - daran dachte Schwarz-Schilling aber sehr wohl, und dafür war sein politisches Engagement immer zu gewinnen.

Da er gern ins Grundsätzliche ging und ethische Motive durchaus nicht verachtete, pflegte er in Diskussionen das Verlangen - vor allem von Gewerkschaftlern - nach einer radikalen Veränderung des (noch) geltenden Gesellschaftsmodells brüsk zurückzuweisen. Die Demokratie gilt ihm als politisches Herrschaftsprinzip, und dabei soll es bleiben. Seine diesbezüglichen Formulierungen fielen meist geradezu philosophisch aus:

„Ich kann Mitbestimmung nicht als Kontrollorgan der politischen Macht ansehen und auch nicht als ein gesellschaftspolitisches Prinzip. Es kann uns nur als ein individuelles, aus den Grundsätzen der Menschenwürde auf die Person bezogenes Prinzip gelten." Mit Recht beargwöhnte er alle Vorstöße zur Durchsetzung wirtschaftlicher Mitbestimmung als Versuche der Gewerkschaften, eine Umkehr der Ei-

Familienglück auf der Sonnenterrasse in Büdingen, v. l. Tochter Alexandra, Ehefrau Maria-Luise, Tochter Cara.

Ein studierter Sinologe soll nicht mit Stäbchen essen können? Das wäre doch gelacht...!

gentumsverhältnisse herbeizuführen. Organisierte Vertretungen von Arbeitnehmerinteressen müssen stets vom Vertrauen der Belegschaften wirtschaftlicher Unternehmen getragen sein. Das mag altmodisch klingen, war aber damals und ist heute ebenso angesichts immer stärkerer Dezentralisierung wirtschaftspolitischer Entscheidungen wieder zeitgemäß.

Außerdem war für Schwarz-Schilling schon in den frühen 70er Jahren wichtig: der Zusammenhang zwischen Mitbestimmung und Vermögensbildung. Zuwachs an Verantwortung infolge Arbeitnehmereigentum an den Produktivmitteln. Was war dagegen einzuwenden? Offenbar wenig, denn dieses Modell hat Zukunft und wird deshalb immer häufiger praktiziert.

Der Mittelstand in seiner parteipolitisch organisierten Gestalt hat ihn früh in seine Reihen gezogen, was nur konsequent gewesen ist. Vergleichsweise spät rückt er in der CDU/CSU-Mittelstandsvereinigung zur Spitze auf: 1977 wird er einer der stellvertretenden Bundesvorsitzenden. Nach Ämtern hat er sich selten gedrängelt, so wie der „Mann mit dem Mona-Lisa-Lächeln“ und den stets paraten chinesischen Weisheiten ja ohnehin nicht der typische Karriere-Politiker ist. Hat er einmal ein Amt übernommen hat, scheut er freilich die Öffentlichkeit nicht. In der Volkspartei CDU, das gilt nicht weniger für die bayerische Unionsschwester CSU, steht die Mittelstandsvereinigung traditionell im Schatten der übrigen Vereinigungen. Die Union präsentiert sich zwar gern als *die* politische Vertretung mittelständischer Interessen; doch ihrer Organisation ist tatsächlich und überraschenderweise nur ein ephemeres Dasein beschieden.

Doch noch heute hat weitgehend Gültigkeit, was der CDU-Politiker und Unternehmer Schwarz-Schilling als Fazit auf einer Studienkonferenz des Gesprächskreises „Mittelstand der Alpenregion“ im November 1977 in Meran seinen Zuhörern mit dem gebotenen Ernst ins Stammbuch schrieb. Zugleich sind seine Ausführungen, die in den „Reden zur Zeit“ auch gedruckt erschienen, ein Plädoyer für den selbstverantwortlichen Bürger in einem freien Europa:

„Die Mittelschichten sind keine Subventionsempfänger. Sie wünschen keine Geschenke vom Staat, von Großunternehmen oder großen Organisationen; sie brauchen daher auch keiner dieser Institutionen zu Dank verpflichtet sein. Sie müssen aber im vollen Bewußtsein ihrer Aufgabe einen enormen Beitrag leisten: Nämlich ein Gegengewicht zur Bürokratisierung bilden, der schrittweisen Aufweichung der Marktwirtschaft und den Beschränkungen unternehmerischer Betätigung in ganz Europa entgegentreten...“

Geld und Geist: Der Bildungspolitiker

Unabhängige Politiker sind unter Standesgenossen nicht durchweg beliebt. Eigentlich sind sie den meisten verhaßt. Wer Geld hat und noch dazu Geist, der ist den anderen unheimlich, zumindest unbequem. Als Schwarz-Schilling sich in der Politik, jenseits des Kirchturms der Kommunen in hessischen Landen umzuschauen beginnt, verfügt er über beides: Über einen materiellen Hintergrund, der ihn auf absehbare Zeit von staatlichen Zuwendungen, Dotierungen und Diäten frei stellen könnte. Und über eine wissenschaftliche Fundierung inklusive musische Bildung, die ebenfalls nicht gerade alltäglich ist. Trotzdem macht er rasch Karriere.

Obwohl der Jungunternehmer erst etwas mehr als drei Jahre der CDU angehört, rückt Schwarz-Schilling 1964 in den geschäftsführenden Landesvorstand auf. Mit seinen damals gerade 34 Jahren keine Sensation im Parteienleben, aber doch ein schöner Erfolg. Die Christdemokraten stehen zwar mit ihren zuletzt erreichten 26 Prozent bei Landtagswahlen nicht gerade in dem akuten Verdacht, beim allfälligen Urnengang als strahlende Sieger durchzugehen.

Dem Nachwuchspolitiker, als den die CDU den Büdinger Geschäftsmann immer noch sieht, und seiner ihm eigenen Siegeszuversicht tut dieser eher betrübliche Umstand keinen Abbruch. Doch hat er in dem Fuldaer Oberbürgermeister Alfred Dregger, dem schon damals in seiner Redegewandtheit beeindruckenden Wahlkämpfer, einen mindestens gleichgewichtigen innerparteilichen Rivalen gefunden. Mal wagt er den Griff nach dem ersten Platz, mit zeitweiliger Unterstützung der Freunde an der Spitze der Landespartei, mal zuckt er abwartend oder entmutigt zurück. Und ist es nicht tatsächlich so, wie der Fernsehjournalist Alexander Niemetz in einer biographischen Studie schreibt, dass der Intellektuelle in Schwarz-Schilling sich nicht gerade Machiavelli zum Paten seiner Karriere erkoren hat: „An ihm hätte der Florentiner Machttheoretiker wenig Freude gehabt. Die politische Rankünе, die verwirrende Intrige, die Arbeit am personalpolitischen Schachbrett - sämtlich dienliche taktisch-politische Verhikel beim Aufstieg zur Macht -, Schwarz-Schilling hat sie nicht geliebt und wohl auch nie beherrscht..."

Und so kommt es, wie es wohl kommen musste: Dregger wird statt seiner Vorsitzender der Partei, von Anfang an von der Zustimmung der Mehrheit getragen, und schließlich fast gänzlich unumstrittener Chef. Schwarz-Schilling, dem ein herausgehobener zweiter Platz an der Parteispitze zuerkannt wird, bemüht sich in der Funktion des Generalsekretärs, den Erfolg des Vorsitzenden zu sichern und womöglich zu steigern. Der enorme Stimmenzuwachs bei der Landtagswahl von 1970 - von einst mageren 26 nah an die 40-Prozent-Grenze! - gibt der von der CDU in Hessen gefundenden Personalkonstellation recht.

Gleichwohl hatten sie es schwer miteinander, denn unterschiedlicher kann man sich politische Führungspersönlichkeiten kaum vorstellen: Der eine kantig-selbstbewußt auftretend, von knarrendem Charme als „Django" für sich und eine verjüngte Partei werbend. So führte sich Dregger in Hessen ein. Der andere von leiserer Art, hinter einer immer heller werdenden Haarsträhne die Stirn des Denkers verbergend, organisatorisch hochbefähigt, im Ganzen anregend, kampfeslustig ohne je verletztend zu sein; eine ausgesprochen tragfähige Ergänzung zu Dregger. Doch dessen zweiter Mann, eben Schwarz-Schilling, kann den Nachdenklichen und zugleich aufs Detail versessenen Spezialisten niemals ganz aus dem Spiel lassen. Er wird zum Chefdenker der hessischen Landespartei, ohne eigentliche Hausmacht und Rückhalt im Parteivolk, doch in vieler Hinsicht und bei vielen Gelegenheiten unentbehrlich. Tragik der Umstände und der beteiligten Personen: Weder Schwarz-Schilling noch Dregger tun etwas, um die kühl-sachliche Atmosphäre, die ihren Umgang kennzeichnet, zu entspannen oder gar dauerhaft aufzulockern.

Ganz hat Schwarz-Schilling das Zerbrechen dieses Personalbündnisses nie überwunden. Es war ja auch eigentlich kein richtiges, weil die Zusammenarbeit zwischen den beiden Politikern niemals zu einem entkrampften Verhältnis mit wenigstens andeutungsweise freundschaftlichen Zügen gedieh. Während sich Schwarz-Schilling mit beinahe fanatischem Eifer auf virulente Themen wie Mitbestimmung, Bildungspolitik, Wirtschaftsfragen oder die Sicherung der Renten stürzte, bemühte sich Dregger vornehmlich um direkte Wirkung auf den Wähler. Dessen Generalsekretär, eine nahezu ideale Ergänzung zum Vorsitzenden, besetzte den Part des politischen Informators, teilweise des Aufklärers und Mahners. Noch nach mehreren Jahrzehnten sind einige der damals vom Landespolitiker Schwarz-Schilling verfaßte Reden zu den erwähnten Fragenkomplexen lesenswert.

Damals fand er ein Thema, das er neben der Renten- und Wirtschaftspolitik niemals vernachlässigte und deshalb niemals zu berufen und zu bearbeiten aufgegeben hat: die Bildungspolitik. Der Redner knüpfte an die bis heute aktuelle Situation an: In Deutschland wurden Bildungsfragen stets vernachlässigt, mit der Folge unbefriedigender Zustände an den Schulen, Universitäten, den Forschungseinrichtungen der Industrie, dem gewöhnlichen Arbeitsplatz. Zwar redet man inzwischen etwas weniger häufig von „Bildungskatastrophe“ oder „Bildungsnotstand“ - in den sechziger Jahren die geläufigen Schlagwörter. Doch an den Verhältnissen scheint sich angesichts von vier Millionen Analphabeten und einem dramatisch niedrigeren Durchschnittsniveau des deutschen Abiturienten und Hochschulabsolventen nicht viel gebessert zu haben.

Schwarz-Schilling redet, obwohl er seine Schaffenskraft längst anderen Zielen zugewandt hat, noch heute von den Nöten von damals, die augenscheinlich immer noch unsere Nöte sind. In einem Vortrag von 1967 zum Verhältnis von „Wirtschaft und Bildung“ plädierte er für die Verteidigung auch der klassischen Bildungsmuster, was noch heutigentags nicht unmodern klingt. Die inzwischen verworfene Idee der reinen Funktionalität des Gebildeten, auf die man sich angesichts des Technikwunders damals kaprizierte, stellte unser Vortragender schon damals auf eine provozierend altmodische, gleichwohl unmißverständliche Art in Frage:

„Müssen wir vielleicht nicht das Bildungsideal eines Humboldt und Pestalozzi, welches sich die Entfaltung des Individuums zur geistigen Universalität zum Ziel gesetzt hat, verteidigen gegen die Funktionalisierung der Bildung und gegen den puren Bildungsutilitarismus?“

Ja, man muss, meinte er wohl, und zitierte obendrein den Wissenschaftstheoretiker Hellmut Becker - „den Sohn des berühmten preußischen Kultusministers“ -, der gerade in jenen Tagen darauf hingewiesen hatte, „dass alle Bildungseinrichtungen heute im Grunde dazu dienen müssen, Zuverlässigkeit, Mobilität und Weltverständnis zu vermitteln.“ Keine Frage, dass Schwarz-Schilling die neueren Unterrichtsmethoden links orientierter Kultusminister vornehmlich in Hessen scharf ablehnte. Bildungspolitik war damals ein heißes Eisen, für heftige Wahlkampfauseinandersetzungen bestens geeignet - woran sich bekanntlich bis heute nichts geändert hat. Nur stimmt eines natürlich auch: Das in Schulen oder an Universitäten erworbene Bildungsniveau ist nicht gerade gestiegen. Siehe eine Umfrage im Goethe-Jahr 1999 unter jüngeren Germanistik-Studenten - nur wenige konnten zwei oder drei Hauptwerke dieses Klassikers oder gar seine Lebensdaten hersagen. Und einer, o Graus und Schande (!), hielt Schiller gar für ein Werk von Goethe...

Die Profilierung, die Schwarz-Schilling über dieses Thema in der Öffentlichkeit gewann, war beachtlich, und passte haargenau zu seiner rundum gebildeten Persönlichkeit. Schlagwörter wie Demokratisierung, Chancengleichheit oder Mündigkeit, dort, wo sie gar nicht hingehörten, waren ihm ein Greuel, weshalb er gegen sie mit Emphase und zuweilen wohl auch polemisch opponierte. Mit seinem Lieblingsgegner in jenen Jahren, dem heute (fast) vergessenen Kultusminister Ludwig von Friedeburg, lieferte sich der CDU-Politiker heftige Wortgefechte im Wiesbadener Landtag. Alle fanden dies außerordentlich spannend, einschließlich der Zeitungen, die endlose Passagen aus einschlägigen Debatten veröffentlichten. Der zu den Konservativen gezählte Unionsmann sieht sich in geistiger Nähe etwa zu Bildungstheoretikern jener Jahre, für die vielleicht der Münsteraner Soziologe Helmut Schelsky beispielhaft zu nennen wäre. Gerade von Schelsky wurden noch 1999 Thesen in der Presse („FAZ", 31. August) wiedergegeben, die sich mühelos in Parallele zu Auffassungen des CDU-Bildungspolitikers setzen ließen:

„Die Bildungsforderung, die ...vor uns steht, heißt, ein reales Weltbürgertum zu verwirklichen in der geistigen, sittlichen und sozialen Gestaltung jener erdumfassenden wissenschaftlichen Zivilisation, die unübersehbar als unser neuer kultureller Horizont auftaucht" („Einsamkeit und Freiheit").

Das seinerzeitige Pathos mag uns fremd geworden sein; die Richtung aber stimmte, und in diese Richtung wies auch der damals führende Bildungspolitiker der hessischen CDU. Seine Reden zu diesen ihn stark bewegenden Fragen besaßen einen Schwung, von dessen Wirkung auf seine Zuhörer er lange profitierte. Eine Kostprobe davon möge genügen, um den Stil der damaligen Parlamentsdebatten zu kennzeichnen. Schwarz-Schilling sah die „Null-Bock-Generation" voraus, ohne sie schon beim Namen nennen zu können: „Junge Menschen ohne Ziele und Ideale, ohne politisches, soziales oder persönliches Engagement; junge Menschen ohne Begeisterungsfähigkeit und Interessen, ohne Überschwang und Hoffnung sind das Zerrbild einer jungen Generation. Es ist das Bild von Menschen, die sich geprellt vorkommen, geprellt von Staat, Regierung und Parteien, geprellt um in Aussicht gestellte neue Horizonte, geprellt um die Einlösung heute nicht mehr haltbarer politischer Versprechungen. Wir finden diese Menschen heute wieder, skeptisch und resigniert, als passive Mehrheit an den Universitäten, gelangweilt in ihrer Freizeit, gestresst und orientierungslos in den Mammutschulen, frustriert in Warteschlangen bei den Arbeitsämtern und verzweifelt in Drogenberatungszentren."

Schwarz-Schilling beschränkte sich freilich nicht auf schwungvolle Rhetorik über Bildungsnot und Frustrationen junger Menschen.

Theorien sind darstellbar, aber eben nicht alles. Geld ist auch nicht alles, aber ohne Geld ist alles nichts. Als Unternehmer beherrscht er die Grundrechenarten nur allzu gut und weiß, dass auf dem Bildungssektor bald „Aufgaben auf uns zukommen werden, die alle bisherigen Maßstäbe über den Haufen werfen" („Kulturpolitik der 70er Jahre", vorgetragen 1969).

Die Versöhnung von Bildung und Ökonomie, von Geld und Geist war diesem Manne bereits in der eigenen Person gelungen. Und so gelang es ihm auch, die Harmonisierung dieser angeblich unvereinbaren Gestaltungskräfte der modernen Gesellschaft glaubhaft zu machen. Seine Begründung: Nur eine freie Lebensgestaltung und Persönlichkeitsentfaltung kann ein freies Gemeinwesen sichern und auf Dauer erhalten, und nur ein freies Gemeinwesen kann umgekehrt die Freiheit der persönlichen Lebensgestaltung gewährleisten.

Philosophie und Leben

Philosophie ist für den Politiker, Parlamentarier und Manager, was sie im Wortsinne jedermann bedeuten könnte: Liebe zur Weisheit. Sie hat etwas mit dem Leben, Fühlen und Denken des Christian Schwarz-Schilling zu tun; im engeren Sinne auch mit dessen Geschichtsverständnis.

Dazu hat er sich auch in einem Buch geäußert, das keinen unmittelbaren Politikbezug aufweist. In ihm werden überzeitliche Betrachtungen angestellt, die gleichwohl ihre Bedeutung für Schwarz-Schillings praktisches Dasein hatten und haben. Er richtet darin Fragen an die Geschichte, die deutsche Geschichte natürlich - und ob deren einzelne Stationen und Resultate als „Schicksal oder Zufall?" aufzufassen seien. Für den Autor ist es ausgemachte Sache, dass die Geschichte nicht eine Aneinanderreihung von Zwangsläufigkeiten und quasi unabänderlichen Gesetzmäßigkeiten darstellt. Daraus freilich den Umkehrschluss ziehen zu wollen, alles sei bloßer Zufall oder Willkür im Ablauf historischer Ereignisse, wäre dem Lebenserfahrenen gleichfalls zu billig. Er hält es mit Leopold von Ranke und dessen Empfehlung, vom Besonderen auf das Allgemeine zu schließen, statt sich umfassenden Geschichtstheorien von meist zweifelhaftem Wert anzuschließen.

Schwarz-Schilling hat wie jeder Mensch seine eigenen Erfahrungen gemacht, und von diesen zu abstrahieren kommt ihm erst gar nicht in den Sinn. Er weiß deshalb nur zu gut um die unvermeidliche Subjektivität, die selbst allem, was man „geschichtlich“ zu nennen pflegt, anhaftet. Und: Er hat sich die Fähigkeit zum Staunen bewahrt, etwa angesichts der umwälzenden Vorgänge in den letzten zehn Jahren seit der Vereinigung des so lange geteilt gewesenen Vaterlandes. Prognosen zu wagen fällt einem Manne wie ihm folgerichtig schwerer als anderen, die gern damit leben. Gleichwohl kündigt er in dem erwähnten Buch einen „Ausblick“ auf das 21. Jahrhundert an, in das wir mittlerweile eingetreten sind. Skeptisch, wie es seine Art ist, rät er denn auch eher zur Vorsicht als zu frohgemuten Zukunftsorientierungen. Man hat schon seine unangenehmen Überraschungen erlebt.

Als im wohlverstandenen Sinne Konservativer tritt Schwarz-Schilling eher als Mahner denn als Prophet neuer Lebensformen auf. Wenn er sich überhaupt eine Botschaft anmaßt, dann vielleicht die, in Anlehnung an die philosophischen Grundsätze eines Karl Popper zu ständiger Kritikbereitschaft aufzufordern. Er hat bis heute auf jegliche Heilslehren, auch die technologischen, skeptisch bis ablehnend reagiert und blieb - trotz auffallender Höflichkeit und Rücksichtnahme im Umgang mit Menschen jedweder Herkunft und beruflichen Qualifikation - immer ein bisschen argwöhnisch, praktisch gegen jedermann.

Diejenigen unter den arrivierten Personen seines beruflichen Umfeldes, die den Staat zu vergötzen pflegen, um sich desto ungenierter seiner Privilegien bedienen zu können, kommen bei ihm besonders schlecht weg. Gleichzeitig hat er den vorherrschenden Typus des Intellektuellen auch nicht gerade in sein Herz geschlossen. Mit ihm setzt sich der Unionspolitiker auch deshalb mit großer Berechtigung auseinander, als er ihm infolge gründlicher philosophischer Kenntnisse durchaus zu antworten vermag. Vielleicht übertreibt er hierbei zuweilen. Ihn „schaudert“ vor der angeblich immer noch virulenten Präsenz der Philosophie eines Friedrich Hegel, die man so ohne weiteres unter dem meist nur durchschnittlich gebildeten Parlamentariervölkchen kaum ausmachen dürfte. Möglicherweise haftet sie, nämlich die Hegelsche Philosophie mit ihrer durchgehenden Verherrlichung des preußischen Staates, dem politischen Personal ganz unbewußt an. Doch streiten könnten die Angehörigen dieses politischen Personals mit unserem Denker und seiner Liebe zur Weisheit kaum.

Schwarz-Schilling zählt sich keineswegs zu den Intellektuellen, obwohl er per definitionem natürlich dazu gehört. Denn er stellt redlicherweise mehr Fragen als er Antworten parat hat. Er verläßt sich eher auf den kritischen Rationalismus von Popper („Alles Leben ist Problemlösen"), und streitet von daher wacker gegen den Anspruch einer „absoluten sittlichen Autorität des Staates", was ihn recht modern erscheinen läßt. Er, der so gern nach Berlin, in eines der Zentren des Preußentums, gezogen ist, um weiterhin am politischen Geschehen beteiligt zu sein, kann den Adepten seines meistgehassten Philosophen, eben Friedrich Hegel, Sätze wie diesen entgegen schleudern, von deren Existenz die meisten seiner Bundestagskollegen vermutlich gar nichts wissen: „Der germanische Geist ist der Geist der neuen Welt [gemeint ist der preußische Staat - d. A.], deren Zweck die Realisierung der absoluten Wahrheit aus der unendlichen Selbstbestimmung der Freiheit ist". Es darf als ungewöhnlich angesehen werden, dass zeitgenössische Bekenntnisschriften politischer Provenienz solche Passagen aus sogenannter klassischer Literatur überhaupt aufweisen.

Schwarz-Schilling machte es möglich. Seine wissenschaftliche Ausbildung, die ganz bewußt die fernöstlichen Weisheitslehren einschloss, hat sein Denken schon früh an Schopenhauer ausgerichtet, dessen Philosophie sich in vielfältiger Weise am Buddhismus anlehnt oder sich gar auf ihn beruft. Man kann Schwarz-Schilling im Gespräch unterbrechen, um ihm eine philosophische Frage zu stellen; niemals wird er Anstoß daran nehmen, dass man seinen Gedankenfluss hemmte. Umgekehrt wendet er sich in Unterhaltungen plötzlich einer abstrakten Idee zu, die für ihn freilich oft lebenswichtige Züge trägt, und in solchen Augenblicken absolute Priorität genießt...

Bei Hegel ist er, verständlicherweise, vor allem wegen dessen politisch-historischen Bezügen, die ihn deutliche Parallelen zur gegenwärtigen Spätphase eines selbstgerechten und sich selbst privilegierenden Parlamentarismus erkennen lassen, nicht mehr zu halten. Da muss ein deftiges Zitat von Schopenhauer her, der seinen Erzrivalen Hegel abgrundtief hasste, und schon ist die Welt wieder (ziemlich) in Ordnung. Den Anhängern Hegels werden „allein reale, nicht ideale Zwecke" unterstellt: „Ja, ich möchte sagen, dass keine Zeit der Philosophie ungünstiger sein kann, als sie von der einen Seite als Staatsmittel, von der anderen als Erwerbsmittel schnöde missbraucht wird..."

Es macht Freude, ja es bereitet ungeteiltes intellektuelles Vergnügen, in einem Beitrag zum ethischen Selbstverständnis des durchschnittlichen politischen Personals in extenso eben jenen präpotenten Hegel mit wahrhaft abstoßenden Gedanken zitiert zu finden, die einen Mann wie unseren „Blacky" noch heutigentags in Harnisch bringen können: „....großen Persönlichkeiten der Geschichte, deren eigene partikulare Zwecke das Substantielle enthalten, welches Wille des Weltgeistes ist. Sie sind insofern Heroen zu nennen, als ihre Zwecke und ihr Beruf nicht bloß aus dem ruhigen ... durch das System geheiligten Lauf der Dinge gediehen ist, aus dem inneren Geiste, der noch unterirdisch ist, der an die Außenwelt, wie an die Schale pocht und sie sprengt ... Die welthistorischen Menschen, die Heroen einer Zeit, sind darum als die Einsichtigen anzuerkennen. Ihre Handlungen, ihre Reden sind das Beste der Zeit. Die Geschichte ist nicht der Boden für das Glück. Die Zeiten des Glücks in ihr sind leere Blätter. Wohl ist in der Weltgeschichte auch Befriedung. Aber diese ist nicht das, was Glück genannt wird; denn sie ist Befriedung solcher Zwecke, die über den partikularen Interessen stehen. Zwecke, die in der Weltgeschichte Bedeutung haben, müssen durch abstraktes Wollen mit Energie festgehalten werden. Die weltgeschichtlichen Individuen, die solche Zwecke verfolgt haben, haben wohl sich befriedigt, aber sie haben nicht glücklich sein wollen."

Ihn „schaudere" bei solchen Gedankengängen, bekennt Schwarz-Schilling freimütig, und erweist sich bei allfälligen Entgegnungen so eloquent wie selten.

Er fürchtet die gefährlichen Legitimationen für den modernen Tyrannen, der Ordnungen zerbricht und sein „abstraktes Wollen" über alles zu stellen versteht.

Wenn er Grund hätte anzunehmen, dass der von ihm leidenschaftlich bekämpfte Philosoph nur noch über eine singuläre Anhängerschaft verfügte, würde er sich kaum zu einer heftigen Polemik herbeigelassen haben. Doch ist es ihm ernst, offenbar sehr ernst damit, weshalb wir ihm an dieser Stelle noch einmal mit einer eindringlichen Warnung vor dem Preußenverherrlicher Hegel das Wort geben:

„Eine gefälligere und psychologisch geschicktere Anleitung für überhebliche, rücksichtslose, paranoide Politiker kann es nicht geben. Diese Gedanken bedeuten gleichzeitig das Ende der Religion und der Philosophie der Aufklärung, des christlichen Menschenbildes und aller rechtsstaatlichen und demokratischen Ideale. Sie sind ein Freibrief für Demagogen aller Art. Ist es ein Wunder, dass gerade die Kombination von germanischem Missionarismus und der Typographie des ´Heroen´ als dem eigentlichen weltgeschichtlichen Beweger für Diktatoren wie Adolf Hitler eine besondere Anziehung besaßen? Jedenfalls bekamen wir im 20. Jahrhundert die Folgen dieses verhängnisvollen Denkens deutlich zu spüren! Man wundert sich freilich nur, dass Friedrich Hegel auch nach diesen Erfahrungen in philosophischen Zirkeln von seinem Ruf offenbar nichts eingebüßt hat!!“

Die Entdeckung der „neuen Medien“

Anfang der siebziger Jahre ergeht der Ruf nach den sogenannten „neuen Medien“. Die Bundesrepublik Deutschland sieht sich vor die Frage gestellt, ob und was sie gegebenenfalls mit den sich zunächst vage abzeichnenden technologischen Umwälzungen auf dem Gebiet der öffentlichen Kommunikation anfangen soll. Schwarz-Schilling wurde zu einem ihrer Künder, schließlich ihr vielleicht wichtigster Wegbereiter.

Die neue sozial-liberale Koalition berief unter starkem innenpolitischem Druck eine Enquetekommission in dieser Sache. Ihr umständlicher Titel verbarg mehr als er zu enthüllen wußte: „Kommission für den Ausbau des technischen Kommunikationssystems/KtK“. Mit diesem Vorgang verband die politische Öffentlichkeit vordergründig das Bestreben der „Neuen“ an den Bonner Schalthebeln der Macht, dass sie zwar technische Entwicklungen nicht zu versäumen gedachten, es andererseits nicht so furchtbar eilig mit ihnen zu haben schienen. Tatsächlich erwies sich die Kommission mit dem klangvollen Namen eher als Bremser, keineswegs als förderndes Instrument neuer Medien. Denn ihr Auftrag war es, „Vorstellungen über ein wirtschaftlich vernünftiges und gesellschaftlich wünschenswertes technisches Kommunikationssystem der Zukunft“ vorzulegen. Schon die Einschränkung „gesellschaftlich wünschenswert“ ließ nichts Gutes ahnen.

Denn auffälligerweise musste der CDU-Medienexperte im Bundesvorstand seiner Partei noch 1978 in einem einschlägigen Memorandum feststellen, „dass kaum ein Gebiet der Politik in der parlamentarischen und publizistischen Diskussion einen geringeren Stellenwert als die Medienpolitik hat.“ Schwarz-Schilling nennt sie schon damals richtigerweise „das Instrument der Gestaltung unserer Medienordnung“. Bereits drei Jahre darauf (1981) kann der Verfasser des Memorandums feststellen: „Fragen der Informationsfreiheit und Meinungsvielfalt, der Medien und Medienpolitik haben in der Bundesrepublik Deutschland Hochkonjunktur.“

Was war geschehen? Zum einen war die technische Entwicklung voran geschritten, Kabelkommunikation und „Verkabelung der Republik“ keine Fremdwörter mehr. Auch die bis dahin weit verbreitete und sehr ernst genommene kulturkritische Einstellung zu einer Erweiterung der Kommunikationsmedien, insbesondere des Fernsehens, waren mittlerweile einer pragmatischen Einstellung gewichen. Selbst die Privatisierung der Mattscheibe, die ja stets nur eine Alternative zum öffentlich-rechtlichen Rundfunksystem sein und dieses keineswegs ablösen würde, löste keine größeren Schrecken mehr aus. Mehr und mehr verstummten die „Bilderstürmer“ der frühen Siebziger. Vereinzelt wurden freilich auch weiterhin Stimmen laut, wie etwa beim „Evangelischen Pressedienst“ mit seiner ausführlichen Medienberichtsertattung, es müsse nicht alles medienpolitisch ausprobiert werden, was technisch machbar sei.

Am Beginn eines neuen Jahrhunderts und Jahrtausends mit seinen uns Heutigen noch völlig offenen Entwicklungen in eine neue technologische Ära klingt es möglicherweise übertrieben, wenn Schwarz-Schilling schon seinerzeit von „Schicksalsfragen“ sprach, wenn er die Medien-Entwicklung meinte. Damals jedoch hatte er Recht. Und dass er hartnäckig am Konzept einer mehr freiheitlichen Medienordnung arbeitete, als andere noch glaubten, halb staatlich halb von den Parteien kontrollierte Medienfestungen zu verteidigen, darf man ihm wohl als bleibendes Verdienst anrechnen.

Aus der Sicht unserer Tage mag es selbstverständlich erscheinen, was die CDU/CSU in der Medienpolitik forderte. Seinerzeit war es dies nicht. Man musste darum kämpfen oder untergehen; neue Horizonte eröffnen oder im Herkömnmlichen verharren. Und in dieser Hinsicht erwies sich unser Mann als Visionär und Realist zugleich. Seine Position als Vorsitzender des medienpolitischen Koordinierungsausschusses von CDU und CSU nutzte Schwarz-Schilling in den siebziger und beginnenden achtziger Jahren dazu, auf den engen Zusammenhang zwischen technischer Entwicklung auf dem Gebiet der Medien einerseits und neuer ökonomischer Möglichkeiten andererseits hinzuweisen. Ausgangspunkt seiner Überlegungen bildeten die absehbaren, von den Vereinigten Staaten ausgehenden Technologien der Satellitenkommunikation.

Neue Möglichkeiten, neue Industrien, neue Arbeitsplätze: „Wirtschaft und Industrie“, so der CDU-Politiker auf einer Pressekonferenz im Sommer 1978 in Frankfurt am Main, „spielen bei unseren Überlegungen, die Bedürfnisse des Marktes und die Herausforderungen der technologischen Zukunft im Medienbereich zu bewältigen, eine zentrale Rolle.“ In dieser Situation hatten CDU-Medienpolitiker alle Mühe, die aufgeregten öffentlich-rechtlichen Rundfunkanstalten darüber zu beruhigen, dass nicht an ihre Abschaffung, wohl aber an Konkurrenz in privaten Händen gedacht sei. Für den Bannerträger der neuen Medien war klar, dass Alternativen zum bestehenden System zu durchaus wünschenswertem Wettbewerb sowohl in Bezug auf Leistung als auf Qualität führen können, „denn freie Initiative ist besser als bürokratische Strukturen geeignet, den Bereich der neuen elektronischen Medien zu erschließen".

Schwarz-Schilling sah damals das öffentlich-rechtliche System in einer Krise. Zum Teil spendete man ihm sogar auf Seiten der gebührengestützten Anstalten unverhohlen Beifall, darunter der seinerzeit bundesweit angesehene ZDF-Intendant Karl-Günther von Hase. In Teilen der konservativen Publizistik fielen starke Worte von „Meinungsdiktatur", mit der nun endlich Schluss gemacht werden müsse, und Schlimmeres mehr. Es dauerte noch etliche Jahre, bis die Wende faktisch eintrat. Die Tür zu einem neuen, elektronisch aufgelockerten Zeitalter war aufgestoßen.

Schwarz-Schilling kämpfte auch auf diesem Posten, indem er seine nicht immer leicht verdaulichen Ansichten vortrug und verteidigte, ziemlich einsam, aber niemals nachlassend. Seine Zuversicht, dass es so kommen würde wie er es seit Jahren voraussagte, hat ihn keinen Tag verlassen. Später allerdings bekannte er, um dies vorwegzunehmen, dass manche der neuen Freiheiten auch zu Übertreibungen geführt habe, die er für seine Person nicht gut heißen könne.

Sein damaliges Konzept beruhte auf den Prinzipien von Freiheit und Demokratie sowie einiger, gerade auf diesem Gebiete unentbehrlicher ethischer Grundsätze. Ein Zitat aus dem 1981 von dem bekannten Fernseh-Journalisten Werner Höfer herausgegebenen Buch „Was sind Medien" steht hierbei für etliche andere, in denen sich der CDU-Medienexperte für die alsbaldige Einführung privater Teilhabe an der elektronischen Medien-Kommunikation aussprach:

„Die zunehmende qualitative und quantitative Kommunikationskapazität bietet die Chance zur Verwirklichung einer neuen Qualität der Informationsfreiheit und Meinungsvielfalt für das einzelne Glied der Gesellschaft: die Auswahlmöglichkeit aus einer Vielfalt von Kommunikationsangeboten und die technische Weiterentwicklung zu individuellen und dialogischen Formen der Kommunikation in den elektronischen Medien erhöht die Chancen des Abbaus passiven Konsums und führt zu einer Aktivierung des Individuums. Diese Ausgestaltungsmöglichkeiten entsprechen ... dem pluralistischen Charakter unserer Gesellschaft und korrespondieren mit unserer auf Freiheit und Demokratie angelegten Staatsverfassung."

Bei allem blieb der Politiker und Medienexperte stets auch Christdemokrat und Familienvater, der die sich möglicherweise entwickelnden Medieninhalte frühzeitig mit behutsamer Kritik würdigte. Es war klar, dass grundsätzlich der Satz gelten sollte: So viel Freiheit wie möglich. Es sollte dabei nicht vergessen werden, dass „so viel Regulative wie nötig" unbedingt beachtet werden müssten. Denn: Freiheit heiße eben nicht Schrankenlosigkeit - „denn unser Staat ist kein Nachtwächterstaat" (Schwarz-Schilling). Ein Jahr bevor er selber auf den Sessel des Postministers rückte, übte er scharfe Kritik an Vorstellungen, die sich angesichts der neuen Kommunikationstechniken an überholten Strukturen orientierten. Der Markt funktionierte nämlich auf wichtigen Gebieten technischer Produkte (fast) nicht mehr, weil die Bundespost eben diesen Markt praktisch monopolistisch steuerte. Das traf einerseits auf die Kabelindustrie zu, zum andern aber auch auf den kaum genutzten und nur mäßig entwicklungsfähigen Markt für elektronische Endgeräte. Beispiel: Der Markt für Videorecorder wurde damals zu 75 Prozent von japanischen Produkten beherrscht. Diese für Wirtschaft wie Konsumenten nachteilige Situation führte Schwarz-Schilling wohl nicht zu Unrecht auf Hinhaltestrategien und Verzögerungstaktik der damals in ihren letzten Zügen liegenden SPD/FDP-Koalition zurück. Diese Taktiken schienen ihm - und im Rückblick auf jene Jahre geben ihm selbst politische Gegner heute Recht - „im wesentlichen ideologisch motiviert" und „dafür verantwortlich, dass Deutschland für viele Jahre ins kommunikationstechnische Abseits gedrängt wurde..."

In den Sitzungen des medienpolitischen Koordinierungsausschusses ging es zuweilen „zur Sache". Der Name war als ein bewußt unbestimmter gewählt worden, weil dessen Betonung auf „Koordinierung" lag und wenig mit strikt verbindlichen Entscheidungen zur Medienpolitik zu tun haben sollte. CDU und CSU waren und sind, neben vielen anderen Fragen, auch in Bezug auf ihr Verhältnis zu den Medien und deren Gestaltungsrahmen zum Teil sehr unterschiedlicher Auffassung. Vor allem liegt dies bekanntermaßen an der besonderen Rolle, deren sich das Selbstverständnis der Christlich-Sozialen Union Bayerns als einer Quasi-Staatspartei erfreuen darf. Mit dem äußerst differenzierten Erscheinungsbild der in viele Landesparteien gegliederten CDU ließ sich dieser Umstand nur schlecht vereinigen.

Die innerparteiliche Debatte verlief dabei umso freimütiger und produktiver. Nicht alle Beteiligten an den Zusammenkünften der Medienfachleute in den diversen Gremien der Union, darunter einige Intendanten der Landesrundfunkanstalten, zeigten sich bedingungslos der neuen Entwicklung aufgeschlossen. Manche befürchteten den

Verlust von Besitzständen aufgrund einer jahrzehntelang geübten und durch Gebührenfestlegungen gesicherten Existenz der öffentlich-rechtlichen Rundfunkanstalten. Der vormalige ORF-Intendant Gerd Bacher, den der CDU-Vorsitzende Helmut Kohl als „persönlichen Medienberater" in die Parteizentrale berufen hatte, pflegte sich am kommunikationspolitischen Diskurs in einem der kleineren Sitzungsräume des Konrad-Adenauer-Hauses lebhaft zu beteiligen. Der langjährige Chef der nationalen Hörfunk- und Fernsehanstalt Österreichs, also selbst Günstling eines staatsnahen Unternehmens, fand angesichts der bevorstehenden Liberalisierung des Systems in Deutschland nun nichts mehr dabei, etwaige Zauderer im Unions-Zirkel für Medien als „Rundfunk-Stalinisten" zu qualifizieren. Das geschah freilich nicht immer coram publico, aber doch so weit hörbar, dass sich auf Seiten der Apologeten des herkömmlichen Mediensystems gelegentlich Unmut regte. Ungeachtet dessen gehörte Bacher - in Österreich nannte man ihn respektvoll „Tiger" - zu den inspirierendsten Figuren im Lager parteigebundener oder ihr nahestehender Medienleute.

Schwarz-Schilling, der seines Amtes ebenso umsichtig wie ausgleichend waltete, hielt sich bei aussichtslosen Einigungsbemühungen entweder taktisch zurück oder griff zum Mittel der Vertagung von Beschlüssen, die sich dann meist doch nach Wunsch einstellten, wenn für sie die Zeit reif geworden war. Dies galt vor allem für die wissenschaftliche Begleitung der Kabel-Pilotprojekte in den 70er Jahren, in denen es galt, unterschiedliche Auffassungen der daran beteiligten Landesregierungen durch permanente briefliche und direkte Interventionen in Einklang zu bringen. Schwarz-Schillings Korrespondenz zum Thema „Koordinierung der Länderinteressen" füllte bald mehrere Leitzordner.

Der medienpolitische Koordinierungsausschuss von CDU und CSU hat zwar keine spektakulären Zeichen gesetzt, nach denen man in der Politik sonst eifrig Ausschau hält. Er hat allerdings innerhalb der komplizierten Struktur der Unionsparteien das Bewußtsein von den oft vielschichtigen Organisationsformen der Medien und deren Wirkungsweise in Deutschland, und zum Teil darüber hinaus, erheblich ausgeweitet und vertieft. Zudem sorgte ein groß angelegter Medienkongress 1976 in München dafür, dass die Öffentlichkeit in gehöriger Weise davon Notiz nahm.

Schwarz-Schilling blieb dem Thema und der Sache länger treu als die meisten anderen, die sich seinerzeit in einer Stimmung von Veränderung und Aufbruch an der fachlichen wie politischen Diskussion beteiligten. Ihm galt schon damals, was heute dringlicher denn je erscheint: Kommunikationspolitik zu betreiben als zielgerichtetes und normbestimmtes Handeln im Hinblick auf ein bestehendes oder zu schaffendes Ordnungsgefüge, also im Hinblick auf die rechtlich-soziale Ordnung der Kommunikation. Der Freiheitsgedanke steht dabei obenan. Am Schluss seines Beitrags im Höfer-Buch von 1981 schrieb er Sätze, die er noch heutigentags bestätigen würde. Sein damaliges Credo gilt wohl zugleich für die immer noch nicht abgeschlossene Medienentwicklung, die erfreuliche wie beunruhigende Überraschungen für uns alle bereit halten dürfte:

„Aus politischen, gesellschaftlichen und wirtschaftlichen Gründen glaubt die Union, dass nur mit einer offensiven Strategie, mit einer offensiven Antwort die Herausforderungen, die eine komplexe Kommunikationszukunft der Bundesrepublik Deutschland stellt, bewältigt werden können. Gefordert ist ein freiheitlicher Lösungsansatz, wie er unserem Menschenbild entspricht. Eine Strategie der Bevormundungen im Kommunikationsbereich geht schon heute zu Lasten existentieller Entwicklungschancen unserer Gesellschaft. Sie geht darüber hinaus - und dies ist mindestens so gefährlich - zu Lasten geistiger Werte, wie Innovationsfähigkeit, wie Kreativität. Diese Entwicklung geht schließlich aber und vor allem zu Lasten einer heute möglichen umfassenden Informationsfreiheit und Meinungsvielfalt."

Kommunikation - grenzenlos!

Kommunikationspolitik, das blieb „sein" Thema, und dann mit sehr praktischen Folgen im Amte des Bundespostministers. In einem diesem Thema gewidmeten Buch aus dem Jahre 1993, das von seinen Gedanken und Vorstellungen der siebziger Jahre ausgeht und mehr grundsätzliche Fragen aufwirft, um dadurch umso besser in die Zukunft weisen zu können, zieht Schwarz-Schilling Bilanz. Das Auffallendste an seinen Überlegungen zur Gestaltung einer Medienordnung in Freiheit ist vermutlich in der Tatsache zu sehen, dass er niemals am Erfolg der Sache zweifelte. Stets glaubte er unerschütterlich an die Treffsicherheit seiner Prognosen wie an die Erreichbarkeit seiner politischen Ziele.

In einer modernen Gesellschaft auf dem Wege zur Globalisierung der Kommunikationsströme, des Handels und Verkehrs müsse die Politik rechtzeitig erkennen, dass sie darin nicht unbedingt Vorfahrt hat. Überkommene staatliche Monopole auf dem Dienstleistungssektor seien ohne Zukunft, so seine pragmatische Einsicht und daraus resultierende These. Nirgends sonst zeigte sich die Alternative „Freiheit oder staatliche Lenkung“ in dieser Schärfe und Unbedingtheit. Unser Mann entschied dabei stets zu Gunsten der Freiheit. Man sprach Ende der Siebziger/Anfang der Achtziger noch nicht so viel wie an der Schwelle zu einem neuen Jahrhundert und Jahrtausend von der weltumspannenden Kraft und Wirkung der elektronischen Medien. Zwar war das „global village“ längst zu einem festen Begriff geworden. Doch es fehlte immer noch Millionen Menschen - auch in Deutschland - an hinreichendem Verständnis für die unumstößliche Gewissheit, dass die Welt durch Medienkommunikation bald zu einer Einheit verschmolzen sein und es keine menschlichen Gesellschaften mehr geben wird, die völlig isoliert von der allgemeinen Entwicklung existieren können. Sein vorläufiges Fazit: „Die Vervielfältigung der Kommunikationsangebote stellt die Gesellschaft (weltweit) vor die ... gewaltigste Kraftprobe in der Geschichte der Zivilisation. Es gibt keine andere Entwicklung, die nahezu gleichzeitig in so viele Lebensbereiche eingreift, in privater und öffentlicher Hinsicht, wie die Kommunikationswirklichkeit. ... Der Weg in die Kommunikationsgesellschaft, von mancherlei inzwischen überwundenen Erschütterungen und Schwierigkeiten begleitet, eröffnet aber auch durchaus verlockende Perspektiven für eine Gemeinschaft von morgen - in verantworteter Freiheit.“

Auf Letztere kam es ihm stets an: Freiheit in Verantwortung, nicht bloß „frei von etwas zu sein“, sondern hierbei die Frage nach dem „Wozu“ zu stellen. Mediale Ordnungspolitik sollte deshalb niemals bei der Verbürgung von Freiheit stehen bleiben. Private Programmanbieter im Markt der Medienveranstalter durften sich vielmehr nicht von der Verpflichtung entbunden fühlen, sich bei ihrem Tun an einem von der Verfassung und allgemeinem sittlichen Empfinden vorgegebenen Wertekodex zu orientieren. Als Familienvater und wertebewußter Christ legte Schwarz-Schilling in seinen Reden, vor allem in ihnen, aber zugleich in Fachaufsätzen, zu denen er von Zeitschriften aufgefordert wurde, stets die Betonung darauf, dass elektronisch an ein unüberschaubares Publikum übermittelte Medieninhalte einen Grundbestand von Ethik und Rücksichtnahme nicht außer Acht ließen.

Das hielt der CDU-Politiker in den frühen Sechzigern schon so; und dies änderte sich nicht bis zur Abfassung der zitierten „Bilanz und Perspektiven der Medienpolitik“ von 1993. Zugleich vermeidet es der Unionsmann, allzu oft den pädagogischen Zeigefinger zu erheben; er möchte lediglich daran erinnern, dass gewisse Grenzen nicht überschritten werden. Nach Herkunft und Bildung stehen bei Schwarz-Schilling hierbei überwiegend Fragen des Geschmacks zur Debatte; vornehmlich geht es ihm folglich um Ästhetik jenseits kleinbürgerlicher Moralvorstellungen.

Niemand vermag aus heutiger Sicht die Frage zu beantworten, wie das Medienszenario in einem Jahrzehnt aussehen wird, ob wir mit hundert oder weitaus mehr TV-Kanälen konfrontiert werden, und ob ethische Probleme sich dann endgültig durch erdrückende Fakten relativiert oder erübrigt haben werden. Das Paradies, es steht uns offen - oder wir blicken in die Hölle eines steuerungsunfähigen Telekommunikationswirrwarrs. Bereits beim gegenwärtigen Zustand des Internet - segensreichem technischem Fortschritt zum Trotz - wehrt sich der bewußte Zeitgenosse vergeblich gegen unwiderstehlich aufkeimendes Grausen.

Nicht so Schwarz-Schilling. Er warf schon Jahrzehnte zuvor seine „Rückblicke auf die Zukunft“ und kam, unterm Strich, fast immer zu jedenfalls ihn selbst beglückenden Ergebnissen. Man könnte ihn als Fortschrittspropheten bezeichnen, und er würde es uns nicht übel nehmen. Allenfalls methodische Zweifel sind bei ihm erlaubt; substantielle nicht.

Früh erkannte gerade dieser begeisterte und viele seiner Freunde begeisternde Fortschrittsapostel, dass technische Innovationen und Bildungskanon an deutschen Schulen und Universitäten nicht Schritt miteinander hielten: „Unsere Jugend wird immer noch in einer Zeit, in der ganze Industriezweige und Berufsgruppen verschwinden und neue an ihre Stelle treten, an Schulen und Universitäten leider weiterhin so ausgebildet, als gäbe es diese (neuen) Entwicklungen gar nicht.“

Die für das industrielle Zeitalter typische Entwicklung, dass nämlich die auseinanderstrebenden Kräfte von Ballungsgebieten einerseits und infrastrukturell benachteiligtem flachem Lande andererseits kein unüberwindbarer Nachteil sein müssen, wurde zunächst nicht ausreichend erkannt. Die Technik machte es möglich, Distanzen zu überbrücken, gleichgültig in welchen Gebieten arbeitende und elektronisch kommunizierende Personen sich aufhalten.

Schwarz-Schilling stellte oft mit großer Hartnäckigkeit, ja oft Verbissenheit immer wieder die gleichen Fragen. Sie waren gepaart mit öffentlich vorgetragenen Klagen, die zu politischem Handeln herausfordern sollten. Oft wurde er gehört, ein andermal wieder nicht. Er musste erst Postminister werden, um wirklich frei schalten und walten zu können. Doch dazu brauchte es noch seine Zeit. Lange bevor unter Führung der CDU/CSU Anfang der 80er Jahre eine neue Bundesregierung installiert und eine neue Forschungspolitik konzipiert werden konnte, sorgte sich unser Mann um den Anpassungsprozess von Technik und Geist:

„Wie steht es denn um die Wissenschaft in unserem Lande? Ist sie diesen Aufgaben gewachsen? Es gibt namhafte Stimmen in der Bundesrepublik Deutschland und im Ausland, die mahnend darauf hinweisen, dass die Deutschen auf dem Wege seien, technologisch zur Provinz zu verkommen. Der Abstieg Deutschlands von der Wissenschaftshochburg zu Beginn des 20. Jahrhunderts zur Forschungseinöde ist auf vielen Gebieten unübersehbar."

Die Klage mag übertrieben sein oder nicht; sie zu erheben war wohl nicht unberechtigt. Die staatlichen Fördermittel für industrielle Forschungszwecke wurden nur sehr zögernd aufgestockt. Allzu sehr verließ sich die Politik auf Anstrengungen der Wirtschaft selbst, die durchweg nur in einer Größenordnung oberhalb des Niveaus von Mittelstandsunternehmen auf diesem Sektor leistungsfähig ist. Der Mittelstand freilich hatte oft das Nachsehen. Gerade in seinen Reihen aber würde es sich, so beschrieb es der CDU-Politiker vielfach mit eindringlichen Worten, „mehr als an anderer Stelle lohnen, unterstützend einzugreifen, zur Selbsthilfe aufzumuntern und zur nachhaltigen Modernisierung anzureizen."

Am Ziel: Der Postminister

1982: Der lang ersehnte Wechsel in Bonn mit Helmut Kohl an der Spitze einer bürgerlich-liberalen Koalition von CDU/CSU und Freien Demokraten nimmt greifbare Formen an. Am 1. Oktober ist es dann so weit: Kohl wird von einer Bundestagsmehrheit aus CDU/CSU-Bundestagsfraktion und einer ausreichenden Zahl von FDP-Abgeordneten zum Kanzler der Bundesrepublik Deutschland gewählt.

Die Berufung des Medien- und Technologieexperten der Unionsfraktion, Christian Schwarz-Schilling, auf den Sessel des Bundesministers für Post und Telekommunikation scheint ausgemachte Sache. Der Mann, der über Jahrzehnte hinweg die Modernisierung der technischen Kommunikation in Deutschland verlangte, nimmt an jenem Schreibtisch Platz, an dem in Deutschland die großen Entscheidungen in Fragen der Kommunikationstechniken getroffen werden.

Der Postminister am Ziel, und auch wieder nicht. Denn es gibt (noch) viel zu tun. Zum Beispiel die große Postreform. Schwarz-Schilling kommt am Kabinettstisch mehr als einmal ins Grübeln...

Am Abend des 1. Oktober wird Schwarz-Schilling in vertrautem Kreise mehrere Mal ebenso nachdenklich wie eindringlich vor sich hin sagen: „Jetzt kann ´s los gehen!“

Und dann geht es los. Doch vorerst nicht in der gewünschten Richtung. Bereits Anfang Dezember, nur zwei Monate nach dem Amtsantritt, fordert der SPD-Medienexperte Wilhelm Nöbel seinen Rücktritt. Der Vorwurf: Schwarz-Schilling betreibe als Postminister einen „Ausverkauf der Bundespost zugunsten mächtiger Kabelhändler.“ Vor der Presse kann der Minister freilich glaubhaft machen, dass er die Verleumdung, ein familieneigenes Unternehmen - die seiner Frau gehörende Fa. Sonnenschein - zu begünstigen, nicht auf sich sitzen lassen muss. Bis zwei Monate vor seiner Ernennung zum Minister habe er sich, so Schwarz-Schilling, seinen vergleichweise geringen Anteil von DM 50.000 am Betriebsvermögen wieder auszahlen lassen. Eine eigens angestellte Prüfung seines Hauses ergab, dass die Fa. Sonnenschein sogar nur einen unterdurchschnittlichen Anteil an Aufträgen der Post für Kabelprodukte erhalten hatte.

Sicher ist sicher. Dachte er. Doch es sollte schlimmer kommen. Nachdem die Kabel-Vorwürfe nicht die von seinen politischen Gegnern erhoffte Wirkung zeitigten, entfesselten nicht leicht durchschaubare Kräfte aus dem linksradkalen Lager eine beispiellose Kampagne gegen die Niederlassung der Accumulatoren-Fabrik „Sonnenschein“ in Berlin. Das Unternehmen, das in den Hetzartikeln der Linkspresse stets in engsten Zusammenhang mit dem amtierenden Postminister und potentiellen Auftraggeber von Firmen der Kabelbranche gestellt wurde, sei eine „Bleischleuder“ und verpeste die Umwelt.

Fünf Jahre darauf führte der Journalist Hartmut Steiner aus freien Stücken in seinem Buch „Der Fall Sonnenschein“ den Nachweis darüber, dass gegen die Familie des Ministers aus höchst durchsichtigen Gründen ein wirtschaftlicher Vernichtungsfeldzug geführt worden war. Sämtliche Vorwürfe, öffentlich untersucht und wiederholt von unabhängigen Sachverständigen geprüft, fielen in sich zusammen. In Nacht- und Nebelaktionen waren, um den Minister und die CDU an den Pranger zu stellen, manipulierte Bodenproben rund um das Fabrikgelände „erstellt“ worden. Mehr noch: Das Berliner Werk wurde überfallen, zweimal besetzt und angezündet. Die Medien stürzten sich ein Jahrzehnt lang durchweg kritiklos auf jede herabsetzende Meldung über „Sonnenschein“. Der NDR tat sich in Sendungen von „Panorama“ mit Totschlagvokabeln gegen die Firma hervor, und sah sich mehrmals zu Gegendarstellungen genötigt.

Die Kampagne hat indessen dem CDU-Bundespolitiker nicht geschadet. Sie kostete Nerven, lief aber am Ende eher für ihn. Seit dem Oktober 1982 wusste der Medienfachmann und Technologieexperte: Das Spiel ist jetzt mein Spiel. Und traf Entscheidungen, dass manchem bald die Ohren wehtaten. Rasch avancierte er zum „Kabelminister". Damit war nur die technische Seite des Amtes gemeint. Die neuen Medien verlangten nach ihrem Recht. Eine Art Glaubenskrieg begann, der schweißtreibende Debatten hervorrief. Er bewirkte aber eines: Dass man sich in Deutschland endlich mit der Tatsache eines weltweit einsetzenden Konkurrenzkampfes der neuen technischen Kommunikationsmittel konfrontiert sah. Etwa zur Mitte seiner zehnjährigen Amtszeit wurde er gefragt, ob ihn der „Kabelminister" nun ärgere oder eher vorteilhafte Assoziationen wecke? Nein, dieses epitheton ornans empfinde er als nicht verunglimpfend, im Gegenteil: „Ich muss damit leben. Als ich die Kupferkoaxial-Technik förderte", sagte er 1986 in einem Gespräch mit dem vormaligen SFB-Intendanten Franz Barsig, „habe ich nur das getan, was in anderen Ländern seit zehn oder gar fünfzehn Jahren getan wird..."

Einen ernsten Vorwurf wegen einer möglichen Fehlinvestition wollten dem Minister damals nur noch eingefleischte politische Gegner machen; die Öffentlichkeit hatte sich damit abgefunden oder man freute sich längst auf die Früchte der Konzeption einer neuen Telekommunikation. Selbst der Bundesrechnungshof hatte wegen erwiesener Rentabilität die Verkabelung weiter Teile des Bundesgebietes als die einzig richtige Entscheidung des Postministeriums bestätigt.

Bereits sechs Jahre nach seiner Amtsübernahme konnte der Postminister auf der CEBIT Hannover eine stolze Bilanz vorweisen:

„Die Entwicklung der Telekommunikationsdienste verläuft derzeit mit einer Geschwindigkeit, die bis vor wenigen Jahren noch unvorstellbar gewesen ist. Um die hieraus resultierenden Anwendungsmöglichkeiten in der Fläche allen Nutzern zugänglich zu machen, sind besondere Anstrengungen notwendig. Wenn auch die Städte und Gemeinden zu den Spätanwendern der neuen Telekommunikationsdienste zählen, so übernehmen sie doch immer bedeutsamere Aufgaben. Im Sinne eines neuen Regionalprinzips im Fernmeldewesen können sie wesentlich dazu beitragen, an Ort und Stelle die Anwendungsbereitschaft potentieller Nutzer zu fördern, Einstiegsbarrieren durch kooperative Nutzungsformen zu überwinden und damit regionale Nachteile zu verhindern..."

Schwarz-Schilling gehört in dieser Zeit zu den wenigen Ministern im Kabinett Kohl, die nach Herkunft und Allgemeinbildung auf un-

Gespräch am Rande eines Ballvergnügens mit CSU-Chef Franz Josef Strauß, den Ehefrauen Marie-Luise und Marianne.

bezweifelbare Kompetenz in ihrem jeweiligen Fach zurückgreifen können. Schon als kleiner Bub hat übrigens, wie die Familienlegende zu berichten weiß, der technisch frühreife Christian aus einem halbkaputten Radio mittels Draht und Batterie sich Hörfunkfrequenzen in die Küche geholt. Jahrzehnte später sitzt er selbst an den Schalthebeln der elektronischen Macht und überlegt, ob und in welchem Umfang Verkabelung besser als die Verlegung der hochmodernen Glasfaser sei.

Dabei durchschaut er sehr genau die Motive des innenpolitischen Gegners: Der Streit um Kupfer oder Glasfaser hatte eben einen politischen Ursprung.

Hinter ihm lauerte einen Weltanschauungskampf, da die SPD nicht nur die Verkabelung in den 80er Jahren zu verhindern trachtete, sondern weit bis in die 90er Jahre hinein aufhalten wollte. Die Fachleute wußten natürlich, dass mit einer Entscheidung für die Glasfaser bei Hörfunk- und Fernsehverteilnetzen bis in die privaten Haushalte hinein die Weichen falsch gestellt worden wären: Man wollte nur wie-

Eine der schönsten Aufgaben des Bundespostministers: die Eröffnung der traditionellen Weihnachtsfeier mit den Mitgliedern der Bundespressekonferenz in Bonn.

der Zeit gewinnen, um die Rundfunklandschaft des öffentlich-rechtlichen Monopols zu konservieren. Das war offensichtlich das oberste Ziele, und alles andere waren nur vorgeschobene Gründe.

Auf seinen dienstlichen Reisen lernt der Minister Amerika und Japan hinsichtlich ihrer weit fortgeschrittenen technischen Entwicklung in jenen Jahren besonders schätzen. In hausinternen Fachgesprächen und bei Pressekonferenzen wird er nicht müde, die Deutschland überlegenen Nationen mit lobenden Worten hervor zu heben. Natürlich wußte Schwarz-Schilling um die zukunftsträchtige Bedeutung der Glasfaser auf langen, möglichst geraden Strecken. Deshalb entschied er schon im Spätherbst 1982, kurz nach der Amtsübernahme also, Aufträge an die Industrie zu vergeben, um ihr damit Planungssicherheit zu gewähren. Beim Ausbau des Fernnetzes solle jährlich mit 100.000 Glasfaser-Kilometern zu rechnen sein. Ziel: Kommunikations-„Autobahnen“ und die „Zubringer“ dort, wo sie sinnvoll seien und vom Nutzer verlangt würden.

Tapfer verteidigt der Minister die fast 500.000 Mitarbeiter seines

Riesenunternehmens Post und Telekommunikation gegen sachfremde Angriffe, etwa den des Computer-Herstellers Heinz Nixdorf. Der ebenso resolute wie scharfzüngige Firmenchef hatte über die Deutsche Bundespost geäußert, sie sei nichts als ein „unflexibler Koloss mit 500.000 Lahmärschen". Der Minister stellt sich in diesem Augenblick - wir befinden uns noch in einer frühen Phase der Entwicklung und Wandlung der guten alten Post in ein modernes Unternehmen - entschieden vor seine Mitarbeiter und alle Postbediensteten, weil er um die Schwierigkeiten der Anpassung eines so unüberschaubar großen Dienstleistungsapparates weiß: „500.000 Leute können nicht über Nacht völlig neue Technologien einführen, in völlig neue Organisationsformen gepresst werden und einen völlig anderen Kurs fahren."

Innovation - nur über Reformen...

Postminister zu sein bedeutete für den Politiker mit Unternehmerverstand kein Honigschlecken. Als Chef eines weitverzweigten, personalintensiven öffentlich-rechtlichen Dienstleistungs-Riesen wurde Schwarz-Schillings ganze Aufmerksamkeit, eigentlich rund um die Uhr, in Anspruch genommen. Seinen Schreibtisch hielt der an systematisches Arbeiten gewöhnte CDU-Parlamentarier stets übersichtlich geordnet, um in allen Zweigen des verwirrend vielfältigen Post- und Telekommunikationsapparates reaktionsfähig zu bleiben. Ein eingespielter Mitarbeiterstab half ihm dabei. Als neuem Ressortchef war ihm allzeit gegenwärtig, dass die Öffentlichkeit in einer Epoche des technischen Umbruchs von ihm mehr als von seinen Vorgängern erwartete.

Zudem war die bürgerlich-liberale Koalition 1982 angetreten, eine Konzeption zur Neuordnung des Telekommunikationsmarktes vorzulegen und alsbald nach ihr zu handeln. Das Fernmeldewesen hatte sich in den 70er Jahren infolge tief greifender Neuerungen auf dem Gebiet der elektronischen Techniken und deren modernen Anwendungsbereichen wesentlich verändert. Durch die Integration von Telekommunikation, Datenverarbeitung, Bürotechnik und Unterhaltungselektronik war an die Seite des klassischen Telefondienstes, der über Jahrzehnte das Fernmeldewesen nahezu ausschließlich bestimmt hatte, eine breite Palette neuer, erweiterter Dienstleistungen der Telekommunikation getreten. Auf der Nachfrageseite vervielfältigten und spezialisierten sich ständig die Anforderungen, die der Nut-

Präsentation der Sondermarke anläßlich des Jubiläums 500 Jahre Postwesen in Deutschland, mit Bundespräsident Richard von Weizsäcker und Bundeskanzler Helmut Kohl.

Oft Streit in der Sache, beim Bier aber versöhnlich und heiter: der Vorsitzende der Deutschen Postgewerkschaft, Kurt van Haaren, mit „seinem“ Minister Christian Schwarz-Schilling.

zer hinsichtlich Qualität, Preis und Leistung an das Telekommunikationsangebot stellte. Zugleich dehnten sich die nationalen Märkte des Fernmeldewesens zu internationalen Dienstleistungsmärkten aus.

Bis diese neuen Entwicklungen voll ins allgemeine Bewußtsein getreten waren, brauchte es Jahre. Noch 1989 muss der Minister in einer Spezialbeilage des „Rheinischer Merkur“ (3. März 1989) erklären, was denn eigentlich ISDN sei. Und als eminent sachkundiger Mann vermag Schwarz-Schilling auf solche Fragen oft wahrhaft erschöpfend Auskunft zu geben. Damals las sich das so:

„...das Faszinierende an der Digitalisierung des Telefonnetzes und dem darauf aufbauenden ISDN - des diensteintegrierenden Telefonnetzes - ist, dass wir dazu keine neuen Kabel verlegen müssen, sondern dass nur die analoge gegen die digitale Vermittlungstechnik ausgetauscht wird. Die normale Kupferdoppelader wird also voll genutzt. Beim ISDN ist diese Kupferstrippe zwischen zwei Kommunikationspartnern durchgängig digitalisiert, sie eröffnet eine Fülle neuer Möglichkeiten. ... Durch die Integration von bisher in getrennten Netzen angebotenen Diensten ergibt sich für den Kunden die Chance, bis zu acht Endgeräte an einem einzigen ISDN-Anschluss anzuschalten. Dieses ISDN ist zudem enorm leistungsfähig: Herkömmliche Dienste werden verbessert; die Entstehung neuer Anwendung wird gefördert. Die Übertragung einer Seite Telefax wird nur noch wenige Sekunden dauern. Bei den neuen Diensten ist vor allem das Bild- und Graphiktelefon hervorzuheben...“

Niemand empfand diese geradezu unterrichtsmäßig vorgetragenen Erläuterungen zum Thema neue Telekommunikationsdienste damals als langweilig. Im Gegenteil: Allen war klar, dass man sich auf Neuland zubewegte, und man war deshalb für jeglichen praktischen Hinweis und jede sachdienliche Erklärung dankbar. Und Schwarz-Schilling ließ sich durchaus anmerken, dass er es als seine Mission betrachtete, in dieser Phase grundlegender Veränderungen die Schalthebel des zuständigen Bundesressorts zu bedienen. Nichts hätte ihn mehr befriedigen können.

Unterdessen hatte in der Bundespost, bis zum Schalterbeamten und Briefträger, eine Diskussion eingesetzt, wie man auf die zu erwartenden Umwälzungen in der organisatorischen wie personellen Struktur des Unternehmens zu reagieren habe. Für den obersten Dienstherrn, an dessen Stelle nach einer Reform des Postwesens samt Telekommunikation ein de-facto-Unternehmensboss treten würde, war von allem Anfang klar, wo es lang gehen sollte: Eine Auseinandersetzung, ob gegebenenfalls private Unternehmen die Aufgaben der modernen Kommunikation besser bewältigen können als staatliche Institutionen - in diesem Falle die hoheitliche Post - wurde ja seit Jahren in allen entwickelten Industrienationen geführt. Dazu seinerzeit Schwarz-Schilling in einem Interview:

„Wir wollen besser sein, und dazu gehört die Fähigkeit der Angehörigen der Bundespost, sich selber als eine Einheit zu verstehen und dem Privatkunden ebenso wie den Unternehmen gute Dienstleistungen zu bieten. Die Zeit ist vorüber, in der der Kunde vor dem Schalter stand und devot Anträge stellte, über die dann vom Mann oder von der Frau hinter dem Schalter ´hoheitlich´ entschieden worden ist. ´Klappe auf und Klappe zu´ - damit soll bei der Post endgültig Schluss sein!"

Innovationsbedingt wurden nun tatsächlich bald die alten Zöpfe abgeschnitten, wo dies möglich und nötig war; neue sind nicht nachgewachsen. Freilich bedurfte es noch einiger Jahre, das große Werk der Postreform zu vollbringen, gegen Widerstände der Gewerkschaften wie kritischer Stimmen aus dem Parlament. Wenn der Postminister hier und da jedoch in Leitartikeln oder Karikaturen unter Hinweis auf seine vermeintliche Reformlangsamkeit mit einer kriechenden Schnecke verglichen worden ist, tat man ihm wohl Unrecht. Die Dinge mussten reifen, und dass dies nicht von jetzt auf gleich geschah, kann man kaum auf den Chef-Reformer selbst schieben.

Die Postreform - ein Jahrhundertwerk

Das ehrgeizigste politische Ziel, das sich der seit Oktober 1982 amtierende Postminister stellte, war in ein einziges Wort zu fassen. Es lautete: Postreform. Sie sollte zu einem Jahrhundertwerk gedeihen. Ihre maßgeblichen Ideenstifter, Betreiber und Vollender konnten 1999 eine Zehnjahresbilanz ziehen.

Die Postreform selber wird immer mit dem Namen Christian Schwarz-Schilling verbunden bleiben. Wenn jemand geglaubt haben mochte, dass alle am deutschen Postwesen Beteiligten - die Telekommunikation eingeschlossen - durchgängig von deren Notwendigkeit überzeugt gewesen seien, so sah er sich getäuscht.

Schwarz-Schilling wurde für seine Person mit einem Berg von Problemen konfrontiert, sobald er daran ging, die Wende in seinem Ressort einzuleiten.

Dass die Gewerkschaften nicht gerade entzückt davon waren, sich

Porträtkarikatur von Bubec, „Handelsblatt“, August 1990.

Der Bundespostminister eine Marionette? Man wird sich ja mal einen kleinen Scherz erlauben dürfen. Staatssekretär Willi Rawe und des Ministers Bürochef, Walter Maschke, sind mit den Mitarbeiterinnen und Mitarbeitern des Leitungsstabes die Erfinder dieses Geburtagsgeschenks.

um einige ihrer sorgsam gehüteten Privilegien gebracht zu sehen, verstand sich damals fast von selbst. Der Postminister sparte gelegentlich nicht mit mildem Spott über „gewisse Gewerkschaftler“, von denen man wohl sagen dürfe: „Sie kamen, um Gutes zu tun, und sie endeten damit, es sich gut gehen zu lassen...“ Das bedeutete aber nicht, sich davon abbringen zu lassen, dringend erforderliche Korrekturen am herrschenden System anzubringen, ja: eine grundlegende Umstellung von der hoheitlichen Verwaltung des Post- und Fernmeldewesens in Deutschland auf eine privatwirtschaftliche Organisationsform ins Auge zu fassen.

Die Deutsche Post trat bis zum Ende der 80er Jahre in ihrer verfassungsrechtlich vorgegebenen Struktur der staatlichen Leistungsverwaltung in zweifacher Weise in Erscheinung:

Einmal als Hoheitsträger mit der Möglichkeit, die dem Bund zustehenden Rechte im Post- und Fernmeldewesen im Rahmen der gesetzlichen Bestimmungen an Dritte zu verleihen oder entsprechende Genehmigungen zu erteilen, sowie zum anderen als umfassender Diensteanbieter auf den Märkten. Die zunehmende Differenzierung der Nachfrage nach Post- und Fernmeldediensten ließ freilich für die Zukunft eine solche Konzentration auf einen einzigen Anbieter nicht mehr vertrebar erscheinen. So einfach die Aufgabenstellung zu sein schien, so schwierig gestaltete sich im Laufe der Jahre ihre Bewältigung im Einzelnen.

Eine maßgebliche Rolle bei der Vorbereitung der Reform spielte in den ersten Jahren und darüber hinaus der Leiter des Instituts für Organsation an der Universität München, Eberhard Witte. Dessen umfangreiche und gründlich erarbeitete Untersuchungen und Gutachten halfen Schwarz-Schilling dabei, die einzelnen Schritte der Postreform der Öffentlichkeit, das heißt hier vor allem den vielen Millionen Postkunden, verständlich und plausibel zu machen.

Die Schwierigkeiten sah Schwarz-Schilling selber nur zu genau. Seine umfassende klassische Bildung erlaubte es ihm, sich intern auf ein Zitat aus Machiavellis „Il principe“ zu berufen, das er später bei der Publikation eines Aufsatzes über die „Überfällige Reform in der Bewährung“ verwendete:

„Man muss sich nämlich vor Augen halten, dass nichts von der Vorbereitung her schwieriger, vom Erfolg zweifelhafter und von der Durchführung her gefährlicher ist als der Wille, sich zum Neuerer aufzuschwingen. Denn wer dies tut, hat die Nutznießer des alten Zustands zu Feinden, während er in den möglichen Nutznießern des neuen Zustands nur lasche Verteidiger findet; eine Laschheit, die teils aus der Furcht vor den Gegnern herrührt, die ja das Gesetz auf ihrer Seite haben, und teils aus dem Misstrauen der Menschen stammt, die in Wirklichkeit eine Neuerung erst glauben, wenn sie diese mit eigenen Augen gesehen haben."

Damit war die Ausgangslage beschrieben, man konnte mit der Arbeit beginnen. Sah er sich zu Anfang des Reformwerks von seiner Partei, der Regierungskoalition und vom Kanzler selbst hinreichend unterstützt und ermutigt, nahm die Bereitschaft, dem Reformer auf seinem schweren Weg zu folgen, früher als befürchtet ab. Schwarz-Schilling erinnert sich:

„Das Klima für einen tief greifenden Wandel war einfach nicht vorhanden. Schon bei kleinsten Veränderungen regte sich von allen Seiten heftigster Widerstand, so dass der Mut zur Reform rasch abzunehmen drohte. So musste ich mich für eine doppelte Strategie entscheiden, die sich auf zwei Legislaturperioden erstrecken sollte. Damit uns die technologischen Entwicklungen nicht vollends davon liefen, mussten wir sofort mit der Einführung neuer Technologien und Dienstleistungen beginnen, wo sich im Ausland bereits Märkte gebildet hatten und in Deutschland Nachfrage vorhanden war: in der Kabel- und Satellitentechnik, Glasfaser-Technologie, digitalen Vermittlungstechnik, bei schnurlosen und mobilen Telefon-Geräten..."

Das war für den Postminister, also den bis dahin obersten Hüter des Postmonopols, nicht gerade leicht. Denn wie dies bei Einführung technischer Neuerungen zu sein pflegt, die lange Zeit durch administrative Maßnahmen blockiert waren und nun plötzlich frei gegeben wurden, fiel es der Bundespost naturgemäß schwer, auf Anhieb stets die richtigen Entscheidungen zu treffen. Die erforderliche Vielzahl von Entscheidungsträgern eines funktionierenden Marktes musste sich ja erst bilden. Ein Befehl „von oben" konnte sie nicht herbei zaubern. Walter Maschke, langjähriger Pressesprecher des Ministeriums und in Schwarz-Schillings letzten Amtsjahren Leiter des Leitungsstabes und damit dessen engster Berater und Vertrauter, fasste im Rückblick auf die erste Dekade der Postreform zusammen:

„Die Post war bis Ende der 80er Jahre eine dringend modernisierungsbedürftige Verwaltung: die Produktion war kompliziert und ineffizient, Vertriebsfunktionen waren unterrepräsentiert und eine Transparenz des wirtschaftlichen Geschehens war kaum vorhanden. Die durch den Behördencharakter vorgegebenen einengenden Strukturen und starren Vorschriften erschwerten eigenverantwortliches Wirtschaften und unternehmerisches Denken bei den Mitarbeiterinnen und Mitarbeitern. Die zwangsläufige Folge dieses über Jahr-

Karikatur aus der „FAZ", August 1989.

zehnte gewachsenen Zustandes waren Servicequalitäten - sofern überhaupt aussagefähig gemessen - fernab tatsächlicher Kundenbedürfnisse..." Maschke, glaubhafter Zeuge der Geschichte der Postreform, konnte von deren Folgen in Person profitieren; er ist heute Zentralbereichsleiter Unternehmensverbindungen bei der Deutschen Post AG in Bonn. Sein Resümee aus den bisherigen Erfahrungen mit der Reform enthält u. a. die Feststellung, dass das Unternehmen Deutsche Post AG inzwischen weitere wichtige Leistungsmerkmale wie Flexibilität, Service und umfassende Kundenorientierung entwickeln konnte. Grundlage hierfür sei die Postreform gewesen, durch die es möglich wurde, eine 500jährige Tradition des deutschen Postwesens mit Innovationsfähigkeit zu verknüpfen. Wesentlich zugleich die im Reformgesetz verankerte Trennung von Post und Telekommunikation in eigenständige Unternehmen, eine ordnungspolitische Entscheidung von weittragender Bedeutung für unser Land.

Als die an der Postreform beteiligten Politiker und Wissenschaftler auf der Buchmesse im Oktober 1999 in Frankfurt am Main zusammen kamen, um die Bilanz nach zehn Jahren Reform vorzulegen und in Buchform zu publizieren, herrschte eitel Freude und Zufriedenheit. Gutachter Prof. Witte aus München konnte es immer noch nicht glauben, dass die Post es geschafft hatte, sich der neuen Zeit mit Erfolg zu öffnen: „Wer im Jahre 1985 vorausgesagt hätte, dass 1999 alle Unternehmen der Post und Telekommunikation privatisiert sind, sich in einem schnell entwickelnden Wettbewerb befinden und internationale Kooperationen anstreben, wäre als Phantast bezeichnet worden." Als der geeignete Mann auf diesem Wege, die Post in ein neues Zeitalter zu führen, hatte sich indessen alsbald der „Quelle"-Manager Klaus Zumwinkel erwiesen, der vom Postminister dazu ausersehen war, sich einer der spannendsten Herausforderungen der deutschen Wirtschaft zu stellen. Ihm gelang es, innerhalb eines Jahrzehnts die Post zu einem dynamischen, inzwischen weltweit operierenden Unternehmen auszubauen.

Die Postreform bedeutete für das Ministerium schon eine gravierende Umstellung, lange bevor die Reform greifen sollte. Das heißt: Die Privatisierung musste erprobt, die sich abzeichnende Organisationsform auf ihre Tauglichkeit überprüft werden. Der Unternehmer kam hier wieder einmal zum Zuge. Reisen vornehmlich in die Vereinigten Staaten, aber auch nach Japan und China sollten erweisen, welche Rolle Deutschland auf den künftigen Telekommunikationsmärkten in der Welt spielen würde. Vor allem in den USA konnte Schwarz-Schilling Fachleute der Administration rasch von der Ernsthaftigkeit der deutschen Reformbemühungen auf dem Gebiet der Telekommunikation überzeugen. Klassischer Beleg hierfür ist ein Brief des amerikanischen Botschafters in Bonn, Richard Burt, vom 15. Januar 1988. Burt, vormals leitender Redakteur bei der „Washington Post", schrieb an Minister Schwarz-Schilling:

„Lieber Herr Minister, Gesprächen mit meinen Kollegen entnehme ich, dass Ihr jüngster Washington-Besuch offenbar sehr erfolgreich verlaufen ist. Ihre klaren Darlegungen zur amtlichen deutschen Position und künftigen Vorhaben in allen Angelegenheiten der Telekommunikation haben einen ebenso tiefen wie günstigen Eindruck hinterlassen. Sie haben einige bei uns herrschende Auffassungen [von der deutschen Position - d. A.] tatsächlich korrigieren können. Weit davon entfernt, über die anhaltenden Schwierigkeiten auf diesem Gebiete nun einfach hinweg zu gehen, glaube ich doch, dass Ihr Besuch sehr hilfreich gewesen ist und zu einem besseren Verständnis der deutschen Telekommunikations-Politik beitragen wird." (Privatarchiv Schwarz-Schilling, Übersetzung vom Autor)

Reisen gehört dazu: der Postminister auf Erkundungsfahrt in Indien.

Mit dem indonesischen Minister für Wissenschaft und Satelliten/Flugzeugentwicklung und späteren Regierungschef, Habibie, im Gespräch.

Da kann man nicht meckern: Bei solcher Fülle weiblicher Schönheit gestattet man sich ein asiatisch-vielsagendes Lächeln.

Postminister Schwarz-Schilling bei der feierlichen Überreichung des Bundesverdienstkreuzes an seinen japanischen Kollegen, als „Gegenleistung“ für den zuvor in Tokio empfangenen Kaiserlichen Orden zum Heiligen Schatz Japans.

Der Briefempfänger konnte mit diesen Zeilen zufrieden sein. Umgehend informierte er Bundeskanzler Helmut Kohl darüber, von dem sich der Postminister nicht immer und in allen Teilen bei seinen Reformanstrengungen so unterstützt sah wie er dies wünschen mochte. Dass er einen so schönen Erfolg beim großen Bruder Amerika einheimsen konnte, tat ihm wohl und musste an höchster Stelle zur Kenntnis genommen werden. Desgleichen ging eine Kopie des Burt-Schreibens zugleich an Wirtschaftsminister Martin Bangemann ab. In einem Begleitbrief wies Schwarz-Schilling seinen Minister-Kollegen darauf hin, dass „die negative Einstellung führender amerikanischer Politiker offensichtlich auf mangelnde Information über die derzeitige Situation und die Zukunftsplanungen zurückzuführen" sei.

China lockte den Reisenden in Sachen Telekommunikationsmarkt natürlich in besonderer Weise. Der studierte Sinologe und Kenner der chinesischen Geschichte wurde überall im Reich der Mitte mit demonstrativer Freundlichkeit willkommen geheißen. Als die ministerielle Arbeitsgruppe unter Führung des Postministers auf einer Erkundungsreise von Peking über Shanghai Richtung Hongkong - nach zahllosen Gruppen- und Einzelgesprächen mit Vertretern der amtlichen chinesischen Telekommunikations-Behörden - erfahren musste, dass auch die anderen europäischen Anbieter unterdessen nicht untätig waren, entrang sich einem der mitgereisten Ministerialbeamten der Stoßseufzer: „Nach allem, was man den Äußerungen unserer chinesischen Gesprächspartner entnehmen darf, können wir in ein paar Jahren hier nur noch Würstchen verkaufen."

Natürlich erwiesen sich bei genauerer Betrachtung die Konkurrenten als nicht ganz so erfolgreich wie befürchtet; doch die Alarmzeichen blieben unübersehbar. Deutschland hinkte in der Tat mit der Anpassung und Modernisierung seiner Kommunikationsstrukturen den mächtigen Mitbewerbern in der Welt hinterher. Bei dem oft über Stunden ausgedehnten Meinungsaustausch mit den gastgebenden Experten gelang es unserem Schwarz-Schilling vortrefflich, sich mittels verschärfter Fünf-Minuten-Nickerchen, die er unter dem Gemurmel der Gegenseite fast unbemerkt in die Fachsimpeleien einzuschieben wußte, geistig frisch und jederzeit einsatzfähig zu erhalten.

Schwarz-Schilling vertraute darauf, dass deutsche Wertarbeit immerhin geschätzt würde, infolgedessen die Wettbewerbssituation in einer sich schnell verändernden Welt für Anbieter qualifizierter Produkte sich am Ende als keineswegs aussichtslos darstellen würde. Aus heutiger Sicht hat er zu hundert Prozent Recht behalten.

Gern besuchte der Minister Japan, von dessen technischem Inge-

Während eines internationalen Kongresses, im Gespräch mit dem indischen Finanzminister Singh.

Mit dem japanischen Postminister: Entspannung nach stundenlangen Fachgesprächen.

nium er sich stets nach seiner Rückkehr beeindruckt zeigte. Die Gastgebertalente der Japaner beeindruckten ihn am meisten. In einem Pressegespräch nach einer solchen Japanreise berichtete er, dass man ihm damit geschmeichelt habe, seinen großen Fachvortrag in Tokio binnen 24 Stunden als Broschüre gedruckt vorzulegen - in japanischer und deutscher Sprache!

Nach Stockholm flog Schwarz-Schilling in den späten 80er Jahren, nur um sich das neueste Modell des schwedischen Handy vorführen zu lassen, als ein solches Gerät hierzulande noch keineswegs handelsüblich war. Nebenbei interessierte er sich allerdings auch für eine tatsächlich höchst beachtliche Neuerung auf dem Gebiet der Rationalisierung von Briefsortierungsmaschinen.

Sorge um die Renten

Ob er sich nun als Kabelminister und Medienmagier der 80er Jahre verhöhnt oder zumindest kritisiert, in anderen Fällen vielleicht auch nur als oberster Verwalter der Bundespost angesprochen sieht - Dr. Schwarz-Schilling bleibt ungeachtet seiner Innovationsaufgaben bei der Telekommunikation immer auch Allgemeinpolitiker. Das ist angezeigt, ja unentbehrlich, wenn man beim Wähler in den heimatlichen Gefilden über den Tag hinaus wahrgenommen werden möchte. Was wegen nahender Wahltermine natürlich von lebenswichtigem Interesse sein kann. In Schwarz-Schillings Fall hieß das: Ungeachtet seiner vielfältigen amtlichen Pflichten das Augenmerk auf Fragen der Daseinsvorsorge zu richten, im Klartext: Überlegungen zur finanziellen Sicherung der Renten anzustellen. Und zwar rechtzeitig.

Im Jahre 1988 erscheint in einem Bonner Fachverlag ein Buch unter seiner Herausgeberschaft: „Langfristig sichere Rente. Ein Weg zur Erfüllung des Generationen-Vertrages". Es enthält eine umfängliche Untersuchung der Rentenkommission der Mittelstandsvereinigung von CDU und CSU, deren Vorsitzender er war. Schwarz-Schilling hält noch aus der Sicht des Jahres 2000 die Arbeit dieser Kommission für „bahnbrechend", obwohl er im Nachhinein bedauern müsse, „dass sich nur niemand danach gerichtet hat".

Man kann getrost von einer regelrechten Studie sprechen, denn an ihrer Ausarbeitung waren Fachleute von Expertenrang beteiligt.

Erbost resümiert der Kommissionsvorsitzende gut zehn Jahre später, da die Renten heftiger denn je ins Gerede gekommen sind:

„Wenn wir uns 1988 nach dieser Studie gerichtet hätten, dann hätten wir mit der Beantwortung der Frage nach der Demographie, den kinderreichen Familien und entsprechenden Beitragsentwicklungen jetzt kaum mehr nennenswerte Schwierigkeiten ... Aber die zehn Jahre sind nun futsch, und deshalb befürchte ich, dass mathematisch gesehen eine befriedigende Lösung nicht mehr möglich sein wird. Das Ende wird sein, dass die Beiträge, die jetzt gezahlt werden, als Rente sehr viel weniger wert sind und diejenigen, die später Rente bekommen, diese nur noch in ganz vermindertem Umfang erhalten werden beziehungsweise für deren Nachkommen Beitragserhöhungen nötig sind, um überhaupt einen Mindeststandard aufrecht erhalten zu können ... Die endgültige Lösung ist mir von daher ein Rätsel..."

Kernpunkt der Reformvorschläge bildete der Gedanke, dass auch innerhalb einer Generation eine größere Gerechtigkeit bei der Verteilung der Lasten der Rentenfinanzierung geschaffen wird. Im Katalog der Zielsetzungen der Kommission hieß es dazu:

„Die Familien mit Kindern, welche durch die Existenz zukünftiger Beitragszahler mit einem großen eigenen materiellen Einsatz die wichtigste Grundlage zum Funktionieren des auf einem Umlageverfahren beruhenden Rentenversicherungssystems schaffen, dürfen nicht dadurch noch doppelt belastet werden, indem sie auch die Beitragserhöhungen zur Rentenversicherung mitttragen sollen, die ausschließlich deswegen notwendig werden, weil der größte Teil der Versicherten in Deutschland entweder kein oder nur ein Kind hat. Diese Ungerechtigkeit sollte bei der anstehenden Rentenstrukturreform berücksichtigt werden..." Wer dagegen bei der Erörterung all dieser höchst komplizierten, doch überaus dringlichen Fragen als Politiker kaum berücksichtigt, wohl nicht einmal ernsthaft beachtet wurde, das war eben unser Dr. Schwarz-Schilling. Der amtierende Sozialminister, sein Parteifreund Norbert Blüm, überging ihn und die Mittelstandsvereinigung glatt bei der personellen Zusammensetzung der Regierungskommission zur Reform des Rentensystems. Erbittert schrieb Schwarz-Schilling einen Brief an Blüm, den er mit „Persönlich/Vertraulich" auszeichnete und infolge Eilbedürftigkeit durch einen Fahrer zustellen ließ. „Meine Bitte", so schrieb er an den ´lieben Norbert´ im Tone des Gekränktseins, „in der Koalitions-Kommission mitwirken zu dürfen, wurde in einem Schreiben von Dir an Elmar Pieroth abschlägig beschieden; es wurde zwar zugesagt, dass man sich mit unseren Gedanken beschäftigen werde - doch offenbar soll dies in meiner Abwesenheit geschehen, wenn überhaupt. Dein Wunsch, über diese Frage nicht in offenen Streit auszubrechen und Konsensfähigkeit zu erhalten, habe ich stets respektiert...."

Letzteres war vielleicht ein Fehler. Doch unser Mann pflegte sich in der Sache zwar unnachgiebig zu verhalten, im Umgang miteinander aber als stets kompromissbereit zu erweisen, was „Nobby“ natürlich einkalkulierte, und weshalb er bei Auseinandersetzungen in Fragen seines Ressorts meist der Sieger blieb. Vorsichtig in der Wortwahl, aber zielorientiert in der Sache legte die Mittelstands-Kommission dem fachlich zuständigen Minister ihre Vorstellungen in dem an Blüm gerichteten Brief dar:

„Die Vorschläge, die die Rentenkommission der Mittelstandsvereinigung in einem sehr lebendigen Gedankenaustausch mit Experten, Wissenschaftlern und Politikern entwickelt, kommen gut voran; sie werden an das heutige System der Rentenversicherer anknüpfen, jedoch auch den Weg aufzeigen, der erforderlich ist, um die Problematik auch auf längere Sicht zu lösen.“ Daran war Blüm ganz offensichtlich nicht interessiert, hätte dies doch eines spürbaren Eingriffs in das geltende System bedurft, den er augenscheinlich für nicht durchsetzbar hielt. Die nach Ansicht des Mittelstandes in der CDU/CSU herrschende Ungerechtigkeit zwischen Familien mit und ohne Kindern wurde nicht beseitigt, hielt an und blieb auf viele Jahre hinaus ein Stein des Anstoßes. Es half nichts, auch die Beteuerungen von Dr. Schwarz-Schilling nicht, dass ihm ausschließlich an der Sache und nicht an persönlicher Profilierung gelegen sei, weshalb er die parteiinterne Auseinandersetzung ja auch ohne Beteiligung der Öffentlichkeit zu betreiben gedenke. „Hartnäckig“ aber will er bleiben, wie es dann am Ende des vier Seiten umfassenden Schreibens an Blüm heißt, denn es gehe hier „um die entscheidende Gewissensfrage, die wir im innenpolitischen Bereich für die nächsten Generationen zu beantworten haben...“

Das Beratungsergebnis der Kommission, wie es sich dann in dem zur Erörterung der Rentenfrage herangezogenen Gutachten der Mittelständler niedergeschlagen hat, bestand in einem Kompromiss, der freilich einige strittige Fragen nicht ausklammerte, sondern zur Aufgabe der Zukunft deklarierte. An den wesentlichen Zielen der Rentenreform von 1957 - Dynamisierung, Beitragsbezogenheit, Umlagesystem, Gesetzliche Rentenversicherung als Hauptsäule der Altersvorsorge - solle „unter gewissen Bedingungen“ festgehalten werden. Denn (immerhin!) „ein radikaler Systemwechsel ist weder notwendig noch sinnvoll“.

Aber, und diese Feststellungen pflegte Schwarz-Schilling ständig zu wiederholen, es müssten alsbald Konsequenzen aus der demographischen Entwicklung der letzten 20 Jahre (bis 1988) gezogen werden; einer Entwicklung, die inzwischen weitergegangen ist und heute mehr denn je zum Umdenken in der Altersvorsorge zwingt.

Der „demographische Faktor“ werde, so sagte das Rentenpapier der Mittelständler unter Stimmführung von Schwarz-Schilling 1988 voraus, im Verein mit der Verlängerung der Lebenserwartung „fundamentale Auswirkungen auf das bestehende System der Gesetzlichen Rentenversicherung haben“. Unterdessen ist die Einsicht geistiges Allgemeingut geworden, dass eine private Vorsorge neben die vielleicht in Teilen noch aufrecht zu erhaltende gesetzliche Rentenversicherung oder steuerfinanzierte Grundrente treten muss.

Die Mittelständler quälte seinerzeit vornehmlich die Sorge, die auf die Rentenversicherung zukommenden Schwierigkeiten würden nachfolgende Generationen in unzulässiger Weise belasten, weshalb sie die Aufforderung für angebracht hielten: „Die [im Kommissionsbericht] aufgezeigten Maßnahmen verlangen ein Solidaritätsopfer der gegenwärtigen Generation, sowohl von den Rentnern als auch vom Staat und den Beitragszahlern. Würde es nicht erbracht, würde es in doppelter und dreifacher Höhe nachfolgenden Generationen abverlangt...“.

„Schwarz-Schilling schlägt Stücklen“

Diese ungewöhnliche „Schlag“zeile hat ausnahmsweise niemandem weh getan. Sie war ja auch nicht bierernst gemeint, sondern eben „nur“ die Headline einer im „Bild“-Zeitungs-Format gedruckten Jubiläums-Gazette mit dem Titel „POST“, Untertitel: „Abhängig • Parteilich“. Das Datum gehörte zum Wichtigsten dieser Jubel-POST überhaupt, denn es markierte den 7. November 1991, jenen Tag, an dem Christian Schwarz-Schilling sich als „längstgedienter Postminister der Bundesrepublik Deutschland“ bezeichnen durfte.

Das dem Boulevardblatt aus Deutschlands größtem Zeitungsverlagshaus zum Verwechseln ähnliche Printprodukt präsentierte sich dem Postminister auffallend freundlich. Endlich wurde der von den Medien oft gescholtene und mit unliebsamen Artikelüberschriften gequälte CDU-Politiker einmal für all die ihm angetane Pein entschädigt: „Postminister Christian Schwarz-Schilling übertrumpft Amtsdauer von Richard Stücklen“ - also deshalb die erwähnte „Schlag“-zeile, die sich nun wirklich sehen lassen konnte. Oder: „Rawe schwört auf Schwarz-Schilling“, desgleichen: „Danke, Christian - Kabelhaushalte loben neue Programmvielfalt“.

Jubiläumstag: Schwarz-Schilling wird als „dienstältester Bundespostminister seit Bestehen der Bundesrepublik Deutschland“ gefeiert, u. a. mit einer hausgemachten Jubelgazette. Am 7. November 1991 war der Minister genau neun Jahre und 34 Tage im Amt. Der ehemalige Postminister Richard Stücklen gratuliert.

Das war nun tatsächlich ein Tag, an dem sich der Jubilar voller Behagen zurücklehnen durfte. „Chefreporter“ Walter Maschke (im bürgerlichen Leben seinerzeit Leiter des Leitungsstabes des Ministers und dessen engster Vertrauter), der sich das witzsprühende Geburtstagsgeschenk ausgedacht hatte (und dabei mit Texten von DW-Intendant Dieter Weirich und Hörfunk-Korrespondent Stefan Piller unterstützt wurde), ließ in der „POST“ nichts aus, was dem Helden des Tages gefallen würde. Ja, dieser wurde geradezu verwöhnt mit guten Nachrichten und eben solchen Kommentaren:

ENDLICH GELBE ZAHLEN! MINISTERS HOSENBEIN GERETTET! ORDENSRITTER SCHWARZ-SCHILLING...

Unter der Rubrik: „Mister Wende“ kommentierte Weirich gut gelaunt des Postministers Verdienste um Wettbewerb, Privatfernsehen und Verkabelung im großen Stil: „Wer nicht auf der Leitung steht, der kann nicht umhin, Mister Wendes Erfolgsbilanz ein Kompliment zu machen.“

Für kurze Zeit waren die düsteren Wolken am „Reform"-Himmel verflogen, die den Minister zunehmend besorgt gemacht hatten, dass seine Bemühungen um Fortschritte bei der Privatisierung des Großunternehmens Bundespost am Ende doch vergeblich sein könnten. Von Teilen der Bundesregierung fühlte er sich auch nicht mehr ausreichend unterstützt oder gar ermuntert, den eingeschlagenen Weg weiter zu gehen. Selbst der Kanzler zögerte gelegentlich, seinem Ressortchef für Post und Telekommunikation Rückendeckung zu geben. Loyal wie Schwarz-Schilling nun einmal war, behielt er seinen Ärger über mangelnde Solidarität seiner Kabinettskollegen meist für sich oder sprach darüber nur in vertrautem Kreise. Zuletzt hatte er sich bei Verleihung des „Handwerkszeichens in Gold" durch Verbands-Präsident Heribert Späth noch vielsagend darüber ausgelassen, dass er „sehr wohl den Preis der Selbständigkeit in Form eigenen Risikos" kenne. Damit wollte „black penny", wie ihn der Bonner Volksmund auch zu nennen pflegte, sicherlich nicht nur an seine Unternehmervergangenheit erinnern. Er gedachte in solchen Augenblicken nun auch seines beschwerlichen Ministeramtes. Im Klartext bedeutete dies: Sich bei schwierigen Entscheidungen oft allein gelassen zu fühlen. Gleichwohl schien Schwarz-Schilling entschlossen, noch eine Weile auf dem Ministersessel auszuharren, wenn ihm die Arbeit auch zunehmend schwer gemacht wurde.

Schon als Pressesprecher des Postministeriums hatte Walter Maschke, vom Studium her Kommunikationswissenschaftler, umtriebig und einfallsreich alle verfügbaren Möglichkeiten der klassischen PR ausgeschöpft, um dem bedrängten Chef des Hauses ein optimales Image zu verpassen. Allen voran die Eigenschaften: Kompetenz und Unternehmungsgeist, Beharrlichkeit in der Durchsetzung seiner Zeile und Verläßlichkeit in Planung und Organisation. In diesem Bestreben plazierte Maschke in der Reihe „Bonner Porträt" 1986 ein mit vielen Karikaturen ausgestattetes, heiter-ironisches und höchst informatives Buch mit dem Titel: „Ein Mann sieht gelb. Die Post mit Witz und Pfiff".

Gleich zu Anfang zitiert der Autor und Herausgeber des Buches einen nicht namentlich genannten vormaligen (liberalen) Wirtschaftsminister (es war Lambsdorff) mit den treffsicher formulierten Sätzen: „Ich habe schon viele Postminister kommen und gehen sehen - ob rot, ob schwarz. Nach einem halben Jahr waren sie alle gelb."

Die Pointe, auf Schwarz-Schilling bezogen, gipfelte in der Feststellung, dass der seit Herbst 1982 amtierende Postminister in doppelte Hinsicht ´gelb´ zu nennen sei: Einmal als studierter Sinologe und Freund Chinas, aber auch in kürzester Frist als ´postgelb´ abgestempelter Fachmann seines Riesenressorts. Autor Maschke wählte den Weg des versöhnlichenWitzes, vermischt mit leicht verdaulicher Informationskost. Eine Leseprobe ergibt, dass die Texte nicht wehtaten, sondern trotz notwendiger Daten und Fakten im Vortrag eher Glossencharakter hatten:

„Kabel-Drang oder Kabel-Zwang?

In einigen unserer Nachbarländer hat der Drang zum Kabel dazu geführt, dass sich binnen zehn Jahren mehr als 80 Prozent der Haushalte haben anschließen lassen. Das alles verlief organisch und ohne viel Brimborium. Bei uns in der Bundes republik Deutschland war es anders. Einige Medienkulturpessimisten waren der Auffassung, dass der Bundesbürger kein Kabelfernsehen haben soll. Grausliche Menetekel wurden an die Wand gemalt. Es gebe auch keine Akzeptanz. Der Bürger wolle das alles gar nicht und sei damit auch überfordert. Eigenartig, dass die Deutschen sich so sehr von ihren Nachbarn unterscheiden sollten! Die heutigen Anschlussquoten zeigen übrigens, dass wir „europäischer“ sind als manche glauben...“

„Black penny“ ertrug Kritik, wofern in sachlichem Tone vorgetragen, meist mit philosophischer Gelassenheit. Bei regelrechten Anfeindungen und ideologischen Abwehrmanövern seiner Gegner konnte er verletzt, in Einzelfällen wohl auch gereizt reagieren. Ansonsten bewies er, von einigen tüchtigen bis hochbegabten Mitarbeitern unterstützt, ein Maß an Stehvermögen, das viele diesem musisch veranlagten Menschen nicht zugetraut hatten. Es rückte freilich die Zeit heran, die eigene Unabhängigkeit und Gradlinigkeit zu nutzen und sich der - jenseits von Post und Telekommunikation - wichtig gewordenen politischen Arbeit womöglich mit noch stärkerem Engagement als in den zurückliegenden Jahren widmen zu können. Auf diese Weise wurde das erste Jahr nach seinem Dienstjubiläum vom November 1991 zu seinem letzten Jahr als Mitglied des Bundeskabinetts.

Zu Beginn der Herbstsitzungen des Bundestages und nach Rückkehr des Kanzlers aus seinem Sommerurlaub hatte der Postminister am 9. September 1991 einen seiner vielen, mit Klagen angefüllten Briefe an Helmut Kohl geschrieben. Insgeheim mag der Unternehmer in Schwarz-Schilling schon geahnt haben, dass der Bund auch bei Privatisierung von Post und Telekommunikation auf seine finanziellen Privilegien vorderhand nicht würde verzichten wollen. U. a. schreibt der Minister in seinem als „persönlich/vertraulich“ ausgewiesenen Brief an Kohl, es sei „schon wirklich ein Unding, dass man

Die Cartoon-Serie „Hallo Deutschland“ von Dieter Hanitzsch in der Illustrierten „Quick“ widmete sich im Januar 1991 dem Thema „Post modern“.

Schwarz-Schilling mit „Kaiser Franz“ Beckenbauer.

Tradition und Adel verpflichten: die Repräsentanz der modernen Post und die Träger des großen Namens derer von Thurn und Taxis.

Ob er noch Karl May liest, ist nicht verbürgt. Doch mit Pierre Brice - Publikumsliebling und Winnetou-Darsteller - traf sich Schwarz-Schilling nicht nur einmal...

Mit der Schauspielerin Marie-Luise Marjan („Mutter Beimer").

dem größten Investor, der in den nächsten fünf Jahren ca. 60 Milliarden in den neuen Bundesländern investieren muss und insgesamt in Deutschland in den nächsten fünf Jahren an die 200 Milliarden investiert, jede Möglichkeit des dafür notwendigen Spielraums genommen hat. Im Osten bekommt er keinerlei Vergünstigungen, die andere Investoren bekommen. Im Gegenteil: je erfolgreicher er dort seine Dienstleistungen verkauft, umso höher werden seine Abgaben, da nach der Finanzverfassung bis 1. Januar 1996 nicht das Ergebnis, sondern die zehnprozentige Abgabe auf den Umsatz Maßstab ist. So kann das Unternehmen [Bundespost] noch nicht einmal die Anlaufverluste bilanztechnisch als Verlustvortrag steuerwirksam behandeln wie jedes andere Unternehmen..."

Der Briefschreiber zieht absichtsvoll eine Parallele zur Bundesbahn, die durch die Umstellung auf einen privatisierten Status nur Vorteile habe: „Während durch die Trennung bei der Bahn mit Selbstverständlichkeit weitere Milliarden der Reichsbahn zufließen, ist es bei uns genau umgekehrt: Die Bundespost zahlt trotz hoher Verluste die zehnprozentige Abgabe an den Bund, gleicht die Defizite für das Verkehrsgebiet Ost aus und wird darüber hinaus durch Erhöhung der Abgaben zur Ader gelassen..."

Weitere Passagen des Schreibens deuten schon vorsichtig den Rückzug aus der Politik an, wenn Christian Schwarz-Schilling auch noch mehr als ein Jahr am Kabinettstisch Platz nimmt. Doch sein Ton klingt zunehmend verbittert: „Leider bestand Anfang dieses Jahres [1991] überhaupt keine Gelegenheit, in einer ruhigen Stunde auf die Konsequenzen dieser Fehlentscheidungen in kleinem Kreise hinzuweisen. Sie wissen, dass ich alles in meiner Macht Stehende getan habe, um diesen verhängnisvollen Weg nicht zu beschreiten. Leider waren meine Bemühungen mit dem Finanzminister nur von begrenztem Erfolg. Nun werden in Zukunft die Fakten sprechen. Und damit wird auch die Handlungsnotwendigkeit unabweislich."

Die Entwicklung hat dem Minister bis zur Jahrhundertwende Recht gegeben. Doch der Finanzhunger des Bundes war damals so groß, dass an vorsorgliche Maßnahmen zur Entlassung von Post und Telekommunikation in den freien Markt nicht zu denken war. Am 17. Januar veröffentlichte die „Welt" unter der Rubrik „Bonn" einen Korrespondentenbericht mit der beziehungsreichen Überschrift „Kohls Gleichung mit manchen Unbekannten". Der Bericht enthielt Spekulationen über eine demnächst zu erwartende Kabinettsumbildung, mit der offensichtlich vom Kanzleramt vorgegebenen Tendenz, künftig müssten „mehr junge Talente ran". In diesem Zusammenhang wurde

Grund zur Freude und zum herzhaften Lachen: Der Postminister mit dem Kabarettisten Jörg Knör auf einer Weihnachtsfeier für Journalisten in Bonn.

über den Postminister im Klartext vorausgesagt, er werde „in allen Ehren entlassen." Wann, das blieb unerwähnt. Doch weiter las man nur Rühmliches über ihn, zugleich aber legte der Artikel nahe, dass Schwarz-Schilling in Kürze entbehrlich sei: „Er hat als Postminister die meisten seiner 1982 proklamierten Ziele erreicht und geht in den verdienten Ruhestand [!]..."

Von Letzterem konnte zwar weder damals noch heute im Entferntesten die Rede sein. Doch die Absichten des engeren Koalitionskreises in Bezug auf die Person des Postministers schienen hinlänglich klar. Ein unbequemer Mahner, der sich hier wie andernorts strikt an die Tatsachen zu halten pflegte, und - wo dringend geboten - den Finger auf Wunden legte, die nicht heilen wollten; dieser Mann musste aufs Altenteil, auf die eine oder andere Weise. Dass der ebenso nachdenkliche wie kluge Schwarz-Schilling seinen innenpolitischen Rivalen zuvorkommen würde, konnten diese nicht ahnen. Zu wenig Taktiker und Machtmensch, sollte er das Nachsehen haben und doch Sieger bleiben. Freilich in einem anderen Sinne als jene glaubten, die ihn aus dem Postministerium wegloben wollten. Schon beschäftigte den vielseitig Interessierten und Anteil nehmenden All-Round-Politiker die den Westen Europas immer stärker bedrängende Krise in Restjugoslawien. Noch gab es einiges zu Hause ins Reine zu bringen; danach aber wollte er mehr und Wirksameres für Menschen tun, die sich aus eigener Kraft nicht mehr helfen konnten.

Am Ende sind wohl diese beiden Entscheidungsstränge zusammengelaufen und wurden zu einem verknotet. Schwarz-Schilling machte sich den Abschied nicht leicht, weil Post und Telekommunikation nun einmal seine politische Heimat geworden waren und für mehr als ein Jahrzehnt die Verantwortung dafür in seinen Händen lag. Doch es musste wohl sein; der Kanzler selbst, der ihm die Rückendeckung entzog - dem sein Minister allerdings niemals die Dankbarkeit für das ihm übertragene (geliebte) Amt schuldig blieb -, gab schließlich den Ausschlag.

Der Rücktritt

Ein Weihnachtsgeschenk war es für Bundeskanzler Helmut Kohl nicht gerade; erst recht die Verpackung mochte ihm nicht behagen. Für den dienstältesten deutschen Postminister Christian Schwarz-Schilling war freilich am 10. Dezember 1992, einem Donnerstag, an dem das Postministerium sein traditionelles Weihnachtsfest für Jour-

Als wär's ein Stück aus seinem Leben: Schwarz-Schilling erzählt etwas aus der „Traumpost“, beliebt bei Kindern und Erwachsenen, bei einem Kinderfest im Kanzleramt.

nalisten feierte, die Zeit reif, reif jedenfalls für einen der spektakulärsten Rücktritte, welche das politische Bonn bis dahin erlebt hatte. Der „Christian von der Post“, als solchen hatte sich der für Schmeicheleien nicht Unempfängliche noch wenige Jahre zuvor feiern lassen, schmiss der Bundesregierung den Bettel hin, vornehmlich seinem Kanzler, der ihm längst den Rückhalt aufgekündigt hatte: Schwarz-Schilling war bei seinem Auftritt vor der Presse am Montag darauf der Held des Tages.

Bei der Entgegennahme seiner Entlassungsurkunde aus Richard von Weizsäckers Hand dankte ihm der Bundespräsident für seine „stets aufrechte Haltung“. Eine Geste, die ihre Bestätigung indirekt auch darin fand, dass später Hunderte in- und ausländischer Korrespondenten zum großen Saal der Bundespressekonferenz strömten. Man schien diesem Minister, der nicht nur dem Bundeskanzler, sondern dem „System Kohl“ zu trotzen wagte, nicht nur die sprichwörtliche journalistische Neugier entgegen zu bringen. Für viele Medien-

Mit genießerischer Ruhe einen Zug aus dem Zigarillo nehmen und zur Decke steigen lassen. Danach zurücktreten? Im Hintergrund ein vom Künstler Hundertwasser gestalteter Gobelin.

vertreter war durchaus mehr im Spiel: Anerkennung für ein Kabinettsmitglied mit innovativem politischem Programm und einen notorisch unbequemen, streitbaren Apologeten der Menschenrechte. Beinahe hätte eine völlig anders gemeinte Bemerkung von Walter Maschke, der wie schon in den Jahren zuvor die große Nikolaus-Party im neuen Hause des Postministeriums („Große Halle des Volkes") eröffnete, schon am Abend der Übergabe des Rücktrittsgesuchs zu Mutmaßungen Anlass gegeben. Denn Maschke bezog sich in seiner kleinen Ansprache auf einen Mann, der „mittlerweile zehn Jahre Sie alle hier im Saale bewirtete, und der dies nun zum letzten Male besorgt hat", künftig nicht mehr dabei sein werde. Gemeint war nicht der Rücktritt des Ministers, von dem ja niemand wußte, sondern das Ausscheiden des Chefkochs der Kantine aus Postdiensten....

An diese kryptische Bemerkung Maschkes erinnerte sich Gerhard Hennemann vom Bonner Büro der „Süddeutschen Zeitung", als er am Tag darauf sein Feature über den „Fall Schwarz-Schilling“ schrieb. Doch auch der versierte Postexperte Hennemann ging - ungeachtet dieser hübschen Arabeske - wie andere Zeitungsberichte ernsthaft und gründlich den Motiven nach, die den Ressortchef Post und Telekommunikation zur Resignation gezwungen hatten.

Die Gemengelage war brisant, und für die inzwischen zehn Jahre amtierende Bundesregierung unter Helmut Kohl nicht ohne Risiko. Die Fragen der Journalisten beantwortete Schwarz-Schilling mit einer an ihm bis dahin unbekannten Gelassenheit und Würde, so als sei eine zentnerschwere Last von seinen Schultern genommen. Er wich niemals aus, blieb aber korrekt und höflich in der Beurteilung der politischen Situation, in die sich die Koalition durch sein Ausscheiden aus dem Kabinett gestellt sah. Nur für unkundige Zeitgenossen erfolgte dieser Rücktritt ja völlig überraschend. Zurückhaltend äußerte er sich über die Rolle Kohls; gleichwohl machte der amtsmüde Unions-Politiker aus seiner Abneigung gegenüber dessen Regierungsstil keinen Hehl. In seinem Rücktrittsschreiben, das schon eine halbe Woche zurücklag, äußert er sich beleidigt, verzichtet aber heroisch auf eine direkte Anklage. Insgesamt fällt der Tadel milde aus:

„Es ist nicht einfach, über Monate hinweg fast täglich als Ablösungskandidat in den Medien gehandelt zu werden, ohne dass der Kanzler in dieser Zeit irgendwo öffentlich ein Signal gibt, wie sehr ihm selber am Gelingen der Postreform II liegt...“ Die Schlussformel klingt beinahe versöhnlich, ist aber wohl doch nur als Akt der Höflichkeit, wie er unter vernünftigen Menschen üblich sein sollte, gemeint: „Ich danke Ihnen für alles, was Sie in den vergangenen Jahren für mich getan haben - vor allem, dass ich an so entscheidender Stelle in so entscheidender Zeit an Ihrer Seite wirken durfte...“

Das Presse-Echo auf Schwarz-Schillings Rücktritt war meist anerkennend, vielfach lobend, im Ganzen schmeichelhaft: „Schwacher Abgang, starker Auftritt“ überschrieb „Zeit“-Chefredakteur Robert Leicht seinen Kommentar. Und dass Schwarz-Schillings Parteifreunde seinen Schlagzeilen trächtigen Schritt als „unangenehmes Randereignis“ abtaten, bezeichnete die „Frankfurter Neue Presse“ als „unwürdiges Spiel mit einem streitbaren und aufrichtigen Politiker“.

„Für Bonner Journalisten war der Rücktritt des Postministers ein Wochenbeginn nach Maß, dem Bundeskanzler muss er so vorgekommen sein wie ein Hagelschlag im Weinberg kurz vor der Ernte...“ resümierte der konservative „Exclusiv-Dienst“. Nicht nur dieser Info-Dienst fragte sich und andere besorgt, ob die Postreform nun so zu Ende geführt werden könne, wie sie begonnen worden sei. Die Gewerkschaften hätten bereits einen Seufzer der Erleichterung hören lassen. Und Schwarz-Schillings Konsequenzen angesichts mangelnder Unterstützung seines Bosnien-Engagements durch die Kabinettskollegen mussten zusätzlich ins Kalkül gezogen werden. Kein gutes Zeugnis für eine angeblich führungsstarke Bundesregierung.

Natürlich hatte sich der mittlerweile ziemlich verbitterte Minister seinen Schritt gründlich überlegt und zuvor alles getan, ihn im Nachhinein glaubhaft und vor allem ausreichend zu begründen. Bereits im Sommer 1992 hatte er dem Chef seines Leitungsstabes, Walter Maschke, auf einer Asienreise anvertraut, dies sei „die letzte, die wir gemeinsam unternehmen". Als es dann so weit war, suchte der Minister telefonisch bei Kohls Amtschef Friedrich Bohl, seinem hessischen Parteifreund, um einen vertraulichen Gesprächstermin mit dem Bundeskanzler nach. Der wurde zunächst zugesagt, dann aber kurzfristig wieder abgesagt. Schwarz-Schilling übermittelte daraufhin durch Boten einen handgeschriebenen Rücktrittsbrief an den Kanzler. Der Brief wurde offensichtlich von Kohls Vorzimmer-Chefin Juliane Weber geöffnet.

Juliane, für ihre gutgemeinten Eigenmächtigkeiten bekannt, rief Schwarz-Schilling umgehend in dessen Büro an, um ihm die Sache auszureden. Als dieser bei seiner Entscheidung blieb, meldete sich Staatsminister Bohl selber, um den zum Rücktritt Entschlossenen in buchstäblich letzter Minute umzustimmen:

„Ich zerreisse jetzt dein Schreiben, und damit ist die Sache erledigt, Christian..."

Nachdem sich der Rücktrittswillige auch jetzt noch unnachgiebig zeigte, ließ sich Kohl selbst mit ihm verbinden. Er bot Schwarz-Schilling an, ihn so lange wie es ihm beliebe im Kabinett zu halten; dieser lehnte ein solches Angebot unbeeindruckt ab, war ihm doch hinlänglich klar geworden, dass ein Verbleiben in der Nähe Kohls nur durch eine unerwünschte Steigerung von Abhängigkeit zu erkaufen gewesen wäre. So deutlich des Ministers Absage an dieses „Angebot" seines Regierungschefs ausfiel, so sehr wird an diesem nicht in die Öffentlichkeit gelangten Vorgang erkennbar, dass an einen Rausschmiss Schwarz-Schillings - entgegen anders lautenden Berichten in den Medien - eben durchaus nicht gedacht gewesen ist. Man vereinbarte, mit der Bekanntgabe der Entscheidung des Ministers bis zu Kohls Rückkehr von den deutsch-britischen Konsultationen zu warten. Das war das letzte Zugeständnis, das der Verbitterte seinem obersten Dienstherrn machte.

Jahrelang hatte der Postminister es nun schon hingenommen, die überfälligen Reformen ohne ausreichende Rückendeckung durch die politische Führung und gegen heftigen innenpolitischen Widerstand durchsetzen zu müssen. Sein leidenschaftliches Engagement für eine deutsche Beteiligung an der Befriedung der Teilstaaten des zerfallenden Jugoslawien fand desgleichen bei seinen politischen Freunden in der Bundesregierung kaum Gehör, bei Kohl schon gar nicht. Kommentar im „Bericht aus Bonn" (ARD): „Der Kanzler, so heißt es in Bonn, habe eifersüchtig jeden weggebissen oder zusammengestutzt, der über Gebühr Profil gezeigt habe. Die andere Seite der Medaille: die Minister fürchteten um ihre Posten und verzichteten schon deshalb auf jegliche Zivilcourage." Und dann im Klartext: „Den Frust des Postministers teilen viele Ressort-Chefs. Das laut zu sagen traut sich keiner..."

„Geben Sie uns die Chance zum Gespräch"

Er hatte sich die Sache nicht leicht gemacht, das hätte auch kaum seinem Naturell entsprochen. Beinahe alles konzentrierte sich in den Tagen unmittelbar nach seinem Rücktritt vom Amt des Postministers auf die Kritik an Kohls Regierungsstil. Fraktionschef Wolfgang Schäuble wies Vorwürfe dieser Art zurück; dabei fiel seine Wortwahl eher moderat aus, sie glich einer jener Bonner Pflichtübungen, wie sie bei derlei Gelegenheiten üblich waren. Über die Entscheidung des Ministers im engeren Sinne vermied Schäuble auch nur den Anschein einer substantiierten Bemerkung. Die „Frankfurter Allgemeine" registrierte in einem Korrespondentenbericht des stets gut informierten Karl Feldmeyer ein „höheres Maß an Betroffenheit über den Rücktritt von Postminister Schwarz-Schilling und dessen Kritik an der Entscheidungsunfähigkeit der Koalition und der CDU-Führung, als bisher erkennbar geworden ist".

Darin stimmten die meisten Beobachter überein, mochten sie ihre Kommentare und Berichte auch weniger deutlich abfassen als die „FAZ", die nah am Geschehen operierte. Im „Rheinischen Merkur" lautete die Headline: „Einer sagt, was viele denken". Sie bezog sich im Wesentlichen, wie zuvor Feldmeyer in seiner Zeitung geschrieben hatte, auf die Unstimmigkeiten innerhalb der Koalition zum blutigen Bosnien-Drama, dem die Deutschen zum Verdruss des zurückgetretenen Ministers offensichtlich rat- und tatenlos zuschauten.

Seine in erregtem Ton getroffene Feststellung, er „schäme" sich, „diesem Kabinett anzugehören", löste begreiflicherweise große Verärgerung unter den Kollegen aus. Dafür bekam er allerdings in den Leserbriefspalten deutscher Zeitungen erstaunlich viel Beifall, nicht nur auf den Kommentar-Seiten der deutschen Tages- und Wochenpresse. Fast durchgängig bescheinigte man ihm ein „Maß an Zivilcourage“, das in unserem Lande selten geworden sei. Erwartungsgemäß empfindlich reagierte Kohl selbst. Als in der auf den Rücktritt folgenden Kabinettssitzung Innenminister Manfred Kanther den hessischen Parteifreund vehement verteidigte und versprach, ihn politisch künftig nicht im Regen stehen zu lassen, sondern „aufzufangen“, konterte der Kanzler mit sarkastischen Bemerkungen über das Verhältnis der hessischen CDU zu Schwarz-Schilling in der Vergangenheit. Gelöst wurde dadurch keine einzige der aktuellen Fragen. Im Gegenteil, zunächst bemühte sich der Regierungschef um Schadensbegrenzung und anschließendes „business as usual“.

Vorausgegangen waren Briefe an Bundeskanzler Helmut Kohl und den Kabinettskollegen Volker Rühe auf der Hardthöhe. Doch weder Rühe noch Kohl konnten - oder wollten - dem streitbaren und am Jugoslawien-Konflikt so lebhaft teilnehmenden Minister auch nur die geringste Hilfestellung angedeihen lassen.

Fünf Monate vor dem Rücktritt warnte Schwarz-Schilling in einem Brief an den Kanzler davor, „...aus der Begrenzung unserer deutschen Möglichkeiten heraus auch noch international die falschen Ratschläge zu geben...“ Die Einstellung Europas zu Jugoslawien hielt er für „beschämend“. Alle unsere Ideale würden mit Füßen getreten: die Menschenrechte, das Völkerrecht, feierliche Deklarationen der WEU, der KSZE, der Vereinten Nationen. Er hat Recht behalten, darf man aus der Sicht unserer Tage nun feststellen.

Da er jedoch mit den bürgerlichen Tugenden der Höflichkeit und des Anstands gesegnet ist, vergaß Schwarz-Schilling Anfang Oktober 1992 nicht, zum Jubiläum „Zehn Jahre Kohl“ (und Kabinett natürlich) schuldigst zu gratulieren: „...mich bewegt große Dankbarkeit, dass ich die Gelegenheit erhielt, auf einem für die Menschen wichtigen Gebiet meine Kräfte, meine Ideen und Gedanken zu erproben und schöpferisch einsetzen zu dürfen...“ Der folgende Absatz beginnt mit einer direkt auf die Person Kohl zielenden mehrdeutigen Bemerkung, dass nämlich “heute das Schicksal unseres Landes in fast beängstigender Weise von Ihrer Einsicht, Ihrer Kraft und Ihrer Führung abhängt“. Man könnte diesen Satz auch so lesen, wie er vielleicht (oder doch?) gar nicht gemeint war, dass man nämlich angesichts der Fortsetzung seines Regimes ggf. Schlimmes zu befürchten habe...

So wünschte sich Schwarz-Schilling in großzügiger Auslegung seiner außenpolitischen Talente etwas mehr Gelegenheit, „Ihnen [Kohl] dabei mit Rat und Tat zur Seite zu stehen". Denn schließlich hänge für die Geschicke des Landes in den nächsten zwölf Monaten fast alles davon ab, ob der Kanzler „mutige und richtige Entscheidungen" treffe. Daran mochte der Aussteiger mehr und mehr gezweifelt haben, und weiterhin Zweifel anmelden. Seine Aussage von den wünschenswerten „mutigen und richtigen Entscheidungen" hat in besagtem Schreiben weniger Tatsachen- oder auch nur Hoffnungscharakter; sie ist ein Appell, in eben diesem Sinne zu handeln. Nicht mehr und nicht weniger.

„Aufs Ganze gesehen gibt es in der Politik nichts Wichtigeres als die Regeln und Gewohnheiten, nach denen wir regiert werden - die Verfassung. Beim Ausscheiden des Bundespostministers nach zehn Jahren ließ die Bemerkung aufhorchen, dass er als Minister für Entscheidungen der Regierung haftbar gemacht werde, an denen er nicht mitwirken konnte. Er erinnerte an die Gesamtverantwortung des Kabinetts. Die wichtigsten Beschlüsse würden nicht mehr in der Regierung vorbereitet und gefasst, sondern in einer konstitutionellen Grauzone der Koalitionszirkel und Parteigremien. Deren Beschlüsse verwehrten der Regierung die Fähigkeit, flexibel auf die Lage zu reagieren, zum Beispiel in der Frage der Beteiligung der Bundesrepublik in der Adria, um das Waffen- embargo der UN durchzusetzen..."

Die Eingangssätze dieses vom 6. Januar 1993 stammenden Leitartikels der „Frankfurter Allgemeinen" aus der Feder von Günter Gillessen treffen ziemlich genau das, was Schwarz-Schilling drei Wochen zuvor zum Rücktritt bewogen hatte. Denn wer dessen Motive entweder allein in der mangelnden Unterstützung bei der Postreform II suchte, oder dessen Mißbilligung der Unentschlossenheit des Kabinetts hinsichtlich einer mutigen Entscheidung für ein deutsches Engagement in der Balkankrise glaubte entdecken zu sollen, sah sich getäuscht.

Was Günter Gillessen in seinem Beitrag an Gedanken ausbreitet, liegt offensichtlich viel näher bei dem, was unseren Mann umtrieb. Und deshalb gewinnt im Rückblick sein Abschied von der Regierungsarbeit sogar übergeordnete Bedeutung.

Gillessen überschrieb den Leitartikel „Schwarz-Schillings Fragen". Eine wird schon im ersten Absatz vorgetragen: Wie kann es angehen, dass einer mit verantworten muss, worüber er mit zu entscheiden nicht berufen war? Natürlich ist wahr, dass ihn die Hängepartie bei der Fortführung der Postreform oft ärgerte. Auch dass Kohl ihn oft überging oder Briefe nur selten beantwortete. Ihm erst nach wiederholten Anläufen einen Gesprächstermin anbot usf. Auch stimmt es auffallend, dass die Halbherzigkeit bei der regierungsamtlichen Behandlung der Balkan-Geschichten ihm zunehmend auf die Nerven fiel. All dies aber reichte vermutlich für sich genommen nicht aus, seinen Entschluss für den Rückzug zu begründen.

Das ehrt den Menschen, Politiker und Philosophen in seiner Person. Ja, auch den Philosophen. Die großen Taktiker unter den Tagespolitikern mögen das nicht zur Kenntnis nehmen wollen; es *betrifft* sie nicht und mag sie wohl auch nicht *treffen*: Denn Schwarz-Schilling erweist sich bei allem als Moralist; zur Kompromisskungelei neigt er zweifellos weniger als andere. Da er Verantwortung zu übernehmen bereit war, wollte er diese auch stets an den Maßstäben von Verfassung und Moral messen lassen.

Gillessen hatte mit Recht darauf hin gewiesen, dass es ihn stören, ja kränken musste mit anzusehen, wie die Verabredungen von Parteibonzen zu bindenden „Beschlüssen" umfunktioniert wurden. Denn eine solche Praxis widersprach dem Sinn und den Absichten der repräsentativen Demokratie. Denn das Grundgesetz für die Bundesrepublik Deutschland will diesen Staat bekanntlich nicht nur demokratisch, sondern ´parlamentarisch´ regiert sehen. Durch sein Ausscheiden aus den Diensten im Bundeskabinett, und zwar unter absichtsvoll spektakulären Umständen, hat der Postminister und Menschenrechtler auf eben diesen entscheidenden Umstand hingewiesen.

Der Weg zurück ins ´einfache´ Parlamentarierleben wird flankiert von kleinen bis größeren Abrechnungen mit der Vergangenheit. Manchmal wirft er einen regelrechten „Blick zurück im Zorn", wenn er etwa an die Schwierigkeiten denkt, die ihm der Finanzminister bei unberufenen Interventionen bereitete. In solchen Fällen kann er sich sogar einer kräftigeren Sprache, bis zur Unsachlichkeit, bedienen. Über Theo Waigel äußert er in einem „Capital"-Interview (Ausgabe Mai 1993) jenseits der obligaten Höflichkeit im Umgang mit so genannten Freunden aus der bayerischen Schwesterpartei zu den Nachklängen der Postreform: „Den Gipfel an Unverschämtheit leistete sich Bundesfinanzminister Theo Waigel, als er ohne Autorität und Sachverstand mit Sonderabgaben der Telekom dem Bund die Kassen füllen wollte..." Mit „Autorität" war offensichtlich „Legitimation" gemeint, doch birgt die (nicht ganz zutreffende) Wortwahl vielleicht sogar einen beabsichtigten Nebensinn.

„Entschieden anderer Meinung" - Der Menschenrechtler

Erfahrungen und Einsichten der Jugend bleiben bestimmend für das Leben. Im Falle von Christian Schwarz-Schilling war dies nicht anders. Bereits der Schulbub hat die Hetzparolen übelwollender Nachbarn gegen seine aus Polen stammende Mutter im Ohr. Später wird er wissen, dass es Minderheiten in nicht demokratisch verfassten Gesellschaftssystemen immer schwerer haben als in freiheitlichen Verhältnissen.

Der vermeintliche Kommunikationsfreak entpuppt sich in seiner ereignisreichen Karriere nicht nur nebenher als Freund der Menschen in einem übernationalen, ja idealen Sinne. Wer Schwarz-Schilling nur als internationalen Streitschlichter in Bosnien kennt, hat nur die halbe Wahrheit erfahren. Früh läßt sich der Parlamentarier für den Unterausschuss „Menschenrechte" im Auswärtigen Ausschuss des Bundestages gewinnen, dessen Vorsitzender er wird. Als dieser Unterausschuss schließlich auf Antrag der Grünen nach der politischen Wende von 1998 zu einem regulären Ausschuss aufgewertet wird, nimmt der CDU-Politiker eine Zurückstufung auf den ersten Stellvertreterposten hin, was seinem Eifer in der Sache nicht den geringsten Abbruch tut.

Respektierung der Menschenrechte in aller Welt - das ist sein Thema, lange bevor sich die Lage auf dem Balkan zuspitzt und den Westen zum Eingreifen herausfordert. In einem als „persönlich" deklarierten Schreiben an Kanzler Helmut Kohl vom 14. Juni 1989 beispielsweise bringt Schwarz-Schilling in unmißverständlicher Weise zum Ausdruck, dass er mit der Haltung der bürgerlich-liberalen Koalition gegenüber der Menschenrechtspraxis in China überhaupt nicht einverstanden ist. Im Anschluss an eine Aussprache im Kabinett schreibt er:

„...ich bin in der Einschätzung der öffentlichen Meinung in der besprochenen Frage entschieden anderer Meinung. Aufgrund der täglichen Fernsehberichterstattung seit etwa drei Wochen genießt die Freiheitsbewegung der Studenten in China, insbesondere bei der jungen Generation, größte Sympathien. Umso größer ist jetzt der Schock, wie nach der militärischen Niederwerfung dieser Bewegung jetzt auch die Polizeimaschinerie mit Verhaftungen, offiziellen Bildern des chinesischen Fernsehens, wie betroffene Personen mit gebeugten Nacken von jeweils zwei Militärs in die Kerker abgeführt werden, der Terror gegen die Familien, die offizielle Aufforderung zur Denunzierung von Studenten und Arbeitern ... um sich greifen."

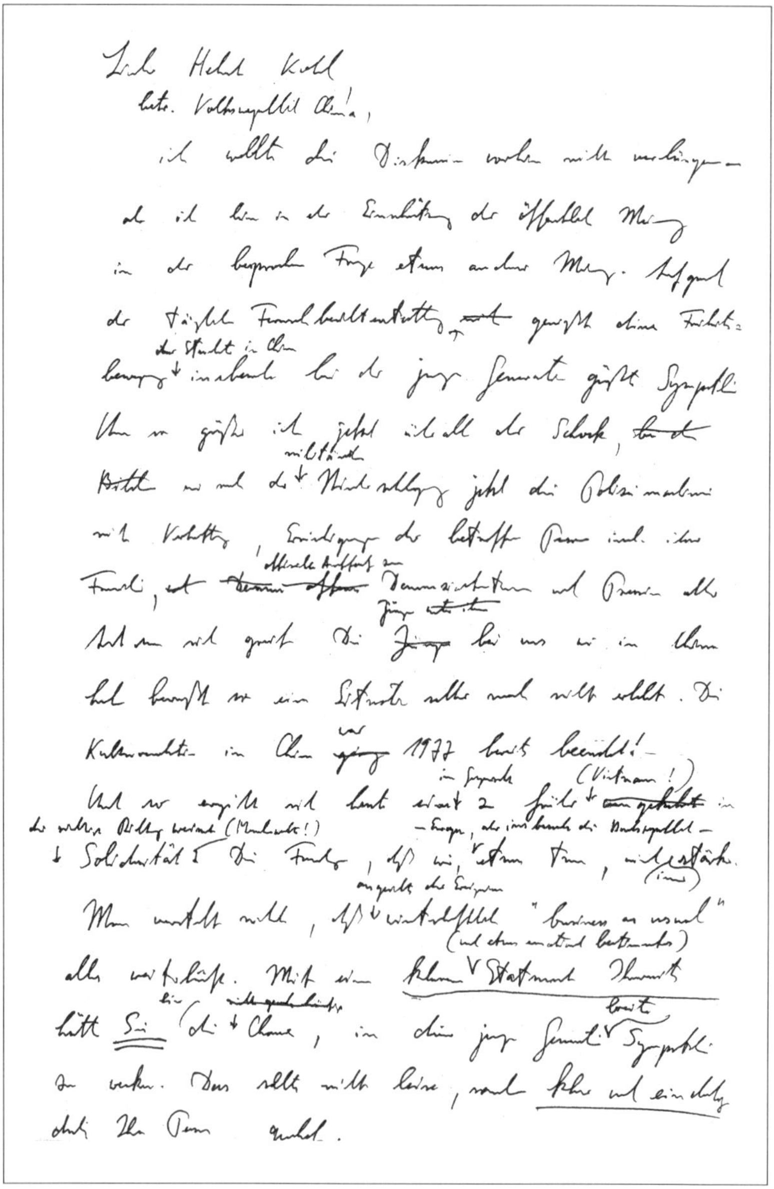
Lieber Helmut Kohl
betr. Volksrepublik China,
ich wollte die Diskussion vorhin nicht verlängern – aber ich bin in der Einschätzung der öffentlichen Meinung in der besprochenen Frage etwas anderer Meinung.

Blatt 1 des Briefentwurfs von Schwarz-Schilling an Bundeskanzler Kohl vom 14. 6. 1989, nach der Kabinettssitzung: „Lieber Helmut Kohl, betr. Volksrepublik China, ich wollte die Diskussion vorhin nicht verlängern - aber ich bin in der Einschätzung der öffentlichen Meinung in der besprochenen Frage etwas anderer Meinung..."

Hier schreibt jemand, der aufrichtige Anteilnahme erkennen lässt angesichts des brutalen Vorgehens eines zum allmählichen Untergang bestimmt scheinenden kommunistischen Regimes. Und dessen Liebe zur chinesischen Geschichte und Philosophie ihn, den Kenner, keineswegs immunisiert gegen die erschreckende Wirklichkeit eines Herrschaftssystems, das sein weiteres Bestehen in der Einschüchterung von Regimegegnern zu erzwingen versucht. Einfache Gleichungen, nach denen sich die besseren Geschäfte mit dem gelben Riesen machen ließen, sofern man in puncto Menschenrechte nur rechtzeitig die Augen geschlossen hält, lehnt dieser Mann beherzt ab - wohl wissend, dass ihm dies kaum den Beifall seiner politischen Freunde eintragen wird:

„Man versteht nicht, dass angesichts dieser Ereignisse ein ´business as usual´ ohne jede Veränderung weiterläuft. Wir verfügen zwar nicht über die Möglichkeiten des amerikanischen Präsidenten, Lieferungen nach China einzustellen - zumal wir ja niemals militärische Lieferungen vorgenommen haben. Aber mit einem klaren Statement (das durchaus etwas emotional gestimmt sein sollte) Ihrerseits hätten Sie die Chance, in der jungen Generation [Chinas - d. A.] breite Sympathien zu wecken. Dieses sollte nicht leise durch Verwaltungsanweisungen an Universitäten, sondern klar und eindeutig durch Ihre Person geschehen..." Die sich unmittelbar auf Kohls Person beziehenden Passagen des Briefes wurden vom Schreiber unterstrichen, Ausweis einer für Kohl schmeichelhaften Einschätzung von dessen internationalem Standard.

Drei Jahr später wird Schwarz-Schillings Engagement in Menschenrechtsfragen schon fast zur Hauptbeschäftigung. Die Jugoslawien-Krise treibt ihrem ersten traurigen Höhepunkt entgegen; Alarm für alle, denen es um Recht und Menschenwürde geht. Wenige Monate vor seinem Rücktritt vom Ministerposten in Kohls Kabinett richtet er abermals einen „persönlichen" Brief an den Kanzler, in dem davor gewarnt wird, „aus der Begrenzung unserer deutschen Möglichkeiten [auf dem Balkan] auch noch international die falschen Ratschläge zu geben". Zuvor hat der Vorsitzende des Unterausschusses „Menschenrechte" eine ausführliche Sachverhaltsbeschreibung an Verteidigungsminister Volker Rühe abgeschickt; dem Schreiben an Kohl wird dieser Brief beigefügt. In beiden Fällen unterbleibt eine schriftliche Entgegnung. Nur der „liebe Volker" äußert sich am Rande einer Kabinettssitzung gegenüber dem „Freund Christian" über den Fall Jugoslawien. Dessen Ministerkollege ist freilich „tief besorgt" wegen der hinhaltenden Taktik der Bundesregierung hinsichtlich

In Verbindung bleiben, darauf kommt es an...

einer Beteiligung Deutschlands auf dem krisengeschüttelten Balkan.

Er will diese Position offenbar nicht länger mit tragen. Er plädiert statt dessen dafür, diese Position als Aufforderung zu deuten, den Vereinten Nationen, der NATO und der WEU zu verstehen zu geben, dass Deutschland zur uneingeschränkten Ausübung seiner Mitgliedschaft in diesen internationalen Organisationen bereit sei, „was auch das Schultern militärischer Lasten bedeuten kann".

Hatte es im Jahre 1992 noch Grund zur Sorge wegen auffallender offizieller Zurückhaltung der Bundesregierung gegenüber der Balkan-Krise gegeben, findet sich bereits im Sommer 1993 Gelegenheit, dem Kanzler ausdrücklich für „massiven Einsatz in der Bosnien-Frage zu danken" (so in einem Brief vom 24. Juni 1993): „Ich bin zwar ohne Hoffnung, dass das Verhängnis in Bosnien noch abgewendet werden kann, da es jetzt zu spät ist und die bosnischen Muslime unter Mithilfe von Herrn Owen [britischer Beauftragter und vormaliger Außenminister - d. A.] von den Serben und leider auch von den Kroaten parallel zur Kapitulation gzwungen wurden. Jedoch ist durch Ihre [Kohls] Haltung klar geworden, dass die Hauptverantwortlichen in Paris und London sitzen, die sich dann auch für das bevorstehende Desaster verantworten müssen..."

Obwohl oder vielleicht gerade weil er auf einsamem Posten kämpft, findet Schwarz-Schilling den fast ungeteilten Beifall von Seiten der deutschen Intellektuellen, weniger von der Politik. Der in Bonn lebende Schriftsteller Volkmar Zühlsdorff schreibt im „Generalanzeiger" - stellvertretend für viele im Lande -, dass Schwarz-Schilling „Dank und hohe Anerkennung gebührt für seinen entschlossenen und mutigen Einsatz gegen Gewalt, und für die Menschenrechte in Bosnien, und dies nicht nur durch das Wort! ... Wer sich aus eigenem Erleben erinnert, wie im politischen Geschehen aus einer lächerlichen Figur durch das Versagen der Demokraten, erst in Deutschland selbst, dann bei den Demokraten und im Völkerbund, ein Massenmörder und schließlich eine Weltgefahr wurde, für den bleibt es unbegreiflich, wie man den Einsatz rechtmäßiger Gewalt zum Schutz von Frieden, Freiheit und Menschenrecht gegen brutale Gewaltverbrecher und Aggressoren, die nur diese Sprache verstehen und respektieren, aus vorgeblichem Nationalinteresse oder aus Ideologieversessenheit verweigern kann. Unser Land braucht Menschen wie Schwarz-Schilling, auch wenn sie zunächst allein stehen."

Er schreibt Leserbriefe, verteidigt jenseits der Bosnienfrage u. a. den Dalai Lama und das bedrohte Tibet wegen unzutreffender Vorwürfe im Deutschen Fernsehen, gibt unablässig Zeitungsinterviews –

Die große Aufgabe als Internationaler Streitschlichter für Bosnien-Herzegowina: hier im Gespräch mit dem ehemaligen Bürgermeister von Gorazde.

Im Gespräch mit dem Dalai Lama.

ohne die politische Grundhaltung der betreffenden Blätter auch nur einen Moment lang zu bedenken, weil die Sache ihm höher als alles andere steht –, hält Reden und publiziert Aufsätze zum Thema, dass er zuweilen nicht mehr weiß, ob der Tag wirklich bei Null Uhr endet. Im September 1999 kann er eine Zwischenbilanz ziehen, die ihn zwar nicht voll befriedigen mag, die aber einen Hoffnungsschimmer am Horizont aufblitzen lässt:

„Die Erkenntnis ist jetzt gewachsen, dass es der Zusammenarbeit des NATO-Bündnisses inklusive der Führungsmacht der Vereinigten Staaten bedarf, um dieser Krise in Europa Herr zu werden. Dabei wird nun auch mehr das gemeinsame europäische Interesse gesehen, als dies noch vor zehn Jahren der Fall war. Der neue Schritt, einen Kommissar der EU für die sicherheits- und außenpolitischen Fragen zu ernennen, ist ein Signal, auch innerhalb der institutionellen Einrichtungen der Europäischen Union einen wichtigen Schritt in die richtige Richtung zu gehen. Einen solchen Zeitpunkt, zu dem sich die Entwicklungen in Ost- wie in Westeuropa zusammen mit den Vereinigten Staaten für eine gemeinsame Zielsetzung mehr und mehr aufeinander zu bewegen, hat es in den vergangenen Jahren jedenfalls noch nicht gegeben. Diese Konstellation birgt die große und vielleicht einmalige Chance, dass der Stabilitätspakt ein Erfolg werden kann."

Christian Schwarz-Schilling im Gespräch mit dem Autor

„Beim Nepomuk" - das ist nicht etwa eine der vielen beliebten Kneipen und „Italiener" in Bonn, sondern Christians komfortable Abgeordneten„bude" direkt am Rhein, mit Konzertflügel und einer Sammlung schönster Musik-CDs ausgestattet. Die steinerne Figur des Heiligen steht vor dem Eingang des Mietshauses unweit der Beethovenhalle; dies erklärt den für nicht eingeweihte Besucher ungewöhnlichen Namen des Treffpunkts. Wir verabredeten uns im Hochsommer zu einer improvisierten Zusammenkunft „beim Nepomuk". Der Zweck: ein Interview, das ich als letztes Stück einer biographischen Darstellung über den früheren Bundespostminister vorgesehen hatte. Im Hintergrund blieb auch während des in gedämpftem Ton geführten Gesprächs ein Orgelwerk von Johann Sebastian Bach vernehmbar - die Toccata in d-moll. Das war „sein" Bonner Refugium, „seine" Stimmung; und es ging um „sein" Buch.

* * *

Viele Zeitgenossen halten für Deine größte Leistung die Postreform, sie ist mit Deinem Namen für immer verbunden: Die Eröffnung des Weges zur schließlich umfassenden Privatisierung eines 500 Jahre alten deutschen Unternehmens von Weltruf. Siehst Du das auch so, oder stehst Du für mehr oder anderes?

Ein staatliches Unternehmen nach fünfhundert Jahren zu privatisieren - das betrachte ich als einen bedeutenden Gewinn für die Gesellschaft. Daran habe ich meinen Anteil, aber daran haben viele andere erfolgreich mitgewirkt. Hier wurde ein Prinzip umgestülpt. Die Sache muss man nach Maßstab und Orientierung, nicht nur nach Umsatzgrößen betrachten: Insofern wurde ein reformreifes Monopol in eine dynamische Wettbewerbsgesellschaft geführt, und zwar auf eine Weise, dass es darin nicht untergeht. In meinem bisherigen unternehmerischen wie politischen Leben habe ich vieles gemacht, unter anderem das Erwähnte - das scheint mir mein gesellschaftspolitischer Beitrag gewesen zu sein. Aber heute empfinde ich mich doch mehr als Menschenrechtler und sehe mich eben dort wieder angelangt, wo ich in meinem Nachdenken über öffentliche Angelegenheiten in der Jugend begonnen habe, und was ich dann Anfang der neunziger Jahre politisch fortzusetzen gedachte. Vielleicht war ich zu idealistisch. Doch im Rückblick erscheint mir meine Entscheidung von 1992 - Rücktritt vom Amt des Postministers - absolut richtig und vertretbar: Für das 21. Jahrhundert ist nun wahrlich der Kampf um die Beachtung der Menschenrechte weltweit von der allergrößten Bedeutung. Ohne die Mannigfaltigkeit der Lebensformen der Völker über einen Kamm scheren zu wollen, muss doch gelten, dass die humanen Orientierungen überall gleich sein müssen.

Du knüpfst mit Deinem Engagement für die Menschenrechte an Eindrücke und Erfahrungen aus der Jugend an. Woran denkst Du dabei?

Ich bin aufgewachsen in einer Zeit der schlimmsten Diktatur. Mein Eternhaus schien mir ein Hort der Verlässlichkeit und des privaten Glücks. Doch mein Vater mahnte mich frühzeitig zur Wachsamkeit: „Wir befinden uns in großer Gefahr. Deine Mutter ist Polin, ich selbst erfahre täglichen Druck auf der Musikhochschule, in die NSDAP einzutreten, doch ich kann das nicht - folglich müssen wir aufpassen. dass uns nichts geschieht..." Es versteht sich wohl von selbst, dass diese Erfahrungen für mich prägend wurden. Meine Schwester war über Monate hinweg von der Gestapo in Haft genommen; jegliche Versuche, darüber mit tröstenden Beschönigungen hinweg zu gehen, halfen ja nicht weiter. Als sie endlich zurückkehren durfte, schien sie mir körperlich wie seelisch zerstört. Es war beängstigend für die ganze Familie, die aber unerschütterlich zusammenhielt.

Nach dem Kriege begann für Dich eine Zeit des Aufbruchs, ein Leben unter ungleich günstigeren Voraussetzungen als unter dem Nazi-Regime. Aufbruch gehört zu Deinen Lieblingswörtern...

Das mag sein. Aber ich fühlte mich ab 1945 wunderbar: Unbeschwert konnten wir nun freie Rundfunksender hören, amerikanische Tanzmusik ertönte aus dem Radio, wir öffneten uns den Gedanken der Demokratie und nicht zuletzt der persönlichen Freiheit. Doch die ungeheure Enttäuschung folgte Mitte der fünfziger Jahre: Die bis nach Deutschland - etwa durch das Flüchtlingselend - spürbare Erschütterung der Niederschlagung des Aufstandes in Ungarn. Ich hatte diese neuerliche Erfahrung zu verarbeiten, als ich gerade daran ging, nach Studium und Promotion in eine Lehre bei einer Hongkong-Bank einzutreten. Ich wusste nun: Der Erschütterungen wird kein Ende sein. Der tiefen Ernüchterung durch das Debakel um ein freiheitsliebendes Ungarn, das sich aus der sowjetischen Umklammerung lösen und sich in den Westen integrieren lassen wollte, folgten die Suez-Krise mit ihren dramatischen Folgen für Europa und die immer bedrückender werdende Atmosphäre des Kalten Krieges. Damals führte ich ein politisches Tagebuch, in das ich alle mir wichtig erscheinenden Presseartikel einklebte und mit meinen Anmerkungen versah. Die Welt war abermals aus den Fugen geraten. Die Vergangenheit lebte auf andere Weise wieder auf, uns alle erfasste Unruhe und eine Bedrängnis, aus der wir, wenn es eine Chance auf ein Überleben geben sollte, heraus kommen mussten.

Darf man resümieren: Die Erlebnisse des Schülers im Potsdamer Gymnasium und danach des jungen Akademikers im Berufsleben, s i e haben Dich dazu aufgerufen, in die Politik zu gehen - ist das so?

Ganz sicher war das so. Schon während des Studiums verfestigten sich in mir Pläne, mich einmal in die Politik einzumischen. Mich beeindruckten damals vor allem einige Mitglieder des Bundes Freier Juristen, aber auch der Berliner Führung der sozialistischen Jugendorganisation „Die Falken“, die mit großem Mut öffentlich auf die verbrecherische Praxis von Handlangern sowjetischer Geheimdienste hinwiesen, die Regimegegner aus West-Berlin in den Osten verschleppten, von wo sie niemals wiederkehrten. Ich habe den „Falken“, der damals sehr tapfer auftretenden SPD-Jugendorganisation dafür gedankt. Es war stets meine Auffassung, dass die Arbeit für den Menschen über alle Parteigrenzen hinweg möglich sein muss - und ich habe dies niemals bereuen müssen!

Einer jener „Falken“-Aktivisten rückte später als sozialdemokratischer Abgeordneter in das Präsidium des Bundestages auf; ich werde immer mit Dankbarkeit seiner gedenken. Damals erfuhr ich mit erschreckender Klarheit: Der Kampf hört niemals auf. Er geht weiter, auch wenn man das Glück hat, selbst in einer Demokratie zu leben.

Du kämpfst freilich an vielen Fronten: Du bist anerkannter Menschenrechtler, zugleich aber in unternehmerischen Fragen engagiert, bist Parlamentarier und fühlst Dich zu schönen Dingen wie der Musik leidenschaftlich hingezogen. Nun frage ich Dich: Weshalb tut man sich das alles zusammen und nebeneinander noch mit siebzig Jahren an?

Ich betreibe alles mit Leidenschaft, wenn auch nicht in gleich starkem Maße. Ich versuche, die vita activa und vita meditativa - das Tun und Betrachten - in der Balance zu halten. Noch bin ich wohl nicht so weit, mein ganzes Dasein reiner Betrachtung hinzugeben. Als junger Mensch habe ich gedacht: Du musst ein normales Leben wie jeder andere führen, also richtig zupacken, es genießen und dabei zugleich etwas Nützliches leisten und womöglich dann im Alter ins Kloster gehen, um auf das Jenseits vorbereitet zu sein. Das war aber wohl nur so eine romantische Idee. Trotzdem haben mich Menschen fasziniert, die in diesem Sinne handelten, und erst gegen Ende ihres Lebens zur Selbstfindung reiften, indem sie sich beispielsweise der Kunst verschrieben. Ich denke dabei etwa an Anton Bruckner, den auch mein Vater als Komponist so sehr geschätzt hat. Ich glaubte immer, für die Ewigkeit sei damit noch gerade genug getan; spät, aber nicht zu spät.

Was bedeutet Dir Familie?

Geborgenheit, seelische Heimat. Ohne Familie könnte ich mir ein Leben nicht vorstellen, obwohl man mir im Stillen oft genug vorgeworfen haben mag, dass ich mich um die Familie nicht genügend kümmere. Daran ist wohl etwas dran. Mit einer Einschränkung: Mit zunehmendem Alter meiner Kinder beschäftige ich mich öfter und mehr mit ihnen als dies in ihren frühen Jahren der Fall gewesen ist. Letzteres bedauere ich im Nachhinein. Trotzdem: Meine Töchter sind wohlgediehen, so dass ich glauben möchte, meine häufigen Abwesenheiten haben sich nicht nachteilig auf ihre Entwicklung ausgewirkt. Meine Frau ist nicht nur Ehefrau, sondern Lebenskamerad. Schon als Student habe ich ihr gesagt, sie möge nichts dagegen einwenden, dass ich in die Politik gehe. Sie tat sogar den ersten Schritt in die Politik, indem sie sich mit Erfolg um einen Platz im Büdinger Stadtrat bewarb.

Du hast nicht nur eine attraktive, sondern auch noch blitzgescheite Frau, Unternehmerin und Buchautorin, außerdem zwei ansehnliche Töchter in respektablen Berufen. Frage: Was bedeuten Dir überhaupt Frauen?

Frauen bedeuten mir sehr viel. Wer Frauen in ihrer Eigenart nicht versteht, der kapiert einen großen Teil der Lebenswirklichkeit nicht. Meine Philosophie, die ich im wesentlichen aus der chinesischen Weisheit beziehe, stützt sich auf das Yang/Yin-Prinzip, das heißt der Relation von männlichen und weiblichen Eigenschaften und des gleichzeitigen Wachsens des Einen im Andern: Das Ausgleich Erfordernde des jeweils weiblichen im männlichen, und des männlichen im weiblichen Wesen. Das alles war mir schon seit meinem Studium der Sinologie, der chinesischen Geschichte und Philosophie bewusst. Frauen geben mir aus dieser Sicht unendlich viel.

Wie stehst Du zur Religion? Ich habe den allgemeinen Eindruck, dass Du dem Buddhismus nahestehst, obwohl ich weiß, Du bist katholisch getauft und in diesem Glauben erzogen...

Ich glaube an einen Gott als den Schöpfer aller Dinge. Und daran, dass dieser Schöpfer jeder Person als einem unverwechselbaren Wesen zugeordnet ist. Es handelt sich nicht nur um eine gewaltige Kraft des Universums, sondern um ein Phänomen, das weit über der Komplexität des menschlichen Wesens steht. Das Ganze der Welt in all ihren natürlichen Erscheinungen hat sich wohl kaum durch Zufall zusammengerüttelt. Ich glaube, dass gerade von dieser allumfassenden Komplexität des Daseins der Gottesbeweis sich ableiten ließe. „Zufall" wäre dafür ein unzulängliches Wort. An der chinesischen Philosophie behagt mir durchaus, dass sie - anders als die griechische Götterwelt des Olymp - auf personifizierte Gottgestalten verzichtet und dafür wertorientierte Prinzipien des Werdens und Vergehens statuiert. Gleichwohl stehe ich unter allen Auffassungen, die mir als Religion oder Religionsersatz begegnen, dem Christentum am nächsten.

In der Philosophie hast Du Dich in einem Deiner Bücher strikt gegen den Herold preußischer Staatsvergötzung, Hegel, ausgesprochen. Du bist dagegen erklärter Anhänger Schopenhauers. Ich verhehle nicht, dass mir dies gefällt. Dein Ausbruch gegen Hegel erscheint mir unter deutschen Parlamentariern ziemlich ungewöhnlich, sofern sie sich überhaupt mit derlei hehren Dingen beschäftigen.

Bei Hegel steht der Staat im Mittelpunkt, bei Schopenhauer der Mensch. Die Person muss Vorrang vor dem Staate haben. Ein Staat, der auf eine schiefe Bahn geraten ist und in einem moralischen Sumpf zu ersticken droht, zieht sich nicht wie Münchhausen am eigenen Zopf aus demselben. Immer ist es der Einzelne allein, der allenfalls durch beherztes Eingreifen in den Lauf der Geschichte Abhilfe zum Besseren verspricht. Doch auch dieser Ausweg wurde uns im Nationalsozialismus verwehrt; die Karre war bereits zu tief in den Abgrund gefahren.

Hitler als Verkörperung von Hegels „Weltgeist"?

In diesem Fall muss ich selbst für Hegel eine Lanze brechen. Das kann er nicht gemeint haben. Doch der seiner Philosophie innewohnende Gedanke, dass der Welten Sinn einzig die Staaten sein können, geht eindeutig in die Irre. Ich neige mittlerweile ganz zu Karl Popper, dessen kritischer Rationalismus zur Bescheidenheit im Sinne der Wahrung des Humanum rät. Dass, wie Hegel meinte, der Mensch für den Staat da sei statt umgekehrt, diese Idee ist wohl längst als absurd verworfen und abgetan. Der Ansatz der Menschenrechte ist der umgekehrte: Die Staaten haben dafür zu sorgen, dass Bildung und Rücksicht im Umgang miteinander auf eine breitere Grundlage gestellt werden, da der einzelne Bürger dies nicht leisten kann. Das heißt: Der Staat schafft lediglich die Rahmenbedingungen zur erfolgreichen Verteidigung des Humanum, er darf nicht Selbstzweck sein.

Bei alldem darf man festhalten, dass Du ja gar kein Preußenverächter bist! Im Gegenteil, Du siehst auch dessen bessere Seiten. Berlin als Lebensmittelpunkt war und ist Dir höchst willkommen... Oder etwa nicht?

An Jugendtage in Berlin denke ich nicht nur mit Schrecken zurück; problematischer ist dagegen schon Potsdam, wo ich das Gymnasium besuchte und die damals um sich greifenden Schmähungen und Verfolgungen durch nationalsozialistische Handlanger unserer Familie übel mitgespielt haben. Wenn ich die heutige Bundeshauptstadt erlebe, denkt man gern an die Jahre des Aufbruchs nach dem Kriege zurück, in denen wir den Weg in eine neue Zeit erleben durften, in ein demokratisches Gemeinwesen, und einen allgemeinen Wohlstand bis dahin nicht gekannten Ausmaßes genießen durften.

Wo lebst Du am liebsten?

In der politischen Heimat Deutschlands - Berlin! Meine zweite Heimat heißt: Büdingen. Es liegt in meinem mittelhessischen Wahlkreis. Dort habe ich meine berufliche Laufbahn begonnen, als Unternehmer wie als Politiker. Dort habe ich ein Haus, meine Familie, mein eigentliches Zuhause. Dort kehrt, wenn ich will, Ruhe ein, kann ich schreiben, Musik hören, mich selber an den Flügel setzen und musizieren.

Wann präsentierst Du als Sohn eines erfolgreichen Komponisten Deine erste Sinfonie, Dein Klavierkonzert?

Diesen Ehrgeiz habe ich begraben, als ich fünfzehn Jahre alt war und meinen Vater im Konzertsaal erlebte und seine Musik hörte. Ich sagte mir: Wenn Du auch das eine und andere Musikinstrument beherrschen magst - zum Komponisten taugst Du nicht! An den Vater, an die Mutter - er Komponist und Konzertmeister, sie begnadete Konzertpianistin - wirst Du niemals heran reichen. Folglich richtete ich meinen Ehrgeiz auf andere Ziele.

Hast Du ein Vorbild?

Zunächst war dies mein Vater, umfassend gebildet, nachsichtig im Umgang mit seinen Kindern, uns lehrend ohne erhobenen Finger, ein musischer Mensch im schönsten Sinne, ausführend und schöpferisch, richtungweisend wie teilnehmend. Ich kenne das nicht, was so viele junge Menschen umtreibt und unglücklich macht: den so genannten Generationenkonflikt! Unsere Konflikte wurden, wenn sie denn überhaupt auftraten, auf langen Spaziergängen durch den Grunewald verplaudert. Wir waren schon mit Rücksicht auf die Zeitumstände ein familiäres Schutz- und Trutzbündnis... Später schlüpfte dann Franz Schnabel, mein akademischer Lehrer an der Universität

München, in diese Rolle. Er war ein überragender Mann von großer Strahlkraft und Weitsicht, dazu ein charismatiseher Mentor für mein ganzes Studium. Schnabel riet mir zum Hauptfach Sinologie und führte mich damit ganz ins Seminar von Professor Franke, bei dem ich später meine Dissertation ablieferte. Denn Schnabel als Historiker konnte mir nur eine bescheidene akademische Laufbahn in Aussicht stellen, was mich nicht begeisterte.

Ist der Dalai Lama auch ein solches Vorbild?

Die Güte dieses Mannes ist Vorbild für viele Menschen, so auch für mich. Die chinesischen Führer wollen dies nicht erkennen. Sie sehen in dem Manne, der mit seinem Volk, den Tibetern, wahrhaft eins ist, einen Schurken und Verbrecher, was einem entsetzlichen Irrtum gleichkommt, um es behutsam zu sagen. Man muss diesen Menschen nur einmal anschauen und mit ihm sprechen, um zu erkennen, welch schreckliche, unhaltbare Anschuldigung in dem steckt, was Peking diesem geistlichen Führer glaubt vorhalten zu können. Ich verehre ihn zutiefst.

Wie beurteilst Du die derzeit amtierende politische Generation?

Wir befinden uns in einer Umbruchsituation. Vielen Politikern, auch der CDU/CSU, ist nicht mehr voll bewusst, dass sie auf den Leistungen anderer aufbauen. Das heißt, die von Konrad Adenauer und Ludwig Erhard errichteten Maßstäbe und Prinzipien politischen Denkens und Handelns hätten eigentlich auch für unsere Zeit Gültigkeit. Wenn man freilich die aktuelle Debatte um Fragen der Menschenrechte betrachtet, komme ich - vor allem im Blick auf einige Politiker meiner Partei - zu dem Ergebnis: Die genannten Prinzipien werden heute grob mißachtet. Ich empfinde es als schlimm, Sätze zu hören wie diesen: „Wir wollen nicht mehr die Leute von draußen haben, die uns ausnutzen, sondern nur noch solche, die uns nützen.“ Eine derart platte Darstellung der menschlichen Vielfalt disqualifiziert sich wohl von selbst. Natürlich wollen wir bei einer neuen Einwanderungspolitik berücksichtigen, dass Deutschland von ihr auch einen Nutzen haben wird. Oft wird dabei aber vergessen, dass es viele Einwanderer gibt, die uns zwar nicht nützen, aber auch nicht schaden. Aus pauschaler Ablehnung entstehen total falsche Einschätzungen und Regelungen in unserem Lande. Ich hätte nicht geglaubt, dass ich angesichts des Ringens um Demokratie und Menschenrechte außerhalb Deutschlands nun innenpolitisch einen Streit ausfechten muss mit Leuten, die offenbar nicht wissen, dass sie auf der falschen Seite stehen. Und deren Orientierungen in ferner Zukunft in eine Katastrophe führen müssen... Es tut mir sehr weh, dies auszusprechen; ich muss es aber einmal tun.

Freunde und Weggefährten über Christian Schwarz-Schilling

Petar Andjelovic
Provinzial von Bosna Srebrena, Franziskaner Provinz Sarajewo

Vor gar nicht allzu langer Zeit, in den Jahren 1992 und 1993, löschte von scheinbar imaginären, aber doch realen Bergen aus die großserbische Artillerie fast sämtliche Lichter im unglücklichen Bosnien und Herzegowina; mitausgelöscht wurden auch das Licht der Toleranz und das Licht der gutnachbarschaftlichen Beziehungen und das Licht der Menschenrechte und das Licht, welches die Wege in eine glücklichere Zukunft beleuchtet. Das Leben wurde in diesem Land unmöglich, und die Menschen wurden hilfllos. Allein konnten sie die erloschenen Lichter nicht wieder entzünden, jemand anderes mußte kommen, jemand mußte ihnen die Hand reichen und sie aus dem dunklen Morast führen. Und sie fingen an zu kommen. Von allen Seiten. Aus aller Herren Länder, mit unterschiedlichen Gesichtern und Augen, mit vollen und leeren Herzen. Bis heute kennen wir ihre Zahl nicht. Einige haben wir schnell vergessen, an einige werden wir uns lange erinnern. Es hängt von ihnen ab.

Zu denjenigen, an die wir uns sehr lange erinnern werden, gehört mit Sicherheit Herr Schwarz-Schilling. Er kam und er kommt immer noch in einer einzigen Absicht: die erloschenen Lichter wieder zu entfachen, jene der Toleranz, jene der gutnachbarschaftlichen Beziehungen und jene der Menschenrechte. Er wußte, und wir wissen es auch: ohne diese Lichter kann es kein Bosnien und Herzegowina geben. Daran arbeitete und arbeitet er und deshalb werden wir ihn nicht vergessen.

Das Licht der Toleranz

Wer auch nur ein wenig die Geschichte Bosniens und Herzegowinas kennt, der weiß, dass dort diese Geschichte und das Leben möglich waren, weil sie jahrhundertelang auf den Fundamenten der Toleranz beruhten. Diese wurden, zusammen mit anderen, auch von bosnischen Franziskanermönchen miterrichtet, die die Lehre Jesu Christi in sie miteinbauten. Diese Fundamente wuchsen aus der fast natürlichen Begegnung des Katholizismus, der Orthodoxie und des Islam und waren Lichter, die der Bevölkerung Bosniens und Herzegowinas jahrhundertelang leuchteten, bis die Feinde des Lichts erschienen und anfingen, es zu töten. Das erste Licht, welches sie töteten, war das Licht der Toleranz; sie wußten, dass ohne dieses ein gemeinsames Leben nicht möglich sein würde. Leider hatten sie recht. Als sie das Licht der Toleranz umbrachten, begann in Bosnien und Herzegowina die Finsternis des Hasses und des Tötens zu herrschen; und wer weiß wie lange diese angedauert hätte, wenn nicht gute Menschen gekommen wären, um dieses Licht wieder zu entfachen. Einer von diesen Menschen war Herr Schwarz-Schilling.

Mehrmals konnte ich ihn sehen und hören, als er zu der Bevölkerung Bosniens und Herzegowinas sprach. Er fand weise Gedanken und weise Worte und sie haben ihm aufmerksam zugehört und es schien, als ob sie ihn auch verstanden hätten. Es hatte den Anschein, als ob in ihren Seelen das Licht der Toleranz erneut zu brennen begann, und das war gut so. Es bedeutete, dass Bosnien und Herzegowina existieren wird, dass Menschen dort sein werden.

Das Licht der gutnachbarschaftlichen Beziehungen

Die großserbische Artillerie, und nach ihr die anderen Artillerie, haben ein weiteres, großes Verbrechen begangen: sie haben das Licht der gutnachbarschaftlichen Beziehungen getötet. Das ist wahrlich ein großes Verbrechen, denn ohne gutnachbarschaftliche Beziehungen kann Bosnien und Herzegowina nicht bestehen. Dieses Land beruht nämlich weder auf Verwandschaftsverhältnissen noch beruht es auf nationalen Gefühlen; es beruht auf gutnachbarschaftlicher Beziehung, die weder an das eine noch an das andere geknüpft ist. Dies wußte Herr Schwarz-Schilling, und mit seiner demokratischen Erfahrung versuchte er dieses Licht erneut zu entfachen, dieses Licht der gutnachbarschaftlichen Beziehung. Er traf auf Verantwortliche und weniger Verantwortliche, er traf sie einzeln und in Gruppen und er vermittelte ihnen beharrlich, bis spät in die Nacht hinein, die Regeln eines humanen Zusammenlebens; er lenkte ihre Aufmerksamkeit auf eine alte bosnisch-herzegowinische Weiseit, die besagt: gleichgültig welchem Glauben oder welcher Nationalität du angehörst, der Nachbar ist wichtiger als Vater und Bruder, als jeglicher Angehörige einer Nationalität. Dies gilt überall, sagte er ihnen, und besonders in Bosnien und Herzegowina.

Das Licht der Menschenrechte

Besonders erinnere ich mich an Herrn Schwarz-Schillings Bemühungen um die Menschenrechte. Wenn er darüber sprach, hatte man den Eindruck, als ob dies für ihn das höchste Gut ist und dass er keine Mühe scheut, die Menschen davon zu überzeugen, dass es kein Land gibt und geben kann, ja, dass es kein Leben geben kann ohne die Achtung der Menschenrechte. Ich bin überzeugt davon, dass Herr Schwarz-Schilling auf sämtlichen Treffen so sprach, gleichgültig ob bei diesen Vertreter nur einer oder mehrerer Ethnien anwesend waren. Das interessierte ihn nicht. Er war hartnäckig und hat nicht aufgegeben, ehe er seine Gesprächspartner von der Notwendigkeit der Achtung von Menschenrechten überzeugte. Hierin aufzugeben, sagt er, würde bedeuten, die Fundamente des Zusammenlebens nicht nur in Bosnien und Herzegowina, auf dem Balkan und in Europa zu zerstören, es würde auch bedeuten, die Fundamente des Lebens überhaupt zu zerstören. So hat er gesprochen und so hat er die Lichter der Menschenrechte entfacht; so ist er uns in Erinnerung geblieben.

Der Weg in die Zukunft

Es kam vor, dass Leute in Bosnien und Herzegowina nach den Gründen für das Engagement von Herrn Schwarz-Schilling gefragt haben. Sie haben sie nur schwer entdecken können. Offensichtlich war, dass sie nicht im politischen Prestige lagen, denn in Bosnien konnte er dieses nicht finden. Materielle Gründe konnten auch keine Rolle gespielt haben, denn in Bosnien konnte man nur arm werden. Auch nicht in Frage kam Abenteuerlust, diese wird in anderen Teilen der Welt gesucht. Wir hatten den Eindruck, dass Herr Schwarz-Schilling über diesen Dingen steht und im Laufe der Zeit haben wir festgestellt, dass er nach Bosnien und Herzegowina kommt, weil ihm etwas am Menschen und an seiner Zukunft liegt, es liegt ihm etwas an Europa und am Balkan.

Seine Erkenntnis, dass Europa, sowie Bosnien und Herzegowina in ihm, eine Zukunft haben können, wenn das Leben auf Toleranz, auf gutnachbarschaftlicher Beziehung und auf der Achtung der Menschenrechte beruht, war der einzige Grund für die zahlreichen Besuche von Herrn Schwarz-Schilling in Bosnien und Herzegowina, sowie sein Wunsch und die Notwendigkeit, den Menschen in diesem unglücklichen Land dies mitzuteilen, sie davon zu überzeugen und ihnen so den Weg in die Zukunft zu weisen.

Spricht man auf diese Art und Weise von Herrn Schwarz-Schilling, so wirkt dies abstrakt, gar ein wenig literarisch, wobei der Bericht über seine Arbeit in Bosnien und Herzegowina hart und bitter sein müßte, denn hart und bitter waren die Aufenthalte in Bosnien und Herzegowina für ihn. Es waren lebensbedrohliche Situationen, gefährliche Fahrten auf unwegsamen Wegen, in dunklen, kalten und ungelüfteten Sälen bosnisch-herzegowinischer Dörfer und Städte verbrachte Tage. Es waren lange und anstrengende Treffen mit nach Brot und Kleidung hungernden Menschen, die oftmals nicht in der Lage waren, an den nächsten Tag zu denken. All dies war so, aber dieser gute Mensch hat nicht aufgegeben, weil er weiß - und wir bestätigen ihm das -, dass sein einziger Preis die Erkenntnis sein wird, dass Bosnien und Herzegowina, auch aufgrund seines Bemühens, doch noch einen Weg für eine glücklichere Zukunft gefunden hat.

Hans R. Beierlein

Medienmanager

Die angeblich schönste Nebensache der Welt und das angeblich größte Übel der Weit brachten uns zusammen.

Das sozialistische Albanien, das sozialistische Österreich und das sozialdemokratisch regierte Deutschland waren damals die einzigen Länder Europas, die treu zum öffentlich-rechtlichen Fernsehmonopol standen und in der Zulassung privater Fernsehsender den Verfall von Sitte, Moral und Familie sahen, im Grunde aber ihren eigenen elektronischen Machterhalt meinten.

Christian Schwarz-Schilling, weltgewandt und weltoffen, zog lieber Hass und Ablehnung der politischen Klasse auf sich, als dass er dazu beitragen wollte, das elektronische Mittelalter zu bewahren. Er begann mit dem Mut eines Löwen das Monopol zu brechen und die Voraussetzungen zu schaffen, dass Meinungsvielfalt statt Einheitsbrei in Deutschland auch im elektronischen Bereich zum Durchbruch kam.

Da ich die Dinge ebenso sah wie er und im publizistischen Bereich einiges dazu tun konnte, damit diese Stimme zumindest gehört wird, fanden wir schnell zusammen. Er drehte am großen Rad, und ich bemühte ein paar kleine. Wir hatten ein gemeinsames Ziel: Deutschland sollte nicht länger europäisches Schlusslicht sein, sondern den Anschluss an die Welt gewinnen. Die Schlagworte damals hießen: Meinungsvielfalt gegen Partei, Funk und Fernsehen, Nutzung aller technischen Möglichkeiten, auch mit dem zusätzlichen Effekt, neue Arbeitsplätze zu schaffen, Beendigung der Bevormundung durch das links-elektronische Establishment.

Am Ende eines langen Kampfes heißt der Sieger Christian Schwarz-Schilling. Er hat gedacht und gehandelt. Wenn der Bundesbürger heute die Möglichkeit hat, aus einer Vielzahl von Programmen zu wählen, abzuschalten, wo er sich nicht gut aufgehoben fühlt, und wenn es in Deutschland heute tatsächlich im Fernsehbereich die Qual der Wahl gibt, wenn Konkurrenz auch elektronisch das Geschäft belebt, dann ist es das bleibende Verdienst von Christian Schwarz-Schilling.

Und was war mit der schönsten Nebenbeschäftigung der Welt?

Einer der Schlüssel zur Öffnung der elektronischen Medien war der Fußball. Solange ARD und ZDF das Monopol hatten, bestimmten sie auch im Bereich der Fußballübertragungsrechte den Preis. Um sich überteuerte Produktionen leisten zu können und die Verschwendungssucht zu hegen und pflegen, mussten die Preise für Sportübertragungen auf Butterbrot-Ebene angelegt werden. Erst mit dem zaghaften Erscheinen von RTL, das damals noch RTL plus hieß, und von SAT. 1 waren damals zaghafte Möglichkeiten gegeben, das System der Konkurrenz auch im Bereich der Fußballübertragungsrechte wirksam werden zu lassen. Zusammen mit Hermann Neuberger, dem legendären Chef des DFB, versuchte ich mich als Blockadebrecher. Die Formel hieß ganz einfach: Erst Fußball macht das private Fernsehen attraktiv und erst die Möglichkeiten des privaten Fernsehens den Fußball lukrativ.

In dieser Zeit wuchsen die Bäume zwar noch nicht in den Himmel, aber ihre Blüten waren unübersehbar und für manche an den Schaltzentralen der Monopole waren sie mit Dornen versehen.

Wenn heute der Sport im Allgemeinen und der Fußball im Besonderen bei Fernsehübertragungen einen gerechten Preis bekommen, dann stand am Anfang dieser Entwicklung Christian Schwarz-Schilling.

Wolfhart Bender, Peter Broß, Frerich Görts, Walter Maschke

Langjährige engste Mitarbeiter

Seit gut 10 Jahren reden wir über ihn nicht mehr als „Schwarz-Schilling“, sondern bezeichnen ihn als den „Unsterblichen“. Ihm selbst haben wir dies erst vor 7 Jahren beim japanischen Sake erzählt. Er setzte sein bestes Mona-Lisa-Lächeln auf und verstand den ihm zugedachten Spitznamen auf Anhieb richtig: nämlich als uneingeschränktes Kompliment von vier „Beihirschen“, die über mehr als ein Jahrzehnt an seiner Seite standen, unterschiedlichste Funktionen bekleideten und Rollen spielten. So waren wir nicht nur Fachberater und Scharnier zum „Haus“, dem Beamtenkörper des Postministeriums, sondern mindestens genauso intensiv Psychologen und Seelentröster in vielen kritischen Situationen.

Er war und ist ungeduldig, oft unbequem - er polarisierte. Doch das schadete nicht, denn seine Durchsetzungsstärke, sein Beharrungsvermögen, seine Kompromisslosigkeit in grundsätzlichen Fragen und seine Kompromissfähigkeit in Nebenaspekten waren immer Erfolgsgaranten.

Eine der größten Herausforderungen für uns war sein Zeitmanagement und die Organisation seines Taschenarsenals. Pünktlich war er so gut wie nie, dafür sah man ihn kaum je mit weniger als zwei Aktentaschen. Insgesamt besaß er wohl zwanzig davon, eine für Verkabelung, eine für Medien, eine für Rente, eine für Mittelstand und und und. Auch wenn er im Zusammenhang mit den technischen Errungenschaften der Informationstechnik nicht müde wurde, das papierlose Büro zu propagieren, war er selbst kein sehr glaubwürdiger Vertreter dieser elektronischen Ablagen. Er lebte vom Papier. Von wichtigen Vorgängen ließ er sich nicht nur eine Kopie machen, sondern fünf. Eine für Büdingen, eine für den Nepomuk, eine für die XY-Tasche, und ...

„Wo ist mein kleines schwarzes Köfferchen?“ war eine seiner Standardfragen, die unter uns immer noch geflügeltes Wort ist, obwohl wir diese Tasche nach seinem Rücktritt im Dezember 1992 nicht mehr gesehen haben.

Es machte immer großen Spaß für ihn zu arbeiten, auch wenn wir oft gemault haben. Wichtig für unsere Motivation war, dass sein Vertrauen in uns fast grenzenlos war. Er ließ uns große Freiheiten. Ohne dass darüber jemals gesprochen wurde, konnte er ganz sicher sein, dass keiner von uns dieses Vertrauen jemals ausnutzen würde, um

Ziele zu verfolgen, die letztlich nicht seine waren. Allerdings müssen wir heute zugeben, dass es doch einige Themen gab, bei denen das Ziel immer wieder ins Blickfeld gerückt und er durch sanften Druck auf die richtige Rille gesetzt werden mußte. Es war letztlich die Kunst des Küchenkabinetts, bei ihm den Eindruck zu erzeugen, dass er sich schon immer auf dieser Rille bewegte.

Schwarz-Schillings Beharrlichkeit dokumentiert sich auch in Personalentscheidungen. Wir alle waren fast von Anfang an dabei, zwei von uns kamen mit ihm vom Bundestag ins Ministerium und blieben ihm bis zum Ende treu. Er wollte es so, weil er sich an neue Nasen einfach nicht gewöhnen konnte und wollte. Auch wenn sich unsere Titel ähnelten, die Bezahlung besser wurde, blieben die Tätigkeitsinhalte über eine ganze Dekade mehr oder weniger gleich:

Vierzig Prozent Fachberater

Vierzig Prozent Seelentröster

Zwanzig Prozent Zeit- und Taschenmanagement.

Wenn wir uns heute ein bis zweimal im Jahr - traditionell beim Japaner (Restaurant Kamijo in Bad Godesberg) - treffen, dann haben diese Zusammenkünfte fast den Charakter von Veteranentreffen. Anekdoten werden erzählt, der Weichzeichner zur Verklärung bestimmter Vorgänge kommt zum Einsatz - und es wird vor allem viel gelacht. Gelacht haben wir auch früher viel, denn er menschelte auf angenehme Weise. Oft liefen ihm die Tränen über die Wangen, wenn er sich über einen Witz oder einen taktischen Winkelzug freuen konnte. Er konnte vor allem auch über sich selbst lachen. Vor allem über seine sprachlichen Glanzleistungen. Im Durcheinanderwerfen von Sprichwörtern war er unnachahmlich: so „schmierte er Honig in die Augen" oder„warf das Geld mit vollen Fenstern hinaus". Und eine erkennbar ältere Dame, die über Satellit in einem Fernsehbild zugeschaltet war, begrüßte er mit den Worten: „So scharf wie heute habe ich Sie noch nie gesehen". Als der Saal tobte, blickte er unschuldig in die Menge und verstand zunächst nicht, warum alle lachten. Erst nachdem wir ihn über die Doppeldeutigkeit aufklärten, lachte er kräftig mit. Manchmal war sein Verhalten wenig ministrabel. So konnte sich der Komiker Karl Dall, der Stargast auf einer unserer Weihnachtsfeiern war, noch nach Jahren daran erinnern, dass Schwarz-Schilling, der Gastgeber, als Einziger die Gänsekeule mit der Hand aß.

Wir kennen ihn seit fast 20 Jahren. Es ist für uns alle wertvoll, ihn heute als Freund zu haben. Aber auch als Chef war er immer auch Freund. Insofern waren wir während seiner Ministerzeit sehr viel mehr als eine Zweckgemeinschaft.

Johann Philipp Freiherr von Bethmann

Bankier

Lieber Christian,
wie kann ich Dir aus Anlass Deines 70. Geburtstages eine Freude machen?

Ich habe gründlich darüber nachgedacht mit dem Ergebnis, dass dies nur mit einem ehrlichen und ganz persönlichen Bekenntnis geschehen kann. Ich bekenne, dass mich an Deinem Leben und Tun die christliche Haltung am stärksten beeindruckt. Du bist das Vorbild eines tätigen und bekennenden Christen. Das ist viel. So machst Du den Menschen - und auch mir - Mut. Dafür möchte ich Dir danken.

Meine Wünsche für Dich fasse ich in einem von mir verfassten Schüttelreim zusammen:

Zum 70.
Dieweil auf Deinen Wegen sich,
da Gnad' und Wille heiter walten,
das Glück einfand, nie Segen wich,
so mög' es sich auch weiter halten.

Edhem Bicakcic

Ministerpräsident der Föderation Bosnien-Herzegowina

Ich freue mich, Gelegenheit zu haben, meine Eindrücke von einem großartigen und klugen Politiker, vor allem aber einem guten Menschen und Freund - eben Christian Schwarz-Schilling - zum Ausdruck bringen zu können. Christian Schwarz-Schilling, der internationale Streitschlichter für die Föderation Bosnien-Herzegowina wie für die Republik Srpska, ist einer der seltenen, großartigen Menschen, die schon im Jahre 1992 das ganze Ausmaß der bevorstehenden beispiellosen Übergriffe auf Bosnien und die Herzegowina erkannten und Parallelen zu den im 19. Jahrhundert geschehenen Verbrechen an unschuldigen Menschen ziehen konnten. Schwarz-Schilling trat erstmals in den Gebieten von Bosnien und der Herzegowina zur Zeit der heftigsten Kriegszerstörungen auf. Er erhob seine Stimme zugunsten all derer, die des Schutzes bedurften in einer Zeit menschenverachtender Aggressionen. Seiner Entschlusskraft und seinem beherzten Auftreten ist es zu danken, dass die Übergriffe schließlich begrenzt und dann tatsächlich eingestellt wurden.

Sein Wirken als Streitschlichter erschien allen unschuldigen und gequälten Menschen als ein Lichtstrahl in dunklen Tagen. Der unermüdliche Einsatz dieses wahren Freundes von Bosnien und der Herzegowina wurde, nachdem die Waffen zu schweigen begannen, dankenswerter Weise fortgesetzt. Sein umsichtiges Verhalten bei den Friedensverhandlungen hat der Versöhnung zwischen den Menschen einen groflen Dienst erwiesen; dies gilt auch für die Beförderung des Prozesses einer demokratischen Entwicklung in Bosnien. Selten trifft man Politiker, die dazu bereit und fähig sind, sich der Sache anderer in schwieriger Zeit so geduldig wie erfolgreich anzunehmen. Durch seine erstaunliche Vitalität, Tapferkeit und unendliche Klugheit hat Christian Schwarz-Schilling als Mensch und Politiker jede unserer Begegnungen zu einem eindrucksvollen Ereignis werden lassen. Dafür gebührt ihm mein großer, in Freundschaft entbotener Dank.

Arne Börnsen

Unternehmensberater

Nach der ersten Postreform und nach der Wiedervereinigung zeichnete sich ab, dass die öffentlich-rechtliche Unternehmensverfassung den Unternehmen der Deutschen Bundespost die notwendige internationale Wettbewerbsfähigkeit nicht gewährleisten würde. Seit Januar 1991 führte ich als damaliger Sprecher der SPD-Bundestagsfraktion für Post und Telekommunikation interne Gespräche über die Möglichkeit der Änderung der Verfassung Art. 87 mit dem Ziel, die Unternehmen der Bundespost zu privatisieren, ihnen die Rechtsform einer Aktiengesellschaft zu geben.

Nachdem ich erste Gespräche mit dem SPD-Fraktionsvorsitzenden Hans-Jochen Vogel geführt hatte und auch erste Sondierungen mit der Postgewerkschaft unternahm (diese Inhalte stehen auf einem anderen Blatt), sah ich mich in der Lage, dem Postminister Christian Schwarz-Schilling ein Signal zu geben.

In diesen Tagen führte ich ein „elektronisches Tagebuch", das seitdem unter Verschluss geblieben ist. Aus den Aufzeichnungen eines Sitzungstages im Reichstag in Berlin gebe ich unverändert wieder:

14. Mai 1991 - Die Buletten-Allianz

Im Rahmen der Debatten zum Steueränderungsgesetzes rede ich zur Änderung einzelner Artikel vom GVFG bis zum Bundeskindergeldgesetz. Artikel 3 betrifft das Postverfassungsgesetz und die darin festgeschriebene höhere Ablieferung des Bundes. Ich rede erstmals frei, nur mit einem Konzept, das am Abend vorher im Hotel entstand.

Ich kritisiere die erhöhte Ablieferung, gerade angesichts der finanziellen Anforderungen in den neuen Bundesländern. Die Bundesregierung habe 1989 das Ziel verfolgt, unternehmensspezifische Ansätze freizusetzen, die Unternehmen am Markt wettbewerbsfähig zu machen. Jetzt jedoch drohen die Unternehmen am Hineinregieren des Ministers zu scheitern.

Richtig gebrüllt, aber bewusst enthalte ich mich in der Rede der Benennung der notwendigen Konsequenzen. Joachim Grünewald, Staatssekretär im BMF, meint, die Rede sei gut strukturiert gewesen.

Naja. Mit diesem Lob gehe ich hinunter in den großen Empfangsbereich des Reichstages. Habe Hunger und hole mir eine Frikadelle. Sehe die Postministerlobby an einem Tisch sitzen und werde dazugebeten.

„Also“, meint Minister Schwarz-Schilling, „zu 75 Prozent kann ich Ihnen ja Recht geben, aber mit Ihnen ist ja die wirklich notwendige Änderung nicht zu machen!“

„Wieso nicht?“

Schwarz-Schilling ist etwas irritiert.

„Man könnte ja mal drüber reden“, sage ich. „Bei Gelegenheit.“

Damit war der erste Schritt zu Verhandlungen über eine Änderung des Art. 87 GG getan. Bei einer Bulette.

Bärbel Bohley

Bürgerrechtlerin

Lieber Christian,

die Leute aus der Bürgerbewegung sind ja den westdeutschen Politikern immer etwas suspekt gewesen und geblieben. Das wird Dir nicht viel anders gegangen sein, aber gerade Deine Art Politik zu machen, war für mich immer sehr bürgerbewegt. Und vielleicht gäbe es in den neuen Bundesländern mehr Interesse für Politik, wenn es mehr so konsequente Minister und Abgeordnete wie Dich gegeben hätte. Unsere Zusammenarbeit in Bosnien war für mich sehr wichtig. Fast als einziger hast Du nicht nur über die Flüchtlinge gesprochen, sondern die Vertreter der Koalition für Rückkehr stets in Deine Arbeit mit einbezogen. Sie konnten ihre Interessen auf Deinen Sitzungen vor der bosnischen Regierung selbst vertreten.

Wie man den verknöcherten Nationalisten in Osteuropa die Demokratie nahe bringt, habe ich konkret in Kakanj erlebt. Es war wunderbar, wie Du bei ihren unproduktiven und langweiligen Reden eingeschlafen und bei jeder günstigen Gelegenheit aufgewacht bist, um ihnen eine Lektion in Demokratie zu erteilen. Lernen tun sie das nicht von heute auf morgen, aber sicher hast Du sie und alle anwesenden Bosnier nachdenklich gemacht. Ich wünsche Dir vor allen Dingen weiterhin beste Gesundheit, und dass Du in den nächsten Jahren die Kraft behältst, diese Lehrstunden fortzuführen; sei es im deutschen Parlament oder in Bosnien.

Herzlichst Deine Bärbel Bohley

Ortwin Brückel
Obmann der Sektion Genealogie der Jung-Stilling-Gesellschaft Siegen

Der Geheime Hofrat Professor Dr. phil. Dr. med. Johann Heinrich Jung, genannt Stilling (* 1740 in Grund bei Hilchenbach/Siegerland, † 1817 in Karlsruhe) war der Vorfahr Nr. 66 des Jubilars, also sein Ururur-Großvater. Jung-Stilling heiratete (in erster Ehe) 1771 in Ronsdorf (heute zu Wuppertal gehörig) Christine Heyder (1749 - 1781), die Tochter des Frisolettbänderfabrikanten Peter Heyder.

In Jung-Stillings Ahnenlinie sind als bekannte Persönlichkeiten Professor Gerhard Geldenhauer (lat. Noviomagus) (* 1482 in Nymwegen,† 1542 in Marburg), Hessischer Reformator in Marburg, und Dr. Philipp Heinrich von Hoen (* 1576 in Die[t]z, † 1649 in Frankfurt/Main), Kanzleidirektor in Dillenburg und Syndikus des Wetterauer Grafenvereins, nachgewiesen (Vorfahrennummern 8546 bzw. 2138 des Jubilars).

Jung-Stillings älteste Tochter Johanna Magdalene Margaretha (Hanna) (* 1773 in Elberfeld, † 1826 in Heidelberg) heiratete am 13. 4. 1792 in Marburg den Pfarrer und späteren Geheimen Kirchenrat Professor Dr. Friedrich Heinrich Christian Schwarz (* 1766 in Gießen, † 1837 in Heidelberg) (Vorfahrennummern 33 bzw. 32 des Jubilars). Von ihm stammt der Name „Schwarz" als erster Teil des Nachnamens „Schwarz-Schilling".

Johanna spielte schon seit ihrer Jugend Klavier und sang dazu. Dies führte in Marburg zum Heiratsangebot eines jungen Theologen, der von ihrem Gesang und dem Spiel völlig hingerissen war. Johanna lehnte dessen Angebot ab und verursachte damit Tobsuchtsanfälle bei dem Bewerber. Der Familie Jung-Stilling schien es in dieser Situation angebracht, das junge Mädchen von Marburg in das 5 Stunden entfernte Dexbach zu bringen, wo es von der Familie Schwarz herzlich aufgenommen und betreut wurde. Somit war Johannas Klavierspiel der mittelbare Anlass für ihre Eheschließung 1792 mit Friedrich Heinrich Christian Schwarz.

Der 5. Sohn aus dieser Ehe, Schulleiter und Pfarrer Adolf Hermann Schwarz (* 1808 in Heidelberg, † 1874 in Lichtental [Baden-Baden]), der Urgroßvater von Christan Schwarz-Schilling, heiratete am 3. 5. 1838 in Bödigheim Elise Benecke (1814 - 1845). Adolf Schwarz wohnte im Alter in Lichtental bei Baden-Baden. Eine herzliche Freundschaft der Familie bestand zu der dortigen Nachbarin, der Pianistin und Komponistin Clara Schumann, geb. Wieck (1819 - 1896). In diesem Zusammenhang lernte Adolf Schwarz den Pianisten, Dirigenten und Komponisten Johannes Brahms (1833 - 1897) kennen, der ebenso wie die Tochter des Malers Moritz von Schwind in seinem Haus verkehrte.

Die zweite Ehefrau von Adolf Schwarz, Elise Wolf (1814 - 1885), war katholisch. Die an katholischen Glaubensmaßstäben ausgerichtete Erziehung ihres Stiefsohnes Carl Friedrich aus der ersten Ehe ihres Ehemanns sowie die ihrer eigenen Kinder führte in späteren Jahren zum Übertritt aller Kinder zum katholischen Glauben, der von den Nachkommen bis heute beibehalten wurde.

Aus der Verbindung Schwarz/Benecke stammte der spätere Fabrikbesitzer Carl Friedrich Wilhelm Adolf Gisbert Schwarz (* 1839 in Bödigheim, † 1908 in Hannover), der Urgroßvater des Jubilars.

Er heiratete am 23. 5. 1866 in Istadt/Schweden Ida Charlotte Tullströhm (* 1848 in Istadt/Schweden, † 1918 in Bödigheim).

Carl Friedrich Schwarz war der Inhaber der Wachstuchfabrik Benecke in Hannover.

Die weiteren Vorfahren des Jubilars sind:

Dr. chem. Carl Schwarz (* 1870 in Hannover, † 1952 in Hannover), Fabrikant, verheiratet mit Elisabeth Schilling (* 1874 in Köln, † 1957 in Bad Oeynhausen).

Professor Reinhard Schwarz-Schilling, Komponist (* 1904 in Hannover, † 1985 in Berlin), verheiratet mit der Pianistin Dusza von Hakrid, geb. von Blondowicz (* 1900 in Jaroslaw, † 1987 in Berlin).

Zahida Ciric-Museljic

Union der ehemaligen Lagerinhaftierten von Bosnien und Herzegowina

Als viele blind und taub waren, da haben Sie gesehen und gehört; Sie haben die Wahrheit erkannt, wie auch den Unterschied zwischen Gut und Böse.

Bleiben Sie weiter auf der Seite der Wahrheit und Gerechtigkeit, bleiben Sie bei uns.

Wir brauchen Sie noch immer.

Wenn man den Reichtum nach der Zahl seiner Freunde bemessen kann, sind sie ein reicher Mann.

Herzlichen Dank.

Wolfgang Clement

Ministerpräsident von Nordrhein-Westfalen

Christian Schwarz-Schilling hat sich - seit 1982 als Bundesminister für Post- und Fernmeldewesen - in der Bundesrepublik Deutschland und über die Grenzen unseres Landes hinaus einen Namen gemacht als engagierter und innovativer Medienpolitiker, der die Aufhebung des öffentlich-rechtlichen Rundfunkmonopols maßgeblich forcierte und privater Konkurrenz den Weg ebnete. Wir sind damals nicht immer einer Meinung gewesen, zum Beispiel über die Verkabelungspolitik und später über die Umstände des Aufbaus des Telefonnetzes in den neuen Bundesländern. Doch jene politischen Schlachten sind lange geschlagen. Heute, mitten im Internet-Zeitalter, muten manche dieser Debatten fast prähistorisch an, auch wenn sie gerade einmal vor zehn Jahren geführt wurden. Schwarz-Schillings Bedeutung als Postreformer und Wegbereiter der Deregulierung des Telekommunikationsmarktes ist unumstritten. Er war einer der ersten deutschen Politiker, die bereits in den 80er Jahren voraussahen, dass die Revolution technologischer Kommunikation unsere Gesellschaft in Richtung dezentralisierter Strukturen und größerer Freiheit, aber auch hin zu mehr Selbstverantwortung des Einzelnen verändern würde. Ich habe mich gefreut, dass er die Laudatio gehalten hat, als ich im April 1997 die Alexander-Graham-Bell-Medaille erhielt, eine Auszeichnung der Telekommunikationsbranche.

Doch Christian Schwarz-Schilling ist weit mehr als ein vehementer Vorkämpfer von Liberalisierung und stärkerem Wettbewerb. Zwar hielt er sich bei seinen öffentlichen Äußerungen bis zu seinem Rücktritt vom Ministeramt im Dezember 1992 an die Grenzen, die ihm sein Fachressort zog; aber wer ihn kannte, der war weniger überrascht von diesem Schritt. Da mutierte kein „Realpolitiker" über Nacht zum „Fundamentalisten", wie fälschlicherweise geschrieben wurde. Da machte vielmehr ein im christlichen Glauben verwurzelter Politiker deutlich, dass er nicht bereit ist, einfallslose Realpolitik angesichts der menschenrechtsverletzenden Politik Serbiens mit zu verantworten! Mich hat damals gestört, dass manche Kommentatoren seinen Schritt mit Häme bedachten. Schwarz-Schilling ist als Kenner des Werks von Max Weber klar: Verantwortungsethik und Gesinnungsethik unterscheiden sich, aber sie sind keine unvereinbaren Gegensätze und finden durchaus beide Platz in einem klugen Kopf und politischen Temperament.

Meines Wissens hat er den Rücktritt als Befreiung erlebt. Mit Sicherheit hat er ihn als „zweite Chance“ verstanden und ist in den Jahren danach zu einem im ehemaligen Jugoslawien und international geachteten Schlichter und Friedenspolitiker geworden. Seine Bemühungen um die Rückkehr der Flüchtlinge und den friedlichen Ausgleich der verfeindeten Volksgruppen sind keine große, schillernde Diplomatie, sondern mühsame Kärrnerarbeit. Schwarz-Schilling ist ein emotional Beteiligter; als solcher nimmt er lange Fahrten über zerschossene Straßen und endlose Verhandlungen mit Kontrahenten in Kauf, um kleine, aber wichtige Fortschritte zu erzielen. Der Macher ist auch ein Moralist. Er hat einmal gesagt, mit diesem Engagement schließe sich ein Kreis. Sein Vater wurde von der Gestapo verfolgt, und seine Mutter, eine polnische Pianistin, hatte Auftrittsverbot. Während seine Eltern verhört wurden, wusste er nie, ob sie am Abend wieder nach Hause kommen würden. Diese Erinnerung an die eigene Kindheit treibt ihn an, sich für die Einhaltung der Menschenrechte einzusetzen - auf dem Balkan und anderswo. Es ist aber auch ein Wort des niederländischen Völkerrechtlers Hugo Grotius, das sich Christian Schwarz-Schilling zu seiner eigenen politischen Richtschnur gemacht hat. Unter dem Eindruck des Dreißigjährigen Krieges hatte Grotius geschrieben, dass man mit aller Kraft gegen die Tendenz der Welt angehen müsse, jederzeit in Schlimmeres abgleiten zu können. Zu ergänzen wäre, dass bei diesem Tun gelegentlich nicht nur Schlimmeres verhindert, sondern auch eine wenigstens etwas menschenwürdigere Welt geschaffen wird.

Ich wünsche Christian Schwarz-Schilling viel Kraft und Erfolg bei dem, was er sich für die Zukunft vornimmt, und gratuliere ihm herzlich zum 70. Geburtstag.

Ronald D. Coleman

Chairman and Founder INTELEVENT

Congratulations Dr. Schwarz-Schilling on achieving this milestone and for all of the many accomplishments in your distinguished career. It has been an honor for me to serve with you on the International Televent board of directors and to be able to call you my friend.

Your legacy of good works in the telecommunication industry and politics will forever associate the name Christian Schwarz-Schilling with fair and sensible policies that have benefited the citizens of the world.

You have so many positive attributes that it would be difficult to enumerate them all. What I appreciate the most is your willingness to give of your precious time to help people, which is demonstrated by your service on the board of our charitable organization.

I thank you for your INTELEVENT involvement which has been since the mid 1980's. Best wishes for a long and prosperous life in good health.

Your friend, Ron Coleman

Der Dalai Lama

I am happy to congratulate Dr. Schwarz-Schilling on his seventieth birthday and offer my prayers for his continued good health, success and happiness.

When we first met, Dr. Schwarz-Schilling was a leading German politician with a deep interest in human rights and the self-determination of minority peoples, and the resolution of conflict by non-violent means. His genuine concern for the plight of the Tibetan people has been an ongoing source of encouragement and inspiration for us in this most difficult period of our long and unique history. In several meetings over the past years I have been greatly moved by his warm feelings for the Tibetan people. He has also provided consistent support for my endeavours to resolve the Tibetan problem through dialogue and negotiation in a spirit of reconciliation and compromise. Dr. Schwarz-Schilling's close understanding of the history and culture of the Far East has enabled him to appreciate the complexity of our problem and to engage constructively in the promotion of a peaceful resolution of the Tibetan issue. The Tibetan people will always remember Dr. Schwarz-Schilling's sympathetic support and I would like to thank him personally for it.

Herbert Franke
Emeritierter Professor für ostasiatische Kultur- und Sprachwissenschaft, Altpräsident der Bayerischen Akademie der Wissenschaften

Der Herausgeber dieses Buches fragte in seinem Schreiben an mögliche Verfasser von Beiträgen, woran man etwa denke, wenn der Name Christian Schwarz-Schilling fiele. Für mich sind es drei Dinge, die sich in zeitlicher Folge auf den Lebensweg des Jubilars beziehen. Da ist zunächst seine Studienzeit in München zu nennen, sodann seine Leistungen als Bundesminister, und schließlich sein Einsatz für Menschenrechte und Wohlfahrt auf dem Balkan, vornehmlich in Bosnien. Die beiden zuletzt genannten Etappen seines Wirkens sind der Öffentlichkeit allgemein bekannt und werden sicher von kompetenter Seite in der Festschrift ihre verdiente Würdigung erfahren. An dieser Stelle jedoch soll von den Erinnerungen an meinen früheren Studenten Schwarz-Schilling die Rede sein.

Im März 1952 wurde ich auf den Lehrstuhl für ostasiatische Kultur- und Sprachwissenschaft der Universität München berufen und nahm meine Lehrtätigkeit im Sommer-Semester 1952 auf. Wie schon als Privatdozent in Köln hielt ich auch in München Vorlesungen über Geschichte und Literatur Chinas, die sich an einen größeren Hörerkreis und nicht nur an Fachstudenten wandten. Das war in der damaligen Zeit durchaus nicht selbstverständlich. Ein älterer Kollege, ein durchaus prominenter Gelehrter, pflegte dergleichen mit dem Spruch abzulehnen: „Die Sinologie ist keine Predigtdisziplin". Zu meinen damaligen Hörern gehörte auch Christian Schwarz-Schilling, ein angehender Historiker, der sich seine Sporen bei den Professoren Franz Schnabel und Johannes Spörl verdient hatte. Die in meinen Vorlesungen vermittelte Begegnung mit China hat ihn dann bewogen, den Schwerpunkt seines Studiums auf die Geschichte Chinas zu verlegen und in Sinologie zu promovieren, Das hat er mit großem Erfolg geschafft. Seine Dissertation, die 1959 als Band 1 der Reihe Asiatische Forschungen im Verlag Otto Harrassowitz (Wiesbaden) dank einer Druckbeihilfe der Deutschen Forschungsgemeinschaft erscheinen konnte, trug den Titel „Der Friede von Shan-yüan (1005 n. Chr.). Ein Beitrag zur Geschichte der chinesischen Diplomatie". Sie behandelte das komplizierte Zustandekommen des Friedensvertrages zwischen dem nationalchinesischen Staat Sung und dem Khitanreich der Dynastie Liao und war die bis dahin ausführlichste Behandlung eines Themas aus der Epoche der Koexistenz verschiedener

Staaten auf dem Boden Chinas in der westlichen Literatur. Sie wird bis heute immer noch in der Wissenschaft auch des Auslandes zitiert und gewürdigt.

Angesichts des ingenium historicum des Verfassers war es naheliegend, dass er eine wissenschaftliche Laufbahn ins Auge fasste, zu der ich ihn nachdrücklich ermutigte. Es gelang, eine sozusagen maßgeschneiderte Karriere in Aussicht zu stellen. Der mir aus meiner Kölner Dozentenzeit gut bekannte Historiker Karl Dietrich Erdmann, nunmehr Professor an der Universität Kiel, war bestrebt, auch die asiatische Geschichte in Kiel vertreten zu sehen. Er versprach, eine Assistentenstelle für den jungen Münchener Wissenschaftler zu reservieren in der Erwartung, dass er sich in Kiel alsbald habilitieren solle. Alles schien also auf eine erfolgreiche wissenschaftliche Laufbahn hinzudeuten, doch es kam, wie wir wissen, anders. Christian Schwarz-Schilling musste den von seiner Frau ererbten Betrieb aufgrund eher tragischer Umstände übernehmen und wurde so zum Unternehmer.

Das war für den jungen Sinologen eine neue Herausforderung, der er sich aber vorbildlich gewachsen zeigte und die ihm den Weg in die Politik bahnte, mit allen Folgen und Erfolgen, die seinen weiteren Lebensweg prägten. Ich selbst habe das natürlich etwas bedauert, denn ich hätte ihn gerne als Kollegen auf einem sinologischen Lehrstuhl gesehen, wozu er ja das Zeug hatte. So aber wird Christian Schwarz-Schilling seinen 70. Geburtstag nicht als emeritierter Professor begehen, sondern als herausragender Politiker, was wohl aufs ganze genommen mehr bedeuten dürfte als eine noch so erfolgreiche wissenschaftliche Laufbahn.

Zum Schluss seien noch ein paar Worte zu der Studienzeit von Christian Schwarz-Schilling hinzugefügt. Heute hört man oft Klagen darüber, dass das Verhältnis zwischen Professoren und Studenten zu anonym und bürokratisiert sei und deshalb das persönliche Element zu kurz komme. Das ist natürlich in erster Linie eine Folge des Anwachsens der Studentenzahl. In den 1950er Jahren war das noch anders, zumal in den sogenannten kleinen Fächern. Der Kreis der Studenten, die sich damals in München an das Studium der Sinologie wagten, war klein, aber durchweg hoch motiviert und in gegenseitiger Freundschaft verbunden. Man feierte gemeinsam Fasching und auch der akademische Lehrer schloss sich gerne dem munteren Treiben an, was ihm als geborenem Kölner nicht schwer fiel.

Fast alle aus der damaligen kleinen kameradschaftlich verbundenen Studentengruppe haben es zu etwas gebracht. So wurden Wolfgang Bauer (1930 - 1967) und Günther Debon Professoren der Sinologie, Roger Goepper wurde Direktor des Museums für ostasiatische Kunst der Stadt Köln und Helmut Schulte-Uffelage machte Karriere im Dienst der Bundesrepublik Deutschland.

Aber dass einer seiner Studenten sogar Bundesminister wurde, hat seinen alten akademischen Lehrer stets besonders gefreut und mit Stolz erfüllt. Das Studium der Sinologie kann also ein guter Start sein, auch jenseits der Wissenschaft, und dazu führen, dass jemand eine Persönlichkeit der Zeitgeschichte wird.

Günter Gillessen

Journalist

Schwarz-Schillings Fragen

Leitartikel der „Frankfurter Allgemeinen Zeitung", 6. Januar 1993

Aufs Ganze gesehen, gibt es in der Politik nichts Wichtigeres als die Regeln und Gewohnheiten, nach denen wir regiert werden - die Verfassung. Beim Ausscheiden des Bundespostministers nach zehn Jahren ließ die Bemerkung aufhorchen, dass er als Minister für Entscheidungen der Regieung haftbar gemacht werde, an denen er nicht mitwirken konnte. Er erinnerte an die Gesamtverantwortung des Kabinetts. Die wichtigsten politischen Beschlüsse würden nicht mehr in der Regierung vorbereitet und getroffen, sondern in einer konstitutionellen „Grauzone" der Koalitionszirkel und Parteigremien. Deren Beschlüsse verwehrten der Regierung die Fähigkeit, flexibel auf die Lage zu reagieren - zum Beispiel in der Frage der Beteiligung der Bundesrepublik in der Adria, um das Waffenembargo der UN durchzusetzen.

Das mag manchem als eine einseitige Darstellung des komplexen Zusammenhangs zwischen Regierung und Parlament, Fraktionen und Parteitagen erscheinen. Da liegt der Einwurf nahe, Schwarz-Schilling wolle das Kabinett zu einem Debattierklub von Ministern machen. Auch Schmidt und Adenauer hätten das Kabinett ziemlich autokratisch geführt, weil es anders nicht gehe, lautet eine Antwort.

Damit wäre freilich die ganze Frage missverstanden. Schwarz-Schilling geht es um die Stellung der Bundesrepublik im politischen Prozess. In dem Maße, in dem die faktische Beschlussgewalt aus den von der Verfassung dafür vorgesehenen Organen - der Regierung und dem Parlament - in die unbestimmte graue Zone der Parteien auswandert, wird nicht nur das Kabinett schwächer, sondern auch der Bundeskanzler. Schwarz-Schillings Einspruch wendet sich nicht gegen dessen starke Stellung, sondern gegen Veränderungen, die das parlamentarische System zermürben. In der „Grauzone" wächst eine zweite politische Ordnung heran, die mit der Verfassung konkurriert und sie zu überholen droht.

Dass in Koalitionsrunden, Vorstandssitzungen, Parteiräten, auf Bezirks-, Landes- und Sonderparteitagen Beschlüsse gefaßt werden, ist gewiss Teil der Aufgabe der Parteien, an der Willensbildung des Volkes mitzuwirken. Aber dass ihren Ergebnissen immer häufiger eine bindende Wirkung für Fraktionen und Regierung zugesprochen wird, widerspricht der repräsentativen Demokratie. Das Grundgesetz will, daß die Bundesrepublik nicht bloß demokratisch regiert wird, sondern „parlamentarisch". Schon die Verlagerung der Vorbereitung von Kabinettsbeschlüssen in Koalitionsrunden ist in diesem Sinne eine Fehlentwicklung.

Doch macht es wirklich einen großen Unterschied aus, ob die interne Abstimmung einer Koalition statt im Kabinett in einer Runde von Parteiführern stattfindet? Kompromisse sind so oder so nötig. Wechselt der Kanzler und CDU-Vorsitzende nicht vielleicht lediglich Stand- und Spielbein zwischen beiden Ämtern? Nein - die Reihenfolge ist nicht gleichgültig. Gibt der Kanzler dem Regierungsamt den Vorzug, stärkt er damit alle Institutionen an diesem Strang: die Regierung, das Parlament, die Fraktionen und sogar das Verfassungsorgan „Volk" (gegenüber der „Parteibasis"). Die politischen Entscheidungen bleiben dann auf der Linie des verfassungsmäßig Gewollten.

Das macht Parteien nicht überflüssig. Aus der Sicht der Verfassung sind sie private Vereine, die man nicht zur Rechenschaft ziehen kann. Niemand wird ihr enormes Gewicht im politischen Prozess geringschätzen, aber gerade darum wäre es wichtig, ihre Macht in Grenzen zu halten. Die Verfassung tut es indirekt, indem sie den Parteien lediglich zugesteht, an der Willensbildung des Volkes - wohlgemerkt: des Volkes - mitzuwirken, und es vermeidet, sie an der Aufgabe zu beteiligen, das Land zu regieren. Die Verfassung will keine Parteienherrschaft, sondern eine Parlamentsherrschaft.

Auch wenn eingewendet werden kann, daß die wichtigste Mitwirkung der Parteien darin bestehe, Kandidaten für das Parlament aufzustellen und ihre Wahl zu betreiben, ist doch der Qualitätssprung zu beachten: nicht die Nominierung durch die Mitglieder einer Partei und ihre Unterstützung machen den Abgeordneten, sondern allein der Akt der Wahl durch das Volk.

Eine zweite Überlegung führt unmittelbar ins Praktische. Wenn ein Bundeskanzler sich darauf einlässt, die politischen Entscheidungen nicht vor allem im Kabinett und im Parlament zu suchen, sondern in der „Grauzone" der Koalitionszirkel nach Art von Kiesingers „Kressbronner Kreis", ist er dort ein Parteiführer unter anderen und gegenüber seinem Koalitionspartner in einer Eins-zu-eins-Konstellation. Daraus folgt der Zwang, den Konsens dort zu finden. Im Kabinett dagegen muss er zwar auch um Einigkeit ringen und wird dazu auch Arbeitsgruppen einsetzen - aber sie rapportieren dann jedenfalls dem Kabinett. Der Kanzler kann notfalls abstimmen lassen - mit seiner Richtlinienkompetenz in der Hinterhand.

Ein Koalitionspartner hat zwar immer ein faktisches Vetorecht, doch im Kabinett fällt es ihm schwerer als außerhalb, sein Veto einzulegen und den Partner aufzuhalten. Das parlamentarische Regierungssystem verlangt danach, dass die Parteiführer auch Minister oder - falls in der Opposition - Fraktionsführer sind, damit die Parteien aus den Bedürfnissen des Parlamentes geführt werden.

Die Beratung einer Frage im Kabinett zu beginnen und dort mit Abstimmung zu beenden bedeutet Beschleunigung der Entscheidung und Vitalisierung der Ministerverantwortung. Und die Entscheidung fällt dann auf einem Gelände, wo der Kanzler stärker ist als auf jedem anderen Spielfeld der Innenpolitik.

Anmerkung des Autors

Christian Schwarz-Schilling erklärte Bundeskanzler Kohl am 10. Dezember 1992 seinen Rücktritt vom Amt des Bundespostministers und bat um Entlassung aus dem Kabinett. Er begründete dies mit der Tatenlosigkeit der Bundesregierung gegenüber den Verbrechen der serbischen Armee an der Zivilbevölkerung in Bosnien-Herzegowina. Kohl hatte es hingenommen, dass die FDP, vor allem Außenminister Kinkel, gestützt auf Behauptungen seines Vorgängers Genscher, erklärte, das Grundgesetz verwehre es der Bundesregierung, sich an Kampfmaßnahmen der Verbündeten zum Schutz der bosnischen Zivilbevölkerung zu beteiligen. Selbst Bundeskanzler Kohl äußerte sich einmal öffentlich in diesem Sinne. Als Schwarz-Schilling am 9. Dezember im Kabinett seinem Unmut Luft machte und sich zur der Erklärung hinreißen ließ, er schäme sich, diesem Kabinett anzugehören, wenn es beim Nichtstun bleibe, wies Kohl dies zurück und erwiderte, niemand sei gezwungen, der Regierung anzugehören.

Damit war eine größere Frage gestellt: nämlich ob ein Mitglied der Bundesregierung lediglich für sein Ressort-Ministerium zuständig sei oder es eine Gesamtverantwortung des Kabinetts für die Politik der Bundesregierung gebe. In diesem Falle hätten die maßgeblichen politischen Entscheidungen auch im Kabinett und nicht außerhalb zu fallen. Schwarz-Schilling erklärte damals dazu, er habe erkennen müssen, „dass ich als Kabinettsmitglied in den großen Fragen ... nichts mehr voranbringen konnte. Durch die Handhabung von Parteitagsbeschlüssen wie imperative Mandate, die in Koalitionsrunden geltend gemacht werden, ist die Regierungsunfähigkeit in einer pluralistischen Demokratie vorprogrammiert. Die Abnutzung der großen

Mehrheitspartei in der Koalition [also der CDU], und die Zwänge, die dadurch dem Kanzler auferlegt werden, machen jede schnelle Entscheidungsfähigkeit, wie sie heute erforderlich ist und von Deutschland erwartet wird, unmöglich."

Schwarz-Schilling machte mit dem Rücktritt und seiner Begründung auf ein Dauerproblem der Bundesrepublik aufmerksam. Das gab den Anstoß zu dem hier nachgedruckten Leitartikel der „Frankfurter Allgemeinen Zeitung" vom 6. Januar 1993.

Roy Gutman

Journalist

The decade that just ended was one of paradox. Some of the greatest events of modern history - the peaceful collapse of Communist power and the Soviet empire, the reuniting of Germany, and the opening of a Europe whole and free - were succeeded by a ghastly reversal. The violent disintegration of Yugoslavia, the Western indifference to crimes against humanity, the Rwandan genocide in which some Western States gave sustenance to the genocidaires, and Russia's wars in Chechnya made one wonder if the West had abandoned the values, cohesion, and purpose that had brought its greatest success. I visited Normandy in late 1994, shortly after Western leaders, Germany excluded, had held their self-congratulatory commemorations of the Allied landing half a century earlier. Wandering amidst the crosses of the cemetery and the small museums, a visitor might wonder why no space was devoted to recounting the lessons learned, no space for an explanation of what led up to the war and the role political folly played. History seemed to be repeating itself. With one or two exceptions, as the 1990's witnessed a descent into barbarism, the leaders of „civilized" democratic States let the public down. It was not practical for Germany to try to lead Europe, especially having hardly digested reunification. But for anyone who believed that German citizens had learned the lessons of what must never occur again, it was not far-fetched to think the public would have supported concerted action, even military actions, to halt the „ethnic cleansing" in their back yard. Yet this biggest and most powerful States on the Continent, whose stability and democratic institutions played an invaluable role as East Central European countries gained their independence, all but ignored the reality. British and French leaders deliberately misrepresented the facts to their respective publics; German leaders made a specialty of closing their eyes, following the lead of their feckless American counterparts, and most of the German news media followed the government line.

Only a handful of people showed conscience by breaking the silence, speaking out of turn and demanding policy changes, and in some cases resigning their positions. They asserted there are values that are worth risk and sacrifice to maintain. They had learned the lessons of past follies; and they are the heroes of the saga.

This is the context in which I want to salute Christian Schwarz-

Schilling. He ignored the prevailing political „correctness" and demanded changes of the policy of the ruling coalition. The answer from the top leader could have been predicted, and Christian refused to accept it. His resignation met incredulity in Germany. No one could believe that a successful businessman, a member of the cabinet with a powerful position that affected businesses throughout the country, would resign for reasons of Germany's failure to speak out on atrocities in its neighborhood. In the cynical press, itself largely co-opted by the political cartels, hardly anyone believed that a politician could have real values.

Christian performed many behind-the-scenes services, but of course the real test of zivilcourage, the courage of one's convictions, is seeing a vital thing through. The continuing proof of Christian Schwarz-Schilling's integrity and honesty was the imaginative, persistent, driven effort to knit together the region assigned to the Bosniak-Croat Federation. The enormous effort to reconstitute this shredded fabric, to create a legal framework for it, and the travel and energy required to weave just a single thread, shows how much of substance was lost while Europe slept. I knew Peter Backes, his assistant who was just as devoted to helping repair Bosnia as to Christian, Gerd Wagner, one of Germany's finest civil servants, and several others who died in the awful helicopter crash of late 1997. Their deaths were a terrible loss; their sacrifice ennobled their countrymen and country and all of us. I have admired many things about Christian Schwarz-Schilling's drive to help revive Bosnia, its careful design, pragmatic execution, thoroughness, attention to detail, and of course persistence, but nothing is more remarkable than the blunt, yet courteous manner of his summations and conclusions. In one report, he said the mediator had done all he could; the parties are divided; and now it is the time for the administrator to act. What a contrast to the phony diplomacy practiced by supposedly sophisticated mediators during the conflict, men who would trade everything of value, pronounce one false success after another, and then lecture and mock the victims from luxury suites overlooking Lake Geneva. Those like Christian Schwarz-Schilling, who acted on principle, are what I take to be the new Germans and new Europeans, people who would lead their own country as well as Europe in this new era. They stood for values greater than narrow self-interest or even the narrow national interest. They were willing to risk careers and lives. They held their ground, and the governments in the West and in the region, and institutions like NATO and the UN, have come around to their position. I hope that the younger generation learns of Christian Schwarz-Schilling's example and becomes acquainted with the values and zivilcourage that drive him. If his staff are any measure, his example is indeed inspiring. I am honored to be counted among his friends and wish him continued energy, drive, and purpose. He has shown what a difference a person can make.

Kurt van Haaren

Vorsitzender der Deutschen Postgewerkschaft

Wenn ich an Herrn Dr. Christian Schwarz-Schilling denke, fällt mir so manches ein.

Ich denke an den Medienpolitiker, der 1982 zum Bundesminister für Post- und Fernmeldewesen berufen wurde, um in der Legislaturperiode bis 1986 die Verlegung von Rundfunk- und Fernsehverteilnetzen voranzutreiben, damit Lizenzengpässe für Privatrundfunk und -fernsehen überwunden werden, einer imaginären Vorstellung von Freiheit und Medienvielfalt wegen. Die ordnungspolitischen, landespolitischen sowie technologischen Kontroversen im damaligen Postverwaltungsrat hatten es in sich; die Medienpolitik Dr. Schwarz-Schillings kostete das Fernmeldewesen der Deutschen Bundespost sehr viel Geld! Ob's gerechtfertigt war? Viele beklagen heute Programmverflachung als eine der Ursachen für Gewalt und Kriminalität.

Ich denke an den Minister für die Individualkommunikation der Post und Telekommunikation, der, zum Bundesminister für Post- und Fernmeldewesen 1986 wiederernannt, die sogenannte Postreform einleitete, um die Privatisierung von Post und Telekommunikation durchzusetzen.

Unvergessen die unzähligen Gespräche, Verhandlungen, Erörterungen, begleitet von großen Demonstrationen und Aktionen der Mitglieder der Deutschen Postgewerkschaft, die sich gemeinsam mit den Verbraucherverbänden, Sozialverbänden, führenden Vertretern der Kirchen, der SPD, von Landesregierungen sowie DGB-Gewerkschaften für den Erhalt der „Bürgerpost" statt Schaffung einer „Unternehmerpost" engagierten.

Beklemmend auch, wie sehr politische Redlichkeit und Glaubwürdigkeit leidet, wenn politische Opportunität angezeigt ist. In Briefen an alle 500.000 Mitarbeiterinnen und Mitarbeiter der Deutschen Bundespost - einschließlich ihrer Familienangehörigen 1,5 Millionen Menschen - sowie an den Hauptvorstand der DPG, an die Presse hieß es: Nichts werde privatisiert, nichts verkauft, die Deutsche Bundespost in gründlich reformierter Form bliebe erhalten. Die Beschäftigten hätten keinen Grund zu Sorge, nur die DPG male den Teufel an die Wand.

Erwähnenswert ist ein in äußerst zugespitzter Situation stattgefundenes Spitzengespräch mit Herrn Bundeskanzler Dr. Kohl, Herrn

Schäuble, Herrn Dr. Schwarz-Schilling, Herrn Rawe sowie dem Vorsitzenden und den stellvertretenden Vorsitzenden der DPG; ein Durchbruch gelang nicht, wohl aber wurden sinnvolle Kompromisse erzielt.

Nicht unerwähnt lassen will ich die seinerzeit mannigfachen Versuche, ökologische Ereignisse (Entsorgungs-Ereignisse) um die Batteriefirma S. politisch für die äußerst kontroverse Auseinandersetzung um die Postreform nutzbar zu machen und die DPG zu instrumentalisieren. Gegen diese völlig ungerechtfertigte Verquickung habe ich mich als DPG-Vorsitzender nachdrücklich verwahrt. Die DPG hat sich nicht in eine solche unlautere Kampagne reinziehen lassen.

Mit anderen Worten: Unser Streit, mein Streit mit Herrn Dr. Schwarz-Schilling, war in der Postreform begründet, total kontrovers, zum Teil sehr hart. Aber der Respekt vor dem Menschen und der Persönlichkeit Dr. Schwarz-Schillings sollte und musste gewahrt bleiben. Darum habe ich mich stets bemüht. Und zur politischen Kultur gehört es, dass ebenso Dr. Schwarz-Schilling die persönliche Verunglimpfung der Repräsentanten der DPG, des Vorsitzenden der DPG, unterbunden hat.

Aber vielleicht ist der chinesische Astrologe ein noch besserer Schlüssel für den Zugang zum Sinologen Dr. Schwarz-Schilling. Doch sollte zuvor Konfuzius sprechen:

„Mit 15 stellte ich Fragen nach Wissen,
mit 30 war ich in ihr selbst gefestigt,
mit 40 gab es keine Zweifel mehr,
mit 50 kannte ich des Himmels Willen,
mit 60 war mein Ohr ein wichtig Ding', aus allem nur
herauskommt das Wahre,
mit 70 konnte ich unbedenklich folgen den Herzenswünschen,
ohne jedes rechte Maß zu übertreten."

Und weil dies wohl nicht so ganz mit Herrn Dr. Schwarz-Schilling übereinstimmt, denn sein Anspruch war eher ein gestalterischer und zwar interessenbezogen, lassen wir den chinesischen Astrologen über den am 19. November 1930 Geborenen berichten:

„Er ist ein Pferd mit dem festen Element Metall und dem veränderlichen Element Feuer. Alle anderen Ergänzungen mögen mir als Laien zunächst unwichtig sein.

Abenteuer: Das Pferd ist ständig unterwegs, vorausgesetzt, die Wege führen es in fremde Gegenden und die Reise geht schnell weiter. Jede Begegnung mit einem Hindernis ist ihm verhasst. Das Leben des Pferdes muss voller Aufregungen sein und es setzt alles daran, sich welche zu schaffen, sei es im praktischen Leben oder im Gefühlsleben.

Ambitionen: Sein größter Ehrgeiz wird sein, das Spiel unverzüglich zu gewinnen. Es ist alles unerwünscht, was seine Freiheit einschränken könnte, und während es im vollen Galopp weiterjagt, muss es lächeln, wenn es an Menschen denkt, die gefangen bleiben im goldenen Käfig der Mächtigen.

Beruf: Dank seiner Gewandtheit in Sprachen kann sich das Pferd überall zu Hause fühlen und kann in Handel und Verhandlung ein hervorragender Geschäftsmann sein. Das Pferd will es mit mehr als einer Karriere aufnehmen, doch reizen kreative Berufe besonders.

Fehler: Das Pferd möge seine Verletzlichkeit niederhalten und das Folgende akzeptieren, denn es ist egoistisch, aufsässig, ungeduldig, ein Lästermaul, unbarmherzig und gierig.

Intelligenz: Das Pferd besitzt große praktische und intuitive Intelligenz. Langes Studieren geht ihm auf den Geist, denn es möchte die Gärten der Welt lieber selbst entdecken.

Mut: Wenn das Pferd Mut besitzt, so merkt es selbst davon nichts. Seiner eigenen Ansicht nach folgt es lediglich seinem Instinkt, der es immer weiter und weiter treibt. Doch wird es sich niemals zu Tollkühnheit und Leichtsinn hinreißen lassen, da ihm sein Leben mehr wert ist als seine Ehre."

Der chinesisch-astrologische Ausschnitt dürfte meines Erachtens für die Beschreibung der Persönlichkeit von Herrn Dr. Schwarz-Schilling vieles ableiten lassen, ja größtenteils zutreffen. Zumindest dürfte er anstelle wortgewaltiger Beschreibungen nachhaltiger sein.

Doch eines möchte ich noch anmerken: Sein selbstloser Einsatz, sein Engagement in Bosnien-Herzegowina hat für mich in der Beurteilung des Menschen Dr. Schwarz-Schilling einen außerordentlichen Stellenwert, höher als vieles andere, weil es Humanität, menschliche Größe, Überzeugungskraft und Mut beweist! Dem gilt mein besonderer Glückwunsch.

Ich wünsche Herrn Dr. Schwarz-Schilling für sein weiteres Leben alles Gute!

Klaus Harisch

Vorstandsvorsitzender der TELEGATE AG, München

Wenn die Vorgabe für diesen kleinen Beitrag gewesen wäre, Herrn Dr. Christian Schwarz-Schilling mit einem einzigen Wort zu beschreiben, so wäre mir das wahrscheinlich leichter gefallen, als viele es glauben mögen. Es gibt nämlich eine Eigenschaft, die Herrn Dr. Schwarz-Schilling zum Unternehmer und Politiker gemacht hat:

Er ist Visionär!

Ich kann mich noch sehr gut daran erinnern, als ich mit 28 Jahren meine Tätigkeit als Assistent bei der Dr. Schwarz-Schilling & Partner GmbH begann, der gesamte Mobilfunk noch in den Kinderschuhen steckte und viele darüber sinnierten, Gutachten erstellten etc., ob denn der Mobilfunk im Jahre 2000 400.000, 800.000 oder vielleicht verrückterweise 8 Millionen Teilnehmer haben würde.

Es bleibt für mich auch in ewiger Erinnerung, mit welcher Überzeugung Herr Dr. Schwarz-Schilling die Meinung vertrat, dass irgendwann Mobilfunk für jeden verfügbar sein sollte und auch verfügbar sein wird. Heute wissen wir, dass er nicht nur mit dieser Vision Recht behalten sollte (wir haben mittlerweile in Deutschland 20 Millionen Mobilfunkteilnehmer und das Jahr 2000 ist noch nicht abgelaufen).

Aber auch vor meiner Zeit war diese Eigenschaft des Visionärs immer wieder durchgeschlagen. Ob die Einführung des Privatradios, des Privatfernsehens oder der Aufbau des vielzitierten Kabelnetzes, die anscheinend zum damaligen Zeitpunkt für völlig sinnlos gehalten wurden; heute haben die Kabelnetze der Deutschen Telekom ihren Wert vervielfacht und Privatradio und Privatfernsehen sind aus unserem Leben nicht mehr wegzudenken.

Wenn der Glaube an etwas Berge versetzen kann, so hat der Glaube von Herrn Dr. Schwarz-Schilling eine andere Telekommunikations- und Rundfunkweit geschaffen und die Berge von Problemen, die mit diesen Veränderungen einhergingen, im wahrsten Sinne des Wortes versetzt und zur Seite geschafft.

Ich bin ihm heute dankbar dafür, gelernt zu haben, an Visionen zu glauben und an deren Verwirklichung zu arbeiten. Sicher könnte ich noch über viele positive oder negative Eigenschaften aus der engen Zusammenarbeit mit Herrn Dr. Christian Schwarz-Schilling berichten, über seine permanente Unpünktlichkeit ebenso wie über sein unumstößliches Vertrauen in seine Mitarbeiter. Doch letztendlich hatten die Menschen, die schon seit Hunderten von Jahren die Welt veränderten, eines gemeinsam: Es waren Visionäre.

Ich danke Herrn Dr. Christian Schwarz-Schilling und seiner Familie für das in mich gesetzte Vertrauen und freue mich, ihm heute zu seinem 70. Geburtstag gratulieren zu können. Dabei hoffe ich auf noch viele weitere Visionen, die Wirklichkeit werden.

Mit den allerbesten Glückwünschen

Ihr Klaus Harisch

Karl Günther von Hase

ZDF-Intendant a. D.

Christian Schwarz-Schilling ist einer der profiliertesten, unabhängigsten und gebildetsten Abgeordneten des Deutschen Bundestages. Ich habe ihn 1977 im Zusammenhang mit der Intendantenwahl des ZDF kennen gelernt. Ich war seit sieben Jahren Botschafter in London und sollte als Botschafter zur Europäischen Gemeinschaft nach Brüssel versetzt werden. Schwarz-Schilling, damals Generalsekretär der hessischen CDU und im ZDF-Fernsehrat Vorsitzender des Ausschusses für Politik und Zeitgeschehen, den ich bisher persönlich nicht kennen gelernt hatte, verabredete etwa 14 Tage vor der Intendantenwahl ein Treffen mit mir. Ich hatte erfahren, dass es dabei um die Möglichkeit meiner Kandidatur für den Intendantenposten gehen würde. Dass man mich als einen „Außenseiter" in Erwägung zog, hing mit der Erwartung zusammen, dass die anderen qualifizierten Bewerber um den Intendantenposten nicht die, nach dem ZDF-Staatsvertrag nötige 3/5-Mehrheit des Fernsehrates erreichen würden. Schwarz-Schilling schilderte mir diese Situation und erläuterte, er würde meine Kandidatur erst einbringen, wenn vorausgegangene Wahlgänge gescheitert wären und kein Gegenkandidat aufgestellt würde.

Mein Entschluss zu kandidieren war für mich nicht leicht. Meine Zustimmung - nach Bedenkzeit - hing wesentlich davon ab, dass sich in den Vorbesprechungen ein gegenseitiges Vertrauensverhältnis zu Schwarz-Schilling ergab. Am 12. 3. 1977 wurde ich im 7. Wahlgang mit 55 Stimmen bei 2 Enthaltungen und 5 Neinstimmen gewählt. Die Presse kommentierte: „Schwarz-Schilling hat für den Intendantenposten einen Hasen aus dem Zylinder gezaubert."

Während meiner Intendantenzeit hat Schwarz-Schilling mir bei keiner Gelegenheit das Gefühl gegeben, er erwarte wegen seiner erfolgreichen Hilfestellung bei der Wahl die Möglichkeit einer Einflussnahme bei personellen und das Programm betreffenden Entscheidungen des ZDF. Schwarz-Schilling war ein engagierter Verfechter der Zulassung des privaten Fernsehens. Meine Sorge galt der Modernisierung und dem Fortbestand des öffentlich-rechtlichen Rundfunks, wir haben persönlich und sachlich gut und vertrauensvoll zusammengearbeitet. 1982 wurde Schwarz-Schilling Bundesminister für das Post- und Fernmeldewesen. Ich war aus dem ZDF Anfang 1982 nach Erreichen der Altersgrenze ausgeschieden. Wir haben uns aber nicht aus den Augen verloren. Ich hatte Gelegenheit, ihn nach der Wende Anfang der 90er Jahre in Potsdam zu begrüßen, als er anlässlich der Einweihung des Glockenspieles der Potsdamer Garnisonkirche das Wort ergriff und u. a. in ernsten Worten schilderte, welchen Verfolgungen seine aus Polen stammende Mutter in Deutschland in der NS-Zeit ausgesetzt war. Nichts kennzeichnet Charakter, Entschlossenheit und Engagement von Schwarz-Schilling besser als sein Entschluss, 1992 nach zehn kreativen Jahren als Bundesminister das Kabinett zu verlassen. Er wollte damit gegen das „Nichtstun" angesichts der unter dem Bürgerkrieg im ehemaligen Jugoslawien leidenden Menschen protestieren. Diese Entscheidung stieß in weiten Teilen der deutschen Bevölkerung auf Zustimmung. Schwarz-Schilling hat dann Kärrnerarbeit in Jugoslawien geleistet. Die „FAZ" schrieb, innerhalb zweier Jahre habe er sich dort als einer der „am meisten respektierten europäischen Politiker einen Namen gemacht".

Hans-Olaf Henkel

Präsident des BDI

Zu Christian Schwarz-Schilling fällt jemandem, der wie ich aus der Wirtschaft kommt, natürlich die Liberalisierung unseres Post- und Fernmeldewesens ein. In der Tat - wir erinnern uns noch der „Postkommission 1"! Es blieb einem Minderheitsvotum von Tyll Necker, meinem Vorgänger im Amt des BDI-Präsidenten, und des Commerzbank-Vorstandes Jürgen Terrahe vorbehalten, klar zu machen, was wir wirklich brauchten. Minister Schwarz-Schilling hat dann nicht das Mehrheits-, sondern das Minderheitsvotum in die Tat umgesetzt! Übrigens, selbst die Vorreiter und Vorbilder in Sachen Privatisierung, die Vereinigten Staaten, haben das U. S. Post Office bis heute nicht angerührt. Dort gibt es ihn noch, den Postmaster General.

Als „Postminister" habe ich Christian Schwarz-Schilling kennen gelernt. Aber er war eben viel mehr. Heute, nach fünfjähriger Erfahrung in einem Amt, welches mich das Innenleben vieler Politiker ziemlich genau wahrnehmen lässt, kann ich sagen: Ich kenne keinen Politiker, der ein derart breites Interessenfeld hat wie Christian Schwarz-Schilling.

Beispielhaft dafür mag ein Abendessen sein, zu dem der Luxemburgische Botschafter und seine Frau in Bonn zu Ehren des Ehepaares Schwarz-Schilling eingeladen hatten, und an dem ich teilnehmen durfte. Da wurde erst einmal ein kleines Konzert gegeben. Die dargebotene Musik war vom Komponisten Schwarz-Schilling. Gesungen hatte die Frau des Botschafters, am Klavier begleitet von ihrem Mann. Es gab erlesene chinesische Küche, eine Reverenz an den Sinologen Schwarz-Schilling. Als Andenken bekam schließlich jeder Gast einen Satz Luxemburger Sonderbriefmarken - Hinweis auf den Aufgabenbereich des damaligen Ministers.

Dann war Christian Schwarz-Schilling natürlich als einer der wenigen Unternehmer im Bundestag. Er war einer, der nicht nur mit dem Schlagwort „Mittelstand" auf den Lippen herumlief, sondern aufgrund eigener Erfahrungen als Mittelständler die Wirtschaftspolitik mit gestaltete.

Schwarz-Schilling ist auch Außenpolitiker, und zwar einer, der ohne Rücksicht auf parteiinterne Positionen seine persönlichen Konsequenzen gezogen und entscheidende Impulse im Balkankonflikt gegeben hat. Und er ist ein unabhängiger, mutiger und kritischer Geist in einem manchmal erdrückend übermächtigen Umfeld.

Unternehmer, Sinologe, Musikliebhaber, Außenpolitiker, Wirtschaftsfachmann, Christdemokrat und Patriot: Das verbinde ich mit Christian Schwarz-Schilling.

Hamdija Kabiljagic

Rechtsanwalt, ehem. Bürgermeister von Bihac

Hätte Bosnien mehr Freunde, Humanisten, ehrliche und rechtschaffene Menschen gehabt, die bereit gewesen wären, sich für das Wohl des Menschen und das Überleben eines Volkes und eines Landes zu opfern, wäre der Krieg, der das Land heimsuchte, wahrscheinlich kürzer gewesen, die Opfer und die Folgen des Völkermordes geringer.

Zum Glück hatte Bosnien einen Freund wie Christian Schwarz-Schilling.

Nur ein Mensch, der in seiner Kindheit die Kriegsschrecken in Dresden überlebt hat, konnte rechtzeitig einen neuen, unüberschaubaren Völkermord mitten in Europa in einer kleinen Region namens Bosnien, wo die Menschlichkeit zugrunde ging und beinahe der Mensch ausgelöscht wurde, erkennen. Während sich sogar die Vereinten Nationen und andere mächtige Weltorganisationen, die sich nach dem 2. Weltkrieg verpflichteten, die Menschheit vor neuen Zerstörungen zu bewahren, in den Netzen der Einzelinteressen verfangen haben und dem kleinen, schwachen bosnischen Volk die Hände gebunden und mit dem Embargo sogar das Recht auf Verteidigung genommen haben, und während sich so die Mächtigen gegenüber dem Geschehen in Bosnien blind stellten und sich sogar selbst daran hinderten, ein Srebrenica zu verhindern, erhob ein einzelner Mensch namens Christian Schwarz-Schilling zusammen mit wenigen Gleichgesinnten seine Stimme zum Zeichen des Protestes gegen die Mächtigen, verzichtete zum Zeichen der menschlichen Solidarität auf seinen Ministersessel, dies alles im Bestreben, das Bewusstsein und die Aufmerksamkeit der Mächtigen zu wecken, um die kollektive Tragödie eines Volkes wenigstens abzumildern, wenn die Mächtigen sie schon nicht in ihren Ursprüngen verhindern wollten.

Ich erinnere mich an die schlimmsten Tage in einem großen Konzentrationslager mitten in Europa, genannt Kreis Bihac, dessen Umzäunung nicht aus Stacheldraht, sondern aus Artillerie und anderen konventionellen Waffen einer ehemals bedeutenden europäischen Militärmacht bestand. Nur das Glück entschied damals darüber, ob man lebendig und im eigenen Bett aufwachte, denn die Granaten trafen fast jedes Haus: schließlich erforderte die ethnische Säuberung, die für die Aggressoren auf dem Gebiet Bosnien und Herzegowinas das Ziel war, soviele Opfer wie möglich innerhalb des angegriffenen

Bosnien, in unserem Fall war es der eingekesselte Bihacer Kreis, in dem sich damals 90 % der bosniakischen Bevölkerung aufhielt.

Gedacht war es so, daß alle, die nicht den Granaten und anderen Waffen zum Opfer fallen, ausgehungert werden und wahrscheinlich sollten alle, die nach dem Einmarsch - wie in Srebrenica - die Granaten und den Hunger überlebt hatten und morgen den Wunsch äußern könnten, ein sicheres Heim und einen sicheren Staat, genannt Bosnien und Herzegowina, haben zu wollen, abgeschlachtet werden.

In so einer unvorstellbaren Hölle, als wir uns von allen verlassen fühlten, als wir schon fast dachten, dass der ganze Westen unser Feind ist - denn wie sonst konnte man soviel Gleichgültigkeit angesichts der Qualen und des langsamen Sterbens der Opfer begreifen und rechtfertigen -, waren Sie, Herr Schwarz-Schilling, für mich das leuchtendste Beispiel eines Humanisten, der die Hoffnung weckte, dass die Welt nicht zulassen werde, dass diese Tragödie abgeschlossen wird und ihr eigenes Prinzip in den Schmutz gezogen wird.

Ihr Einsatz für Bosnien und Herzegowina und seine loyalen Bürger drang in der beschriebenen Situation bis nach Bihac vor. Und siehe da, zum ersten Mal konnte ich während meines persönlichen Beitrags zur Verteidigung erfahren, dass jemand mit soviel Einfluss persönlich anruft und fragt: „Wie kann man am effektivsten und schnellsten der bedrohten Bevölkerung helfen?"

Ich erinnere mich an ein Treffen mit Herrn Schwarz-Schilling, bei dem ich mich für die geleistete Hilfe für den Kreis Bihac und die eingekesselte Bevölkerung bedankte, als ich persönlich an einer Demonstration in Bonn gegen den Angriff auf und für die Unterstützung für Bihac teilnahm; dabei habe ich mich auch bei Ihrem Freund, Herrn Duve, bedankt (ich konnte damals seinen Namen nicht korrekt aussprechen und weiß auch nicht, ob ich es heute kann). Damals rief mich der Außenminister, Herr Ljubijankic, an, um mir mitzuteilen, dass sich bei dieser Demonstration ein großer Freund Bosniens namens Christian Schwarz-Schilling befindet; er konnte nicht wissen, dass ich Sie dank Ihrem unmittelbaren Kontakt und Ihrem Wirken anläßlich verschiedener Hilfsaktionen im eingekesselten Bihac schon vorher gehört hatte und Ihren Großmut kennenlernen konnte.

Für das, was Herr Schwarz-Schilling als Mensch für den Staat Bosnien und Herzegowina und für Bihac geleistet hat, kann man schwer die passenden Dankesworte finden; es ist schwer alles aufzuzählen, aber es gibt hierüber schriftliche Unterlagen und frische Erinnerungen der vielen Mitarbeiter.

Um nicht das Wesentlichste auszulassen, denn seit langem befinde ich mich nicht im Zentrum der politischen Ereignisse, würde ich lieber auf die beeindruckenden Kontakte mit dem großmütigen Menschen, der Herr Schwarz-Schilling ist, eingehen. Er verdient einen hervorgehobenen Platz, eine Ehrenbürgerschaft, gar eine doppelte bosnische Staatsbürgerschaft, da er sich seinerzeit wie ein wahrer Bosnier, gar mehr als dies, verhalten hat.

Das habe ich persönlich zu würdigen gewusst und das habe ich betont, indem ich ihn zusammen mit Stefan Schwarz für die höchsten Anerkennungen und Auszeichnungen vorgeschlagen habe, was von der Bezirksversammlung und vom Präsidium der Republik Bosnien und Herzegowina angenommen wurde.

Gewöhnt daran, dass alles, was gut war für Bihac und aus Deutschland stammte, von Herrn Schwarz-Schilling kam, war ich angenehm von der Erkenntnis überrascht, daß es einen weiteren Humanisten namens Schwarz gab, in diesem Fall jedoch mit Vornamen Stefan.

Als die gesamte Region von Bihac und die Stadt selbst im wahrsten Sinne des Wortes niedergerissen wurde und in Flammen lag, bot er in ähnlicher Art und Weise an, die ganze Welt über die Zerstörung in Bosnien und das Unglück seiner loyalen Bürger zu informieren.

Ich dachte, es handelt sich um ein und dieselbe Person, was ich Ihnen, Herr Schwarz-Schilling, in einem Telefongespräch auch mitgeteilt habe. Dank Ihnen beiden hatte ich die Ehre und Gelegenheit, über die damalige Lage in Bihac die Herrschaften Kohl, Kinkel, Thatcher, Albright und andere zu informieren. Dank Ihnen und Ihren Mitarbeitern erschienen in diesem Gebiet zum schwierigsten Zeitpunkt - wie helfende Augen der Menschheit - die Journalisten Van Lindeni von CNN und Edwin Hekenbühler vom ZDF. Sie haben in Wort und Bild als neutrale Augenzeugen die ganze Welt mit Informationen versorgt, so dass das, was diverse Aggressoren Bosnien und Herzegowina und seinen loyalen Bürgern, insbesondere den Bosniaken, jahrhundertelang angetan haben, wobei sie nur Tote und Asche ohne historische Beweise hinter sich ließen, sich nicht wiederholen kann, denn diesmal haben die Journalisten geholfen, dass die Greueltaten erneuter Aggression dokumentiert wurden, so dass sich die Geschichte in Bosnien nicht in der Form wiederholen kann, dass zukünftige Generationen der Fehlinformation erliegen, nämlich dass das Opfer eine Gefahr für den Balkan und ganz Europa darstellte und selbst den Völkermord an sich und anderen begangen hätte.

Es ist paradox, dass Sie selbst als Mensch mit anderer Herkunft und höherer Position dasselbe getan haben wie ich, der sein eigenes Leben, das seiner Angehörigen und das seines Volkes rettete, indem wir uns für die effektive Durchsetzung der UN- Resolutionen in Bosnien einsetzten, wenigstens derjenigen, die dem Schutz der Zivilbevölkerung vor dem Völkermord dienen, sollte auch dies nicht möglich sein, dann wenigstens in jenem Teil Bosniens, in welchen in internationalen Lagern, den sog. Schutzzonen (Bihac, Gorazde und Srebrenica), durch Massenmorde und Aushungerung, auf grausamste Art und Weise Zivilisten umkamen oder dahinsiechten. Dem gesunden Menschenverstand erschien es unbegreiflich, daß die internationale Gemeinschaft so lange wirkungslos war, vor allem, wenn bekannt ist, dass Bihac stellenweise vom freien Teil des kroatischen Territoriums per Luftlinie weniger als 20 km entfernt war. Während die andere „Schutzzone“, Republika Srpska Krajina, effektiv von der übriggebliebenen Weltmacht, der grossserbischen Armee, der früheren Jugoslawischen Volksarmee und den UNPROFOR-Einheiten geschützt wurde. In dieses Gebiet gelangte problemlos die humanitäre Hilfe, obwohl keine Notwendigkeit hierfür bestand, denn die feindliche Armee behielt neben den Waffen der Jugoslawischen Volksarmee auch Kriegsreserven, bestehend aus Lebensmitteln und Bekleidung, was für zehn Kriegsjahre augereicht hätte.

Von dieser wirklich geschützten Zone aus startete die feindliche Armee 1994 die heftigsten Angriffe gegen Bihac. Damals befand sich Bihac im Sterben. Die Aktivitäten von Herrn Schwarz-Schilling retteten im wahrsten Sinne des Wortes Bihac, in dem er an die Humanität, das internationale Recht und die ausgerufenen Ziele in der Welt und in Westeuropa, die missachtet und nicht rechtzeitig geschützt wurden, appellierte; Bihac wurde nämlich von den Unterzeichnern auch auf diesem Gebiet nicht geschützt.

Ich möchte mit dieser Erinnerung persönlich und im Namen aller Bürger dieses Gebiets, für das Sie sich selbst eingesetzt haben, jener Tage gedenken und auch Herrn Manfred Wörner und seiner Ehefrau für das Geleistete danken, wobei ich dank Herrn Schwarz-Schilling die Ehre hatte, diese persönlich zu begrüßen.

Bei der ersten Gelegenheit kamen Sie zusammen in die Stadt Bihac, um mit Ihrer Anwesenheit dieses Volk in seinem Bestreben zu ermutigen, in diesen Gebieten auszuharren und die notwendigsten Lebensbedingungen zu erneuern. Ich erinnere mich an Ihren Aufenthalt in Bosanska Krupa und an Ihre menschliche Geste, als ich ein wenig beschämt war, weil wir Sie als unseren Gast in Ruinen und Holzhütten bewirtet hatten, und Sie mich beim Anblick von Bosanska Krupa, einer der drei am meisten zerstörten Städte in Bosnien, trösteten; ebenso mit Ihrer Bemerkung, Sie seien froh, dass ich Ihnen die ungeschönte Wirklichkeit zeige und dass Sie uns verstehen, denn das Gesehene erinnere Sie an Ihre Kindheit, an die gefrorene Nase, als Sie nach den Kriegsschrecken in Dresden mit Ihren minderjährigen Brüdern und Schwestern in einer kalten Ruine überwinterten, ohne die Möglichkeit sich aufzuwärmen, außer mit einer Decke, die nicht für alle reichte. Diese Geschichte grub sich tief in meine Erinnerung ein und beeindruckte mich, aber sie gab mir auch die Kraft, zahlreiche persönliche Probleme nach dem Krieg auszuhalten und die Menschen um mich herum zu ermutigen.

Es tut mir leid, dass ich als ein Bürger Bosniens Ihnen und den wenigen mit Ihnen vergleichbaren Freunden Bosniens nicht - wie ich es wünschen würde - auf eine andere Weise als mit Worten danken kann, aber auch hierfür haben Sie angesichts meiner Möglichkeiten und meiner gegenwärtigen Lage sicherlich Verständnis.

Meine Bewunderung gilt Ihnen als Mensch, Kosmopolit und auch all Ihren Mitarbeiten, an die ich mit schönen Erinnerungen aus den schwierigsten Tagen zurückdenke. Meine Bewunderung erstreckt sich auch auf das, was Sie getan haben und immer noch für die bedrohten Völker in Tschetschenien, Tibet, Kosovo und überall dort tun, wo die Menschlichkeit versagt.

Ich wünsche Ihnen alles Gute, Kraft, vor allem aber Gesundheit und guten Willen, standhaft zu bleiben.

Ermutigen und helfen Sie den Kräften in und außerhalb Bosniens, damit in ihnen erneut Kosmopolitismus, Demokratie und Toleranz erweckt werden und damit alle drei Völker konstitutiv auf dem ganzen Territorium Bosniens werden, damit der Staat erstarkt und die Kräfte fähig werden, das tausendjährige Bestehen zu bewahren, so dass es wenigstens so wird wie vor der Aggression, daß die Völker angstfrei zusammenleben und nicht nebeneinander, wie es ihnen zur Zeit angeboten wird.

Schließlich gratuliere ich Ihnen, auch im Namen all meiner und Ihrer Freunde, aus ganzem Herzen zum 70. Geburtstag. Ich wünsche Ihnen ein noch langes Leben und dass Sie Ihren Großmut in Glück und Zufriedenheit vermehren.

Norbert Kartmann

Vorsitzender der CDU-Landtagsfraktion Hessen

Es war in den späten Abendstunden eines Mai-Tages 1975, als bei mir zu Hause das Telefon klingelte und sich am anderen Ende der Leitung eine Stimme meldete: „Hier Schwarz-Schilling, Sie wissen, wer ich bin?" Da die Telefonsitzbank in unmittelbarer Nähe stand, fand ich schnell Halt. Ich, der damals 26-jährige stellvertretende Vorsitzende eines kleinen Stadtverbandes in der Wetterau, hatte den Generalsekretär der hessischen CDU an der Strippe - und das um 23. 00 Uhr, mitten in der Nacht. Ich lernte sehr bald, mit diesen mitternächtlichen Anrufen Christian Schwarz-Schillings umzugehen. Er lebte - und lebt - seine Tageszeiten anders als ich. Und ich gebe zu: Ich habe vieles von ihm gelernt, nur dieses habe ich mir nicht angewöhnt, nämlich nachts zu telefonieren.

Jener erste Anruf aber war der Beginn einer bis heute andauernden intensiven politischen Zusammenarbeit und schließlich einer sehr engen Freundschaft. Doch damals? Der hessische CDU-Generalsekretär rief mich an - mich. Als ich auflegte, sortierte ich meine sechs Sinne, und da ich hellwach war, war mir schnell klar, dass dieser Anruf Wirklichkeit war.

Damals ging es um die Frage, ob ich befürworten könnte, dass er Bundestagskandidat werden wolle. Ich brauchte nicht lange zu überlegen, denn meine Position war schon auf Grund der Diskussionen in meinem Stadtverband und in der Wetterauer JU über die seinerzeitige Mandatschaft von Kühlmann-Stumm, der 1972 „von oben" in den Wahlkreis empfohlen worden war, geprägt. Wir Jüngeren waren ohnehin für eine personelle Veränderung, und so kam die Absicht Schwarz-Schillings uns geradezu entgegen.

August 1976. Schwickartshausen - ein kleines Dorf im Vogelsberg, Stadtteil von Nidda. Wir waren mit Schwarz-Schillings Wahlkampf-Team auf Tour. Canvassing-Stand um 17.00 Uhr. Ich organisierte alle Außentermine, ein Wahlkampfleiter war für alles verantwortlich, auch für unsere Materialversorgung. Mehrere Anforderungen hatten allerdings nicht geholfen, denn an diesem Abend waren wir materialmäßig ausgebrannt: keine Autogrammkarten mehr, keine Kleinwerbemittel, nichts. Als ich dies dem Kandidaten mitteilen musste, putzte er mich und mein „Außenteam" gehörig runter. Äußerst gehörig sogar. So gehörig, dass ich es wagte, mich auch für das Team ebenso gehörig zu wehren. „So können Sie mit uns nicht umgehen..."

- „Wir sind nicht Ihre Angestellten in Ihrem Unternehmen..." - „Sie sollten zumindest erst mal fragen..." oder „So etwas muss ich mir nicht gefallen lassen, ich kann sofort aufhören." Wortlos drehte sich Schwarz-Schilling um, ging zu der naheliegenden Telefonzelle, telefonierte kurz und teilte mir danach lapidar mit, dass um 19.00 Uhr eine Besprechung des gesamten Wahlkampfteams im Bürgerhaus in Büdingen stattfinden werde. Sprach's und fuhr von dannen.

Was hatte ich angerichtet? Ich erschrak vor mir selbst und teilte den „Gefährten" mit, dass nun wohl unsere letzte Wahlkampfstunde geschlagen habe. Andererseits war ich innerlich eher zufrieden damit, dass ich mich gewehrt hatte, denn Schuld an der Situation hatte ich wahrlich nicht. Um 20 Uhr wusste ich dann, wer Schwarz-Schilling war: klar denkend und konsequent. Der bisherige Wahlkampfleiter wurde von seiner Gesamtverantwortung entbunden, sie wurde mir und dem Team zugewiesen. Danach lief, jedenfalls aus Sicht der Beobachter, alles reibungslos. Vor allem: Christian Schwarz-Schilling zeigte sich in einem Maße als „Team-Worker", wie wir „Kleinen" dies von diesem aus unserer Sicht „Großkopferten" nicht dachten.

Zwei Episoden aus den Anfangszeiten meiner Bekanntschaft mit Christian Schwarz-Schilling. Heute und rückblickend bleibt bestehen, dass gerade dieser Anfang so wesentlich die enge Beziehung zwischen ihm und mir geprägt und gefördert hat. Es ist mehr nur als „Parteifreundschaft". Es ist ein Höchstmaß an gegenseitigem Vertrauen und Verlässlichkeit, welches gerade in der Politik so wertvoll und wichtig ist. Auch in schwierigeren Zeiten, wenn ich beispielsweise auf die letzten 10 Jahre zurückblicke, in denen wir auch in der einen oder anderen Sachfrage anderer Meinung waren.

Christian Schwarz-Schilling war und ist ein Vorbild an Geradlinigkeit und Festigkeit. Er hat immer in die Zukunft gedacht und er war damit vielen in der Politik immer weit voraus. Er hat sich an seinen Grundsätzen orientiert, „verbiegen" kennt er nicht. Und politisch ist er ein Christdemokrat durch und durch. Von ihm lernen zu können, ist ein Stück Privileg; so zu denken und zu handeln wie er, ist ein ehrgeiziges Ziel, nur einen Teil davon zu erreichen, ist ein Erfolg. Spätestens, als es sich fügte, dass mir ab 1991 - wie ihm Anfang der siebziger Jahre - die Aufgabe des bildungspolitischen Sprechers der CDU-Fraktion im hessischen Landtag übertragen wurde, wurde mir dieses in seiner ganzen Dimension klar. Und so gilt, für mich und viele schmerzlich, für Christian Schwarz-Schilling tröstlich, was Pablo Picasso so ausdrückte: „Unter den Menschen gibt es viel mehr Kopien als Originale".

Heinrich Kernebeck

Geschäftsführer Carat-Media-Service, Wiesbaden

Mein lebhaftes Interesse an Christian Schwarz-Schilling, noch bevor wir einander kennen lernten, wurde durch dessen Engagement für die Einführung privaten Hörfunks, privaten Fernsehens geweckt. Das alles begann mit dem Kabel-Pilotprojekt Mannheim-Ludwigshafen - ich erinnere mich: eine Katastrophe! Freilich nicht wegen der Bemühungen dessen, der privates Fernsehen in Deutschland etabliert sehen wollte. Nein, gewisse Mitverantwortliche hatten das Projekt so angelegt, dass es scheitern musste! Uns allen war klar: Sozialdemokratische Medienexperten wollten den Privatfunk verhindern; infolgedessen waren sie übereifrig bemüht, ihn schon bei der Erprobung zu diskreditieren. Schwarz-Schilling trat in jenen Jahren als streitbarer Befürworter einer privaten Konkurrenz zu den öffentlich-rechtlichen Rundfunkanstalten auf, ja als ein wahrhafter Kämpfer für mehr Freiheit, mehr Auswahl und größere Vielfalt des elektronischen Medienangebots. Das hat mich tief beeindruckt. Denn der langjährige Medienpolitiker der CDU/CSU-Bundestagsfraktion und nachmalige Postminister hat sich - was ihm inzwischen sogar die meisten seiner einstigen Gegner zugestehen - dadurch ein historisches Verdienst erworben. Seine Standfestigkeit und sein weit blickender Mut, allen Anfeindungen zum Trotz, geben Zeugnis von einem politischen Menschen, der ein nicht eben alltägliches Format besitzt. Ich darf sagen, dass gerade unser Unternehmen und seine rund 350 Mitarbeiter genauso von der Privatisierung des Fernsehens durch unsere Arbeit als Mediaplaner profitieren wie das Fernsehen selbst. Das war eine spannende Zeit, zugleich mühsam, aber doch lohnend! Schwarz-Schilling wurde ein Wegbereiter, einer, der weiter dachte als viele seiner politischen Weggefährten, der sich verspotten lassen musste und gleichwohl das berühmte Licht am Ende des Tunnels entdeckte! Seine Unabhängigkeit, seine unternehmerische Entschlusskraft und seine Streitbarkeit - auch dem Kanzler gegenüber - waren und bleiben auch im Nachhinein bewundernswert. Beispiel: Die lange Zeit so heftig von der Opposition verteufelte Verkabelung! Sie hat sich unterdessen als ein technischer Segen herausgestellt, wie es Schwarz-Schilling von Beginn der Entwicklung zur Vervielfachung des Medienangebots im elektronisch unterentwickelten Industriestaat Deutschland vorausgesagt hatte. Noch in jüngster Vergangenheit konnten mit dem Verkauf von Netzkapazität infolge flächendeckender Verkabelung des Landes Milliarden erwirtschaftet werden. Diese Infrastruktur ist beispielhaft, dank Schwarz-Schilling.

Eine hübsche Anekdote ist mir noch erinnerlich, nachdem ich ihn kennen gelernt hatte: Nach dem Ball des Sports gab es ein festliches Essen mit Show in der berühmten „Ente vom Lehel“ in Wiesbaden. Schwarz-Schilling war während der Show zu einem Akrobatenstück aufgefordert worden. Er musste mit zwölf Schwertern einen Umzugskarton durchstechen, in dem sich der wohlbeleibte Zauberer verborgen hatte - zum Entsetzen von Ehefrau Marie-Luise, die ihrem Christian nur mit großer Überwindung dabei zuschauen mochte. Es ging alles gut, und man konnte wieder aufatmen. Bei der Tombola zog der Postminister ein Gewinnlos für ein prächtiges Briefmarkenalbum; wir haben alle furchtbar lachen müssen. Roberto Blanco gewann bei dieser Gelegenheit - o seltsame Fügung! - eine Selbstbräunungscreme, von der er absolut überzeugend behauptete, sie dringend zu benötigen! Es war ein sehr vergnügter Abend. Seltsamerweise gewann der ‘Herr der Briefmarken’ im Jahr darauf wiederum ein solches Album. Das haben wir dann, sein Einverständnis voraussetzend, in seiner Abwesenheit einem caritativen Zweck zugeführt - er hätte es bei seinem ausgeprägten Sinn für Sparsamkeit womöglich doch noch aufheben wollen...

Lee Knauer

Rechtsanwalt, USA

As a practicing attorney for over 35 years, who has been involved in international telecommunications and privatization efforts throughout the world and one whose forebearers came to the United States from Dresden, Germany, I am honored to pay homage to Dr. Christian Schwarz-Schilling, a world leader with whom I have been associated in various endeavors for over a decade.

Dr. Schwarz-Schilling is a distinguished parlamentarian, respected world leader in attempting to bring peace and justice to various regions of the world, the architect of the telecommunications reformation which has occurred in Germany, and a respected confidante of business leaders in Europe, the United States and elsewhere.

Dr. Schwarz-Schilling is also a scholar on Chinese history, a philosopher, a student of classical music, and a storyteller with an engaging sense of humor.

More specifically, Dr. Schwarz-Schilling capably served as the Minister of Posts and Telecommunications from 1982 to 1992 - a period in which the telecommunications environment in Germany was transformed into one of the most dynamic and competitive in the world. Dr. Schwarz-Schillingís ten-year tenure as Minister is most impressive because, by way of comparison, a Presidental appointee to a cabinet position is fortunate to serve for 4 years.

Dr. Schwarz-Schilling's most notable dedication, however, has been to assure continued peace in Bosnia and Herzegowina in his capacity as the International Mediator charged with the responsibility of forming a federation among the Croatians, Muslims and Serbs. The success thus far achieved is directly attributable to Dr. Schwarz-Schilling's formidable abilities to mediate disputes including the necessary attributes of objectivity, fairness and perseverance. He has invested much time, effort and personal expense in this challenging and frustrating process which has required his presence in Bosnia at least one of every six weeks for a number of years. I can personally attest to the respect of Dr. Schwarz-Schilling has generated among political leaders in the United States and among the various competing factions. I am also well aware that this good man has experienced personal tragedies in this noble effort, including the. untimely death in a helicopter accident of his dedicated assistant, Peter Backes.

Dr. Schwarz-Schilling's efforts as the architect of change in the telecommunications sector of Germany merit additional brief comments. In 1965 as the Minister of Telecommunications and the principal regulator of Deutsche Bundespost, Dr. Schwarz-Schilling established a commission headed by Professor Eberhard Witte of Munich University to make recommendations for the reform of the telecommunications industry in Germany. After much debate, the Witte Commission recommended that the telecommunications, postal and banking services be separated and that a newly created telecommucations entity, Deutsche Bundespost Telekom, be the monopoly provider for basic network and voice telephony services on a temporary basis. It also suggested that tariffs be brought more in line with costs and that a multitude of value-added services be open to competition. The recommendations of the Commission were generally accepted by Minister Schwarz-Schilling and thereafter by the German government.

With the acceptance of these recommendations, the transition of the telecommunications sector in Germany under Dr. Schwarz-Schillingís leadership began. The transition has continued on a progressive basis since. Many private entities, who have capitalized on the new competitive opportunities in Germany, are presently offering numerous telecommunications services.

Dr. Schwarz-Schilling recently commented on his efforts to expand services, reduce prices and otherwise accelerate the expansion of the competitive environment in the telecommunications sector in Germany. While welcoming the competitors who are establishing new services and innovative technologies in the fast growing German telecommunications marketplace, he cautioned that:

„There will be a need for a strong and impartial regulator in Germany for a long time in order to assure that the process is sucessfully completed."

This comment clearly establishes that Dr. Schwarz-Schilling is never totally satisfied; he constantly seeks perfection.

Over my carrer I have been privileged to represent national political figures, members of presidental cabinets, military offices and business leaders. Thus, I have some basis for comparison. Dr. Christian Schwarz-Schilling compares extremely well with each of these respected individuals and excels because of the wide diversity of his contributions for good over an extended period of time.

Ramo Kolar

Journalist bei der Tageszeitung „Oslobodjenje“, Sarajewo

Ich kann mich nicht mehr genau erinnern, wann ich anfing, mit ihm durch Bosnien zu reisen. War das Ende 1996? Oder Anfang 1997? Ein Anruf von Amela Dizdarevic - später erst wird Amela Curkovic anrufen -, es hieß, dass es nach Jajce gehen soll, eine Überfahrt ist schon organisiert, soll interessant werden usw. Na, man kann sich ja das Ganze mal ansehen, denke ich. Ich wurde bald mit dem Beauftragten bekannt gemacht. Als ich ihn sah, dachte ich: Du gehörst nicht nach Bosnien, du wirkst mir zu sanft.

Dieses „zu sanft“ und „gehört nicht nach Bosnien“ sollte mir erst viel später klar werden. Seiner politischen Philosophie schenkte ich keinen Glauben. Es schien mir, als ob er nicht genau wusste, in was er da geraten war...

Wir kamen in Jajce an. Ins Rathaus. Hier werden die Gespräche stattfinden. An dem Gebäude und in der ganzen Stadt hunderte von kroatischen Fahnen. Man hat das Gefühl, in Varazdin, einer Stadt in Kroatien zu sein; für denjenigen, der nicht weiß, wie eine alte bosnische Stadt aussieht. Eine Stadt, in der der mittelalterliche bosnische Staat 1465 fiel. Welch eine Symbolik, schoss mir durch den Kopf; ich war seit Kriegsende nicht mehr hier. Früher war ich ein häufiger Gast. Als ob Jajce ein zweites Mal gefallen ist...

Ich kannte die Spielregeln nicht. Die Journalisten sind nur dazu da, um Aufnahmen vom Gesprächsanfang zu machen und dann müssen sie raus. Dann die Aussagen der Akteure am Ende abwarten, und das war's. Lass uns doch ein wenig die Stadt besichtigen und in uns aufnehmen, mit den Leuten reden, schließlich sind wir nach fünf, sechs Jahren zum ersten Mal wieder hier.

Denkste!! Am Ausgang erklärt uns die lokale Polizei frech, dass nichts gefilmt werden darf. Dass in Jajce alles in Ordnung ist usw. Der Kameramann von TV-Bosnien und Herzegowina hätte beinahe eins auf die Nase bekommen. Am Eingang sage ich: „Wir gehen uns bei diesem Mediator beschweren, schließlich ist er gekommen, um Vorträge über Bewegungsfreiheit, Medienfreiheit, Rückkehr zu halten.“ Ich platze mitten in das Gespräch hinein. Alle starren mich an. Zu Amela sage ich, dass es Ärger gibt, und dass sie das übersetzen soll. Schwarz-Schilling schaut ungläubig. Sofort protestiert er bei dem anwesenden Polizeichef. Der behauptet, dass das unmöglich sei. Er bringt den Polizisten, der uns schikaniert hat. Der Junge zittert wie

Espenlaub, er hat Angst vor seinem Chef. Der staucht ihn fürchterlich zusammen nach dem Motto: die Journalisten können sich frei bewegen und warum behindert er sie in ihrer Arbeit. Zum Schreien beeindruckend, wenn man nicht wüsste, wie die Dinge wirklich stehen; der Chef hat ihm natürlich den Befehl gegeben, die Journalisten zu behindern.

„Die Journalisten müssen ihre Arbeit ausüben können", sagte Schwarz-Schilling, stehend, äußerst verärgert. „Wie sollen sich dann hier die Rückkehrer bewegen", fragte er die anderen und sich selbst.

Etwas haben wir gearbeitet, das Treffen dauerte zehn Stunden, wir saßen im Gang und bekamen am Ende die Erklärungen. Den ganzen Tag hatten wir nichts gegessen. Er bekam, ich hab es gesehen, ein kleines Sandwich! Da ich während des Treffens die Teilnehmer der bosniakischen Seite in diesen Gesprächen über die Rückkehr kennengelernt hatte, baten sie mich, den Herren ins Café zu bringen, damit sie ihn einladen und besser kennenlernen könnten. Ich hatte das Gefühl, sie waren ihm gegenüber misstrauisch. Eigentlich verständlich, angesichts der zahlreichen Vertreter der sogenannten Internationalen Gemeinschaft, die ihr Vertrauen gewaltig missbraucht hatten. Es war spät. Ich trat an ihn heran und fragte, ob er für eine Suppe auf die Schnelle sei, schließlich waren wir alle hungrig. Er blickte auf die Uhr. „Wir müssen nach Sarajewo", sagt er. Nach einer kurzen Pause: „In Ordnung, aber nur zehn Minuten." Wir kehrten in einem kleinen Café in Vinac, einem Vorort von Jajce, ein. Wir bestellten Getränke. Ich, sehr prätentiös, einen Whisky. Ich fragte, ob er auch einen wünschte. Er nickte. Aber in dem Café gab es weder Suppe noch Whisky. Doch schwärmten die Gastgeber auseinander und besorgten sowohl das eine als auch das andere. Aus den zehn Minuten wurden gute anderthalb Stunden. Dort lernten wir uns besser kennen.

Danach durchquerten wir ganz Bosnien. In Vares tagten wir 15 Stunden. Einmal bis drei Uhr morgens. Danach gingen wir zum Frühstück, welches auf uns vom Vortag noch wartete! In Bugojno hatten wir immer schwere Verhandlungen. Vor allem in Drvar. Auch in Banja Luka ging es zäh. Von Stolac ganz zu schweigen. Dort hat ihn einmal, es war im Sommer, eine zurückgekehrte Bosnierin in ihrem Haus mit Trauben und Feigen bewirtet. Er hat ihr Mut gemacht auszuharren, es würden bessere Tage kommen. Capljina, Mostar, Fojnica, erneut Jajce, erneut Bugojno, Vitez, Travnik...

Ich habe sein großes Vertrauen bekommen. Fast wurde ich ein Teammitglied! Dadurch hatte ich das Privileg, allen Gesprächen beizuwohnen, was andere einheimische Journalisten nicht konnten.

Aber auch dies hatte seine Vorgeschichte... Mein Redakteur weilte in Deutschland, nachdem ich bereits einige Reportagen und Interviews mit Schwarz-Schilling veröffentlicht hatte. Sie trafen sich. Im Gespräch wurde auch meine Wenigkeit erwähnt. Schwarz-Schilling sagte: „Als ich sah, wie er aussah (lange Haare, Bart, legere Kleidung und legeres Benehmen), dachte ich: Ist das wirklich ein Journalist der angesehenen Zeitung 'Oslobodjenje'; und wird er korrekt über das, was wir sagen und tun, schreiben? Als ich jedoch seine Texte gelesen hatte, sagte ich: 'Das ist doch ein ausgezeichneter Journalist und ein seriöser Mensch!'" Dies war für mich ein liebes Kompliment.

Wir hatten auch „scharfe Duelle" während unserer kurzen, nicht offiziellen Treffen. Nebenbei gesagt, dieser Mensch hat nie Zeit! Ständig ist was los. Ich frage: „Warum entlassen Sie nicht alle, die nicht anständig arbeiten, stauchen sie zusammen, hauen mit der Faust auf den Tisch?" Er: „Aha, Du willst das mit Gewalt versuchen. Das geht nicht, denn mit Gewalt habt ihr es ja versucht, und es hat nicht funktioniert. In der Politik, und da habe ich - wenn du erlaubst - Erfahrung, funktioniert alles Schritt für Schritt. Nur so kann es funktionieren. Obwohl, ich weiß, dass ihr sehr ungeduldig seid..." Jetzt sehe ich ein, daß er Recht hatte. Und er hat doch viele Ungehorsame über das OHR abgesägt, so dass sie ihn jetzt sehr respektieren und achten. Obwohl man auch jetzt noch unter denjenigen, die keine Reformen und Änderungen wollen, hören kann: „Na ja, er wird nichts tun und nichts ändern."

Stets achtete ich seine Haltung hinsichtlich Bosnien und der dortigen Aggression. Ich achtete sein Verständnis für die Geisteshaltung der Bosnier in der Nachkriegszeit. Vor allem achte ich seine Geduld bei all diesen Verhandlungen, bei welchen es oft richtig krachte. Ich achte die Konzentration während der ganztägigen Haarspaltereien anläßlich unbedeutender Dinge, wo er am Ende stets die Essenz dessen zog, was alle Seiten und alle Menschen anging.

Am besten war es, wenn ein Abkommen nach mühevollen Gesprächsstunden zustande kam und wir dann in ein Café gingen...

Folgende Geschichte erzähle ich immer wieder: Nie werde ich seinen Gesichtsausdruck gegen Mitternacht vergessen, als wir irgendwo durch die bosnische Einöde in einem Jeep wackelten und er mich nach meinem Gehalt fragte. Als ich ihm antwortete, sah er mich lange an und sagte: „Ich habe nicht nach deinem Tagessatz gefragt, sondern nach deinem Monatseinkommen!"

Christian Schwarz-Schilling ist für mich ein Bosnier mit befristetem Aufenthalt in Deutschland. Ich freue mich immer, wenn er kommt. Nur tut es mir leid, dass er immer weniger Zeit hat, damit wir uns mal richtig zusammensetzen und über Dinge reden, die in den Streitschlichtungen in Bosnien - einem Land, über das er eine hohe Meinung hat - nicht erwähnt werden. Er bemüht sich mehr als viele der hiesigen Politiker, diesem Land ein besseres Leben zu ermöglichen.

Franjo Komarica

Bischof von Banja Luka

Ich habe in Christian Schwarz-Schilling einen sachkundigen, redlichen, gewissenhaften, rundum glaubwürdigen und sehr ernstzunehmenden deutschen Politiker von europäischem Rang kennengelernt. Als Streitschlichter hat sich unser Freund in Bosnien auf das Beste bewährt.

In der Zeit nach Beendigung der Kriegshandlungen habe ich ihn mehrere Male in Bonn und Berlin besuchen können; Schwarz-Schilling war umgekehrt Gast in meinem Hause in Banja Luka. Bei allen unseren Begegnungen und in den Gesprächen habe ich ihn als einen wahren Menschenfreund erlebt, dessen ganze Sorge und unermüdlicher Einsatz den Entrechteten und Geschundenen unseres von einem unseligen Krieg heimgesuchten Landes galt und noch gilt. Ich musste aus seiner klugen Einschätzung der Lage bitter erfahren, dass die fortgesetzte Verletzung der Menschenrechte einzig auf die Erreichung konkreter politischer Ziele gerichtet war.

Mit großer Berechtigung hat unser Freund immer wieder darauf hingewiesen, dass es vordringlich sei, „in Bosnien und Herzegowina die Folgen des Krieges entschlossen und nachhaltig zu beseitigen". Besonders lagen ihm die während der Kriegshandlungen verschwundenen Personen am Herzen, nach denen er zu forschen nicht müde wurde. Das Gleiche gilt für die Flüchtlinge. Schwarz-Schilling hat die Vertreibung der Menschen aus ihren Heimatgebieten unbeirrt als „Verbrechen an der Menschheit" verurteilt. Das ganze Ausmaß der Rechtlosigkeit, der unsere Vertriebenen ausgesetzt sind, kommt darin zum Ausdruck, dass Ende 1999 gerade mal 502 von insgesamt 70.000 vertriebenen Personen aus den 23 Pfarreien meiner Diözese aus der Region Banja Luka heimkehren konnten - und dies vier Jahre nach dem Abkommen von Dayton!

Damals drückte unser Freund seine Empörung über den unhaltbaren Zustand in dem Satz aus: „Man darf die Menschen doch nicht behandeln wie Steine auf der Straße."

Er sicherte mir bei Gelegenheit eines Gesprächs im Dezember 1999 zu, mich bei der Durchsetzung des Friedensabkommens mit allen notwendigen Folgen für die entrechteten Menschen zu unterstützen: Nämlich die Voraussetzungen für ein menschenwürdiges Dasein unter rechtlich, sozial und wirtschaftlich akzeptablen Bedingungen zu schaffen.

Die Sache ist dann nicht hoffnungslos, wenn man über Freunde wie Christian Schwarz-Schilling verfügt; und dafür danken wir ihm in Bosnien. Gott schütze ihn auf allen seinen Wegen!

John C. Kornblum

Botschafter der Vereinigten Staaten von Amerika

Ich kenne Christian Schwarz-Schilling schon sehr lange. Eine Begegnung, die mir sehr lebendig in Erinnerung geblieben ist, fand in den achtziger Jahren statt, als er Bundesminister für das Post- und Fernmeldewesen war (im Juli 1989 umbenannt in Bundesminister für Post und Telekommunikation). Wir nahmen an einem Abendessen in Washington teil, bei dem er seine große Vision darlegte, alle Haushalte und Unternehmen in Deutschland mittels eines bundesweiten Kabelsystems zu verbinden. Zu diesem Zeitpunkt war Kabelfernsehen praktisch unbekannt, sogar in den Vereinigten Staaten, und das Internet war noch nicht erfunden worden. Niemand konnte sich vorstellen, ein Land durch irgendetwas anderes zu verbinden als normale Telefonkabel. Aber Christian Schwarz-Schilling beschrieb mir seinen Traum eines verkabelten Deutschland lebendig und detailgetreu und sprach von den Vorteilen, die eine zunehmende Vernetzung der Gesellschaft und Wirtschaft bringen würden. Ich denke manchmal an diese Unterhaltung zurück. Weder er noch ich konnten zu diesem Zeitpunkt ahnen, dass seine Vision - wenn auch nicht im Detail, so doch im Wesentlichen - in den nächsten 20 Jahren Wirklichkeit werden würde.

Jahre später arbeiteten wir in Bosnien, wo er als internationaler Streitschlichter tätig war, direkt zusammen. Er wirkte mit meinem Freund Robert Owen als Vermittler zwischen den Seiten. Oft waren es schmerzliche Bemühungen, Lösungen für die militärischen und rechtlichen Probleme zu finden, vor denen eine von ethnischen Konflikten zerstörte Nation steht. Durch seine Energie und vor allem seinen Gerechtigkeitssinn wurde ihm die Achtung aller Parteien zuteil. Diese Eigenschaften waren die Schlüsselfaktoren für den Erfolg unserer Arbeit. Ich habe gesehen, wie er einige extrem schwierige und heikle Probleme löste. Ohne Frage waren seine Beiträge entscheidend für den anhaltenden Frieden und die Fortschritte, die in Bosnien in den letzten Jahren gemacht wurden. Seine Vision eines friedlichen Bosnien, in dem Menschen verschiedener Abstammung zusammenleben, dauert bis heute an.

Hans Koschnick

Bürgermeister a. D.

Wenn man sich mit den Aktivitäten des Politikers Dr. Christian Schwarz-Schilling beschäftigt, sein umtriebiges Engagement als internationaler Streitschlichter und Mediator in Bosnien-Herzegowina bedenkt und weiß, dass er auch in den Fragen der allgemeinen Menschenrechte ein wichtiger Gesprächspartner für unterschiedlichste Gruppierungen und Organisationen geworden ist, dann möchte man eigentlich meinen, dies sei die Leistung eines Mitbürgers im mittleren Lebensalter. Aber nein, Dr. Schwarz-Schilling will in diesem Jahr seinen 70. Geburtstag begehen. Dazu werden viele gratulieren und ihm weitere kritische Wegbegleitung zusagen. Ich schließe mich diesen Gratulanten in Verbundenheit zum Jubilar an.

Zwar kann ich nicht behaupten, dass ich in den ersten Jahren seines parteipolitischen und parlamentarischen Engagements mit ihm in ständiger Übereinstimmung lebte, eher ist das Gegenteil der Fall. Aber in seinem Einsatz für eine faire und menschlich erträgliche Lösung zum Schutz der geschundenen Menschen in Bosnien-Herzegowina, nicht zuletzt bei der nachdrücklichen Forderung einer konkreten Hilfe für die Bevölkerung in der eingeschlossenen Region von Bihac, und dem von ihm beklagten Versagen der europäischen Politik, die letztlich zu seinem Ausscheiden aus der Bundesregierung führte, haben wir uns besser kennen und in der Arbeit schätzen gelernt.

Sein beharrliches Streiten für die Leidtragenden in Südost-Europa, sein Drängen nach nicht nur verbalen Antworten auf die Krisen in der Region, seine unmittelbare Einsatzbereitschaft selbst in schwierigsten Situationen haben uns zusammengeführt. Auf unterschiedlichen Feldern arbeitend hat die Sache uns geprägt. Wir konnten uns gegenseitig stützen und haben mehr als einmal zusammengestanden, wenn reines Verwaltungsdenken notwendige humane Lösungen überlagerte. Immer hatten wir vor Augen, dass es um Menschen und nicht nur um sogenannte Vorgänge ging.

Es verstand sich von selbst, dass wir häufiger zusammentrafen, gemeinsam die Situation bedachten und nach Lösungen suchten, die wir als Anregungen und Forderungen an die jeweiligen Instanzen der internationalen und europäischen Institutionen weiterreichen konnten. Dass man dabei gelegentlich als Querkopf, Querulant oder „unverbesserlicher Gutmensch“ bezeichnet wurde, konnten wir beide ertragen. Aber für mich war es schon ein Stück Auszeichnung zu erleben, wie wacker er gegen nicht zu akzeptierende Positionen der Bundespolitik öffentlich Stellung bezog und eigene Wege beschritt. Das hat ihm zwar nicht nur Freunde gemacht, wohl aber Respekt eingetragen, in weiten Kreisen der in Bosnien-Herzegowina tätigen Hilfsorganisationen.

Gewiss, das was wir in seinem Büro in Bonn, bei mir in der Administration in Mostar und auch bei unseren Gesprächen in Dayton abgesprochen hatten, führte nicht alles zu dem von uns gewünschten Erfolg, brachte uns aber auch bei Enttäuschungen näher zusammen. Und so ist es wohl nicht bloßer Zufall, dass Dr. Christian Schwarz-Schilling sofort bereit war, die Laudatio auf mich bei der Verleihung des hessischen Friedenspreises zu halten. Aus gemeinsamem Engagement und von übereinstimmender Verantwortung getragen, war sein Plädoyer eine deutliche Bekundung dafür, dass es unter Demokraten mehr Gemeinsames gibt als Trennendes.

Für mich haben die letzten fünf Jahre unseres gemeinsamen Wirkens auf dem Balkan erneut die Bestätigung gebracht, dass universale Werte wie Freiheit, Frieden und Gerechtigkeit am besten verteidigt werden, wenn Zusammenarbeit und nicht Ab- und Ausgrenzung das praktische Handeln des Einzelnen bestimmen. Dieses Verständnis habe ich jedenfalls bei ihm immer wieder hautnah erleben dürfen, und dafür danke ich ihm herzlich.

Otto Graf Lambsdorff

Bundesminister a. D.

Trotz durchweg vertrauensvoller und von gegenseitigem Respekt getragener Beziehungen als Bundesminister - Schwarz-Schilling für das Post-Ressort, ich selbst als Wirtschaftsminister - sind wir gelegentlich freundschaftlich aneinander geraten. Denn der Postminister musste bei einigen wettbewerbsrechtlich relevanten Entscheidungen die Zustimmung des Wirtschaftsministers einholen. Und das lief zuweilen nicht ohne fachlichen Streit ab. Doch insgesamt haben wir uns gut verstanden. Zur Erinnerung: Die Post befand sich damals noch ganz in staatlichen Händen.

Mir ist gut im Gedächtnis geblieben, dass Schwarz-Schilling im Kabinett auch zu anderen Fragen Stellung nahm, manchmal mit der ihm eigenen Ausführlichkeit. Dabei bezog er sehr klare ordnungspolitische und marktwirtschaftliche Positionen. Da war ich mit ihm stets einer Meinung. Kanzler Kohl drückte auf's Tempo, wobei er dem fachlich weit ausholenden Postminister ein ums andere Mal einfach das Wort abschnitt: „So, jetzt ist's genug."

Ob Schwarz-Schilling immer das politisch Geschickte tat, das mochte man bezweifeln. Doch die sachlich-fachliche Kompetenz lag auf seiner Seite; da konnte man ihm stets recht geben. Dass er ein guter Postminister war, wurde denn auch von niemandem bestritten. Seinen Posten verlor er nur aus CDU/CSU-internen Gründen.

Schwarz-Schilling machte es sich nicht immer einfach im Umgang mit seinen Zeitgenossen. Aber ihm gehören schon deshalb meine Sympathien, weil seine menschenrechtlichen Positionen - ich erwähne nur seinen Einsatz für Tibet und Bosnien - mir dauerhaft hohen Respekt abnötigen. Anerkennung verdient seine Haltung auch deshalb, weil er sich niemals gescheut hat, auch den Parteifreunden im Streitfalle an den Karren zu fahren, wenn es darum ging, der Beachtung der Menschenrechte die notwendige Aufmerksamkeit zu widmen.

Ich wünsche dem einstigen Kabinettskollegen Schwarz-Schilling, dass er seine Tatkraft und seinen Mut behält, beim Kampf für die Menschenrechte niemals zu erlahmen.

Günther von Lojewski

SFB-Intendant a. D.

Christian Schwarz-Schilling ist, was man gemeinhin einen Bildungsbürger nennt: belesen, kultiviert, vielseitig interessiert - natürlich, wie könnte es anders sein bei einem, der aus einem Musikerhaus kommt, selbst zeitlebens Klavier spielt und Sinologie studiert hat? Er ist aber Unternehmer geworden, der sein Verständnis von individueller Freiheit auch auf den Wirtschaftskörper zu übertragen verstanden und dabei den sozialen Aspekt in keiner Weise vergessen hat. Fragte man schließlich auf der Straße nach seinem Beruf, bekannt ist er wohl nur - als Politiker. Ist Christian Schwarz-Schilling also ein Allrounder, einer, der alles kann - alles halbherzig und nichts richtig? Wer dies geglaubt haben mag, wird sich spätestens korrigiert haben, als Christian Schwarz-Schilling 1992 aus dem Kabinett ausschied und nach zehn Jahren Abschied nahm von den Insignien der Macht und ihren Pfründen. Da offenbarte sich einer, dem es wie wenigen in Deutschland ernst war mit der Unabhängigkeit des Abgeordneten und mit dem Gewissen eines Christenmenschen. Der sich zu seiner höchstpersönlichen Verantwortung bekannte und damit auch zu der öffentlichen des Politikers. Darum hat Christian Schwarz-Schilling seit jeher Anerkennung und Freunde in allen politischen Lagern.

Ich habe Christian Schwarz-Schilling Anfang der 70er Jahre kennen gelernt. Damals war ich Leiter der Nachrichtenredaktion des ZDF und sah mich, nach den Wahlsiegen der SPD 1969 und 1972, der Illusion beraubt, die ich meinen Kindern in diesem Beruf noch heute gönne, es könne einer im öffentlich-rechtlichen Rundfunk etwas werden, auch wenn (oder gerade weil) er kein Parteibuch habe. Christian Schwarz-Schilling, soeben im ZDF-Fernsehrat angekommen, hat mich damals angehört. Ob er je für mich interveniert hat, ist mir nicht bekannt; jedenfalls nicht mit sichtbarem Erfolg; Intendanten, weiß ich heute, haben im Amt in der Regel mehr Selbstbewusstsein, als ihnen ihre Mitarbeiter zutrauen. Nein, wir kamen zusammen, weil sich unser beider Entwicklungen unerwartet in der Sache trafen. Während ich in meiner Verzweiflung mich mehr und mehr für private Konkurrenz zu interessieren begann, wie ich sie zu dieser Zeit international kennen lernte, suchte Christian Schwarz-Schilling den Einstieg von der hessischen Landes- in die Bundespolitik. Am liebsten wäre er Vorsitzender der Mittelstandvereinigung der Union geworden. Aber er ließ sich überzeugen, dass es auf absehbare Zeit gegen den Mannheimer Professor Zeitel keine Chance gab. So entschied er sich für die Medienpolitik.

Die Spur, die er von nun gezogen hat, ist lang und tief. Er wurde Vorsitzender des Koordinierungsausschusses für Medienpolitik der CDU/CSU und im ZDF-Fernsehrat Vorsitzender des wichtigen Ausschusses für Politik und Zeitgeschehen. Er lernte zuzuhören, still und geduldig; dabei verengten sich die Augen; um den Mund das Lächeln war gleichbleibend freundlich, beunruhigend gleichbleibend, verriet nichts. Je länger, desto mehr schien er mir sein Sinologie-Studium zu verinnerlichen, zeitweise geradezu zu verkörpern. Wenn er dann aber das Wort nahm, wurde jedem rasch klar, wie viel Sachkunde er bereits mitgebracht, wie aufmerksam er die Debatte verfolgt und wie sorgsam sich sein Urteil gebildet hatte. Zum Schluss wurden komplexe Vorgänge durchsichtig wie die Fäden eines aufgelösten Knotens. Was ihm geradezu physisch Lust zu bereiten schien, machte den Widerspruch anderer obsolet. Noch eine Frage? Selbst die, die anderer Meinung waren, blieben sprachlos - und wussten oft doch nicht, warum.

Im August 1982 sagte sich Christian Schwarz-Schilling kurzfristig in München an, wo ich seit ein paar Jahren für den Bayerischen Rundfunk arbeitete. Wir verabredeten uns, um nicht beobachtet zu werden, in den Garten unseres Hauses. Das Gespräch ist uns beiden noch heute in Erinnerung, schon der äußeren Umstände wegen. Denn meine Frau war mit Kindern und Freunden an den Chiemsee gefahren - und der Kühlschrank war so leer wie nie zuvor und nie danach. Eine Weile kamen wir mit Flüssignahrung aus („der Trend geht zur Flüssignahrung“), bis der Hunger doch über die Arbeit siegte - aber kein Geschäft im Dorf mehr geöffnet hatte und der benachbarte Tennisclub trotz allen Flehens nur noch mit vertrockneten Käsesemmeln vom Wochenende helfen konnte. Notgedrungen haben wir sie goutiert. Aber die freundliche Nachsicht, mit der sich mein Gast immer wieder daran erinnert, ist mir bis heute nur Peinlichkeit.

Zur Sache. Christian Schwarz-Schilling überraschte mich mit einem Szenario, das in seiner Unbedingtheit und Direktheit die Ahnungen, die wir zu diesem Zeitpunkt alle hatten, sehr übertraf: Die Regierung Schmidt werde von der Opposition unmittelbar nach der Sommerpause abgelöst werden. Helmut Kohl sei sich sicher, dass ein konstruktives Misstrauensvotum - erstmals! - Erfolg haben werde, und er habe ihn, Schwarz-Schilling, gebeten, sich auf die Übernahme des Postministeriums vorzubereiten. Der Auftrag: in der Bundesrepublik so schnell wie möglich privaten Rundfunk zu ermöglichen, also Kohls ungeliebten öffentlich-rechtlichen Programmen Konkurrenz zu machen und damit jenes „duale System“ einzuführen, über das wir seit nunmehr einem Jahrzehnt im Gespräch waren. Mit Nachdruck fügte Schwarz-Schilling Kohls subjektiv begründetem Wunsch seine ordnungspolitische Überzeugung hinzu. Im übrigen sei im Blick auf Neuwahlen, die im Frühjahr 1990 wohl notwendig würden, Eile geboten. Was also sei in welcher Reihenfolge wie zu tun? Schwarz-Schilling bat einen Mitarbeiter, der ihn begleitete, unser Gespräch von nun an zu protokollieren. Also, erstens, wenn der Zeitrahmen wirklich nur wenige Monate betrug, mussten in dieser Zeit Entscheidungen getroffen werden, die auch für den Fall einer Wahlniederlage unumkehrbar sein müssten; unumkehrbar würde nur sein, was bereits horrende Investitionen ausgelöst haben würde. Zweitens, da die terrestrischen Übertragungskapazitäten außerordentlich begrenzt waren, würden sich - ohne Beeinträchtigung der dem Publikum/Wähler vertrauten Programme von ARD und ZDF - private Angebote nur über neue Übertragungswege verbreiten. lassen und durchsetzen können: Glasfaserkabel. Zusätzlich würde, drittens, um den Hochpreisen und Knebelverträgen des amerikanischen Satellitenbetreiber-Monopols (Intelsat) zu entgehen, mittelfristig eine eigene europäische Satellitenindustrie aufzubauen sein; auch mit ihrer Hilfe würden wiederum kommerzielle Programme schneller Erfolg haben können und zu bezahlen sein. Summa summarum, um die medienpolitischen Ziele einer künftigen CDU/CSU/FDP-Koalition zu realisieren, würde es notwendig sein, ohne Verzug Milliarden zu investieren, in die Erde (Kabel) und in den Orbit (Satelliten). Die Rechtfertigung dafür war der politische Wille.

Er ist, wie wir im Rückblick sehen, vollzogen worden, ohne Einschränkung. Zwar traf der neue Postminister auf heftigen Widerstand, nicht nur in den öffentlich-rechtlichen Anstalten und ihren Gewerkschaften, sondern selbst unter Freunden wie Dieter Weirich, die ihm vorwarfen, unnötigerweise gleichzeitig auf zwei neue Technologien zu setzen, statt sich für eine zu entscheiden und damit Geld zu sparen. Christian Schwarz-Schilling aber war nicht mehr zu beirren. Schon in seiner ersten, kurzen Amtszeit wurden die Voraussetzungen für das „duale System“ geschaffen.

Danach hat Christian Schwarz-Schilling noch zwei weitere Kapitel deutscher Medienpolitik geschrieben. Mit derselben ordnungspolitischen Überzeugung, mit der er dem öffentlich-rechtlichen Rundfunk Konkurrenz machte, nahm er sich auch den Monopolisten Bundespost vor. Als dessen Privatisierung „unumkehrbar“ war, kam schließlich noch ein drittes Großprojekt auf ihn zu: Die Mauer fiel, und es galt, zügig und ohne Umschweife die mediale Infrastruktur für eine Angleichung der Lebensverhältnisse in den neuen Bundesländern zu schaffen. Wieder mussten für Milliarden Glasfaserkabel in den (ostdeutschen) Sand verbuddelt werden - aber ohne Zweifel war Christian Schwarz-Schilling der erste, der ein „Aufblühen der Landschaften“ vermelden konnte.

Was mir an Christian Schwarz-Schilling stets imponiert hat, war, wie in seiner Person gewachsene Überzeugungen und politisches Wirken nahtlos zusammen kamen. So brauchte er sich nie zu verbiegen oder nur den Kopf einzuziehen, konnte er (zumeist) leise sein, sein Ego hatte viel Ballyhoo nicht nötig. Deshalb war auch sein Rücktritt 1992 nichts anderes als konsequent und unspektakulär, als die Welt die Augen vor dem beginnenden Völkermord in Jugoslawien verschloss und er nicht in die Verantwortung eines Kabinetts eingebunden werden wollte, dessen Politik er insoweit für unverantwortlich hielt.

In Berlin, wo ich seit Mitte 1989 Intendant des Senders Freies Berlin war, haben sich unsere Wege ein drittes Mal gekreuzt. Jetzt ist auch er „heimgekehrt“. Aus dem jahrzehntelangen beruflichen Nebeneinander, das Politiker und Journalisten stets zu beachten haben, keimt Vertrautheit auf, beginnt sich Freundschaft zu entwickeln. Mit einem Mal stellen wir fest, dass schon die Gymnasien, die wir nach dem Krieg besuchten, nur wenige Straßenbahnstationen voneinander entfernt waren. Gelegentlich lädt Christian Schwarz-Schilling zum gemeinsamen Theater-Besuch oder zum Gespräch nach Hause. In seiner „guten Stube“ finde ich dann (fast) denselben Zille, der auch bei mir hängt und mich an Philemon und Baukis erinnert, steingewordene Kontur.

Goran Magas

Berater des Vizepräsidenten der Föderation von Bosnien und Herzegowina, Ivo Andric Luzanski

Ich habe Dr. Schwarz-Schilling das erste Mal Ende Sommer 1995 getroffen, als durch die Militäroperation „Sturm" die Belagerung der Stadt Bihac beendet wurde. Damals hat Dr. Schwarz-Schilling einen Hilfskonvoi begleitet und es gab Probleme am kroatisch-bosnisch Grenzübergang in der Nähe von Karlovac.

Ich war seinerzeit Berater des Vizepräsidenten der kroatischen Regierung in Angelegenheiten bezüglich Bosnien und Herzegowinas, so dass alle diesbezüglichen Probleme auf meinen Tisch kamen, somit auch der Konvoi von Dr. Schwarz-Schilling.

Wir trafen uns am Zagreber Messegelände „Velesajam", wo seine Lkw geparkt waren. Er hatte es eilig nach Bihac zu kommen, doch trotz unserer Intervention seitens der Regierung für eine schnellere Zollabfertigung herrschte Ungewissheit, wann der Konvoi weiterfahren konnte.

In einem Moment hatte Herr Dr. Schwarz-Schilling wohl die Geduld verloren (was mich auch heute noch wundert, denn während der nächsten fünf Jahre unserer Zusammenarbeit passierte ihm dies äußerst selten); er bestand darauf, den Konvoi ohne Zollformalitäten passieren zu lassen.

Da fragte ich ihn: „Herr Schwarz-Schilling, würden Sie auf diese Weise die deutsche Grenze passieren können?", was er verneinte.

„Warum denken Sie dann, daß es hier möglich ist", sagte ich.

Ich bin überzeugt, dass gerade dieser Dialog die Grundlage unserer künftigen, bis heute anhaltenden Zusammenarbeit und Freundschaft wurde. Dr. Schwarz-Schilling wurde Internationaler Streitschlichter für Bosnien und Herzegowina und ich ging Anfang 1996 nach Sarajewo als Berater des Präsidenten, bzw. Vizepräsidenten der Föderation BiH, zuständig für die Umsetzung des Annex Nr. VII des Abkommens von Dayton, sowie für die Zusammenarbeit der lokalen Behörden mit den internationalen Organisationen.

In der Erfüllung der jeweiligen Aufgaben nahmen wir oft Kontakt auf, sprachen oft miteinander und führten Meinungsaustausch; und jedes Mal, wenn Dr. Schwarz-Schilling nach Bosnien und Herzegowina kam, war ich in seiner Delegation während der Besuche vor Ort, so dass wir zusammen fast alle Gemeinden in Bosnien und Herzegowina besucht haben.

Ich war von der Geduld fasziniert, mit welcher Herr Schwarz-Schilling die Schlichtungsgespräche mit den örtlichen Behörden führte. Ich erinnere mich, dass eine Sitzung in Bugojno 17 Stunden gedauert hat; ein anderes Mal wurde einer Dolmetscherin angesichts der 13 Stunden dauernden Gespräche in Vares schlecht.

Größtenteils waren die Streitschlichtungen erfolgreich, aber es gab auch Misserfolge, so etwa in Livno, danach in Stolac und Capljina. Die dortigen örtlichen Behördenvertreter waren autistisch, sie hatten das Gefühl, dass die internationale Gemeinschaft sie mittels Herrn Schwarz-Schilling übervorteilen wolle und so kam es, dass sich einige auf eine bestimmte Art etwas vor ihm gefürchtet haben.

Im Unterschied zu einigen örtlichen Vertretern genoss Herr Schwarz-Schilling das Vertrauen der Vertreter der Föderation und der Vertreter des Staates. Er wurde immer gern empfangen, sie haben ihm geglaubt und wann immer es möglich war, wurden gemeinsame Abendessen organisiert, bei welchen, in einer sehr freundschaftlichen Art und Weise, über Probleme und deren Lösungsmöglichkeiten diskutiert wurde.

Wenn wir vor Ort waren, hat er stets versucht, eine freundschaftliche Atmosphäre zu erzeugen, sowohl unter unserem bosnisch-herzegowinischen Personal als auch unter seinen Mitarbeitern, die aus anderen Ländern kamen. Er hat keine Unterschiede in bezug auf uns gemacht, er hat uns näher gebracht, wir sind zusammen gefahren, haben gemeinsam zu Abend gegessen, bis weit in die Nacht hinein gesprochen und Pläne für den folgenden Tag abgestimmt.

Er achtete meine Überlegungen und glaubte mir, so dass wir auch deshalb bestimmte Ergebnisse vor Ort erzielen konnten.

Wenn ich heute nachdenke und Menschen vergleiche, die von der internationalen Gemeinschaft nach Bosnien und Herzegowina kamen, gehe ich sicher nicht fehl in der Annahme, dass Dr. Schwarz-Schilling der beste Kenner hiesiger Menschen, ihrer Mentalität und ihrer Denkweise ist. Ich denke, dass er die Probleme Bosniens und Herzegowinas am besten versteht, dass er über diesbezügliche Detailkenntnisse verfügt und dass er sie sehr ernst nimmt.

Zugegebenermaßen konnte es vorkommen, dass seine Einschätzungen nicht die glücklichsten waren, aber sie waren nie parteilich und es war nie die Absicht, dass sie jemanden Schaden zufügten.

Von Dr. Schwarz-Schilling habe ich sehr viel gelernt, vor allem, wie wohlgesonnene Menschen der internationalen Gemeinschaft, die nach Bosnien und Herzegowina kommen, dieses Land und seine Zukunft sehen.

Ich denke, dass ich ihm umgekehrt zahlreiche gute Vorschläge und Einschätzungen geben konnte.

Sein Vorgehen in den letzten fünf Jahren zeigt in aller Klarheit, dass er Bosnien und Herzegowina liebt, dass er diesem Land Fortschritt und Wohlstand wünscht, in gleichem Maße als sei es seine Heimat.

Michaela Mayer
Mitarbeiterin Wahlkreisbüro

Ich habe Christian Schwarz-Schilling 1994 kennen gelernt, als ich für drei Wochen die Vertretung seines Sekretariats übernahm. Damals war ich gerade (unerfahrene) 21 Jahre alt, kam frisch von einer Sekretärinnenschule und hatte von Politik nicht viel Ahnung. Den Namen Schwarz-Schilling hatte ich schon mal gehört.

Als ich den ersten Tag in sein Büro kam, wusste ich nicht einmal genau, wie er aussieht, der große „Black-Penny". Glücklicherweise entdeckte ich gleich im Flur ein großes Wahlkampf-Foto mit seinem Konterfei. Genau, das war er, erinnerte ich mich: Der mit dem weißen Haar und der großen Brille.

Aus den drei Wochen sind inzwischen sechs Jahre geworden. Sechs Jahre, in denen ich viel von ihm gelernt habe, sei es über Politik, sei es über Lebensweisheiten oder Menschenkenntnis und über das Reifen von Charaktereigenschaften. Anfangs saß ich, wenn ich die Büroleiterin vertreten durfte, ihm fast ehrfürchtig gegenüber und konnte es kaum glauben. Später entwickelten wir ein sehr lockeres und fröhliches Verhältnis. Mit Schwarz-Schilling zu arbeiten ist jeden Tag interessant und lehrreich. Als Chef ist er meines Erachtens unerreicht. Er behält immer seine Contenance - auch, wenn er sich manchmal über meine jugendliche Unbedarftheit ärgert oder über meinen überschäumenden Optimismus lächeln muss.

Wenn Schwarz-Schilling einmal in den Ruhestand tritt, werde ich noch den einen oder anderen Chef haben, da mich selbst vom Ruhestand noch etliche Jahre trennen. Ich weiß schon heute, dass ich jeden späteren Chef an Schwarz-Schilling messen werde. Ich habe die Befürchtung, dass keiner dem Vergleich standhalten wird.

Aber alles hat im Leben seine hellen und dunklen Seiten. Manchmal, wenn ich denke: So schön wird es nie wieder, kann es vielleicht doch noch besser werden. Auch das habe ich von ihm gelernt!

Gerhard Merk

Nationalökonom und Jung-Stilling-Forscher

Zweifellos nehmen im Denken und Fühlen von Christian Schwarz-Schilling die Ahnen einen hervorragenden Platz ein. Eine stattliche Anzahl hervorragender Persönlichkeiten des deutschen Geisteslebens schmücken die Reihe seiner Vorfahren. Verfolgt man die Linie Schwarz vom berühmten Vater, dem Komponisten und Musikpädagogen Reinhard Schwarz-Schilling (1904 - 1984) weiter zurück bis hin zu dem Theologen und Pädagogen Friedrich Heinrich Christian Schwarz (1766 - 1837), so gelangt man zu dessen Schwiegervater und Freund, zu dem Arzt, Ökonomen, Literaten und Theologen Johann Heinrich Jung-Stilling (1740 - 1817). Dessen „Lebensgeschichte" und eine Reihe weiterer Schriften erfuhren Übersetzungen in viele Sprachen. Dass sie bis heute auf dem Buchmarkt geblieben sind, deutet auf überzeitlich gültige Inhalte hin.

Jung-Stilling entstammt einer Handwerker- und Bauernfamilie im nördlichen Siegerland, einer der ältesten Bergbauregionen Deutschlands. Der frühreife Hochbegabte lernt bei seinem Vater das Schneiderhandwerk; die Familie ermöglicht ihm zusätzlich den Besuch der Lateinschule. Schon mit 15 Jahren wird er Lehrer an Grundschulen in seiner engeren Heimat. Von klein auf mit einem bis ins hohe Alter hinein wirksamen starken Drang zur Weiterbildung ausgestattet, widmet sich Jung-Stilling während der sieben Jahre als Schulmeister dem Selbststudium in nahezu allen Disziplinen. Auch im Klavier- und Orgelspiel übt er sich. Geprägt ist er von zu Hause durch eine tiefe Frömmigkeit reformierter Prägung.

Mit 22 Jahren verlässt Jung-Stilling seine Heimat und tritt in die Dienste eines damals bedeutenden Unternehmers im heutigen Remscheid, Peter Johannes Flender. Dort wird er Hauslehrer der Kinder und rechte Hand in den Geschäftsangelegenheiten seines Prinzipals. Während der sieben Jahre im Hause Flender wächst Jung-Stilling in die Lebensart des Bergischen Grossbürgertums hinein. Er erlernt weitere Sprachen (Französisch, Griechisch, Hebräisch) und arbeitet grundlegende medizinische Fachbücher durch. Als er durch einen ihm wohl gewogenen katholischen Geistlichen in den Besitz einer handgeschriebenen Anleitung zur Diagnose und Therapie von Augenkrankheiten kommt, beginnt er bald, sich in seiner Freizeit als Augenheilkundiger zu betätigen.

Auf einer Reise zu Augenkranken lernt Jung-Stilling in (Wuppertal-)Ronsdorf die Tochter eines mit zwölf Kindern gesegneten Textilunternehmers kennen. Christine Heyder (1751 - 1781) wird seine erste Frau, und die 1773 geborene erste Tochter Hanna heiratet 1792 den hessischen Pfarrer Friedrich Heinrich Christian Schwarz, der dann 1804 auf Fürsprache seines Schwiegervaters eine Professur in Heidelberg antritt.

Jung-Stilling steht schon im 30. Jahr, als er sich zum Medizinstudium in Straßburg entschließt. Aufgrund seiner Vorkenntnisse kann er das Studium schon nach drei Semestern mit großem Erfolg abschließen. Seine medizinische Doktorarbeit beschäftigt sich mit der Geschichte des Siegerländer Erzbergbaus. In Straßburg lernt er Johann Wolfgang Goethe und Gottfried Herder kennen.

Für sieben Jahre lässt sich Jung-Stilling nun als Arzt, Augenarzt und Geburtshelfer in (Wuppertal-)Elberfeld nieder. Die Praxis wirft die zum Lebensunterhalt notwendigen Mittel nicht ab, die Familie bleibt auf Unterstützung durch den Schwiegervater angewiesen. In dieser Zeit beginnt Jung-Stiling mit der Operation von Starblinden. Im Lauf der Jahre bringt er es auf diesem Gebiet zu einer Spitzenleistung, ohne aber auch zu entsprechenden Einkünften zu gelangen. Denn er hatte sich vorgenommen, kein Honorar zu verlangen, und so wenden sich ihm vor allem die leidgeplagten, blinden Armen zu. Bis zu seinem Lebensende operiert Jung-Stilling gut 2.000 Menschen, etwa 80 Prozent erlangen ihr Augenlicht dadurch wieder.

Jung-Stilling war bis ins hohe Alter eine bewundernswerte Arbeitsamkeit bei gleichzeitig außergewöhnlich breitem Blickfeld zu eigen: Er ist auch hierin seinem Nachfahren Christian Schwarz-Schilling Vorbild. So schrieb er zu seiner Elberfelder Zeit eine Reihe von Fachaufsätzen zur Technik und Ökonomie. Das brachte dem Arzt einen Ruf als ordentlicher Professor für angewandte ökonomische Wissenschaften an die Kameral Hohe Schule nach Kaiserslautern ein. So zog er 1778 in die Kurpfalz. Inzwischen war, durch seinen Freund Goethe zum Druck befördert, „Heinrich Stillings Jugend“ erschienen und über Deutschland hinaus zu einem Bestseller geworden. In Kaiserslautern verliert Jung-Stilling seine stets kränkliche Frau Christine, er heiratet knapp ein Jahr später die lebenstüchtige Selma von St. George (1760 - 1790).

Die Kameral Hohe Schule wird 1784 der Universität Heidelberg angegliedert, und so zieht Jung-Stilling mit seiner Familie dorthin um. 1785 wird Jung-Stilling zum Kurpfälzischen Hofrat ernannt: eine für die damalige Zeit mit beträchtlichem gesellschaftlichem Ansehen verbundene Auszeichnung. Sie kommt Jung-Stilling besonders auf seinen Reisen zu Augenkranken zugute. Beim 400jährigen Jubiläum der Universität Heidelberg hält Jung-Stilling 1786 eine vielbeachtete Rede in deutscher Sprache, und er wird von der Universität Heidelberg zum „Doktor der Weltweisheit" promoviert.

Schon 1787 erreicht Jung-Stilling ein ehrenvoller Ruf an die Universität Marburg, dem er folgt. Er hatte inzwischen weitere Aufsätze und Lehrbücher verfasst. Dazu gab er in Kaiserslautern eine Monatsschrift heraus und publizierte auch literarische Arbeiten, außer Romanen und Erzählungen eine Übersetzung von Vergils „Georgica" aus dem Lateinischen. Neben seiner Lehrtätigkeit in der Ökonomik hält Jung-Stilling an der Medizinischen Fakultät in Marburg auch Übungen zur operativen Augenheilkunde ab und gibt 1791 ein ophthalmo-chirurgisches Lehrbuch mit dem Titel „Methode den grauen Star auszuziehen" heraus.

Als in Marburg 1790 Jung-Stillings zweite Ehefrau Selma stirbt, heiratet er noch im gleichen Jahr die Tochter eines Kollegen, Elisabeth Coing (1756 - 1817). Sie ist nicht allein ein gute Wirtschafterin des großen Hausstandes (am Tisch saßen zeitweilig 14 Personen), sondern nimmt zugleich an seinem vielfältigen und vielseitigen Wirkungskreis teil.

25 Jahre lang wird nun der Lebensweg von Jung-Stilling und seinen Zeitgenossen durch die Auswirkungen der Französischen Revolution bestimmt, die sehr bald Krieg, Hunger, Flüchtlingsströme, Not und Elend für Deutschland bringt. In dieser Zeit auch tiefer geistiger Niedergeschlagenheit wird Jung-Stilling zu einem Fels in der Brandung. Durch zahlreiche, besonders von der Schicht der verunsicherten Menschen der unteren Stände aufmerksam gelesenen Schriften (zu nennen ist vor allem der Roman „Heimweh" und die in Heften erschienene Volksschrift „Der graue Mann") stärkt Jung-Stilling den Lebensmut und das Vertrauen auf die Gnade Gottes durch Jesus Christus. Viele Menschen aus allen Ständen schreiben ihm und bitten Jung-Stilling um Rat und Hilfe. Dieser Dienst an dem Mitmenschen wird bald zu einer von ihm oft beseufzten Last. Jung-Stilling dürfte etwa 20.000 Briefe geschrieben haben.

Das Interesse an Jung-Stilling ist nicht abgeklungen. Mehrere Veröffentlichungen über Jung-Stilling sind durch die Jahre erschienen. Die seinem Andenken verpflichtete Jung-Stilling-Gesellschaft in Siegen gab neben vielen Schriften auch Zitatensammlungen aus seinen Werken heraus, so ein „Jung-Stilling-Lexikon Forsten" (Jung-Stilling hat große Verdienste auch um die Forstwissenschaft), „Jung-Stilling-Lexikon Medizin", „Jung-Stilling-Lexikon Wirtschaft" und „Jung-Stilling-Lexikon Religion". Wenn sich viele der dort abgedruckten Stellen aus seinen Werken heute als „modern" darstellen, dann ist dies der Tatsache zuzuschreiben, dass Jung-Stilling viele Sachverhalte genau durchschaute und das zeitlos Gültige vom Zeitbedingten zu trennen wusste.

Wer Christian Schwarz-Schilling, seine Geisteshaltung und seine Verpflichtung zum gemeinnützigen Wirken kennt, wird in Jung-Stilling in vielem das Vorbild finden.

Peter Mihatsch

ehem. Mitglied des Vorstandes Mannesmann Mobilfunk

Bereits zur Vereinigung der beiden deutschen Staaten musste man sich im BMPT überlegen, wie nach der gerade in Kraft getretenen 1. Postreform mit der Liberalisierung des Mobilfunks in Ostdeutschland verfahren werden sollte.

Ich erinnere mich gut daran, dass die vorherrschende Meinung im BMPT war, im Bereich der neuen Länder eine separate Ausschreibung für Mobilfunklizenzen durchzuführen. Herr Dr. Schwarz-Schilling hat auch in einem Brief an den damaligen, für Post und Telekommunikation zuständigen Minister der DDR, Herrn Schnell, dahingehend eingewirkt.

Für uns, d. h. bei Mannesmann Mobilfunk, die wir gerade die Lizenz zur Errichtung eines Netzes in den alten Bundesländern erhalten hatten, ergab sich die Frage, ob wir uns - obwohl wir gerade erst mit dem Aufbau der Gesellschaft begonnen hatten, es an geeignetem Personal an allen Ecken und Enden fehlte und wir den Gesellschaftern gerade einen Geschäftsplan in Milliardenhöhe vorgelegt hatten - nun bereits um den nächsten „Brocken" bewerben sollten.

Wir wussten, dass eine Reihe auch ausländischer Konsortien bereitstand, auch mit dem Hintergedanken, später von dem Gebiet der ehemaligen DDR aus in das Gebiet der alten Bundesländer zu expandieren. Trotz aller Bedenken entschlossen wir uns nach reiflicher Überlegung für die „Vorwärtsstrategie".

Mein wesentliches Argument bei den Gesprächen mit Herrn Dr. Schwarz-Schilling war, dass er mit der separaten Vergabe einer Lizenz in den neuen Ländern genau entlang des „Eisernen Vorhangs", der alten Demarkationslinie, eine neue Telekommunikations-Demarkationslinie errichten würde. Mir schien, dass gleich bei der ersten Erwähnung dieses Argument bei Dr. Schwarz-Schilling auf Gehör gestoßen ist. Ergebnis von einigen Gesprächen war dann, dass er in einem weiteren Schreiben an Herrn Schnell diesen nun von der ursprünglichen Idee abbrachte. Durch seine Vermittlung kam ein Gespräch zwischen Herrn Schnell und mir bzw. dem damaligen Postausschuss der Volkskammer der DDR zustande.

Daraus resultierte, dass wir (Mannesmann Mobilfunk) aufgefordert wurden, einen neuen Geschäftsplan sowie eine Mobilfunknetzplanung für die neuen Länder einzureichen. Nach Prüfung dieser Unterlagen wurden unsere Lizenzen auf die neuen Länder ausgeweitet.

Mir hat dies sehr deutlich beide „Seelen“ von Herrn Dr. Schwarz-Schilling gezeigt, einmal die sehr stark wettbewerbsorientierte des Ordnungspolitikers, und zum anderen die des Staatsmannes. Es war für ihn sicher keine leichte Entscheidung, aber es war wie immer - und ich könnte noch weitere Beispiele aufzählen - eine mutige und weitblickende Entscheidung. Auch für die Telekommunikation in Deutschland, speziell für die schnelle Versorgung der Kunden in den neuen Bundesländern, war die Entscheidung richtig, und nicht zuletzt war sie auch gut für Mannesmann Mobilfunk.

Rupert Neudeck

Journalist, Komitee Cap Anamur

Er ist so parteiisch für die Muslime-Bosnier, sagte mir jemand, als ich 1995 auf dem Wege nach Bihac war. Auf dem Rückweg sah ich ihn dann, wie einen großen strahlenden glücklichen Jungen. Ich kann dieses Glück gut verstehen. Die Bevölkerung in Bihac war bis zur Hungererschöpfung von den serbischen Truppen belagert, hatte aber an der Frontlinie standgehalten. Nun war der Moment der Befreiung gekommen. Schwarz-Schilling kam mit einem großen Konvoi.

Er hat in unserer Zeit etwas getan, was total unzeitgemäß ist. Er ist vom hohen Ross des Amtes eines Bundesministers herabgestiegen - und zwar aus freien Stücken und, noch unzeitgemäßer: aus Überzeugung!

Ich weiß noch, wie ich selbst es nicht fassen konnte damals, als er diesen Entschluss gefasst hatte. Immer wieder wollte ich von Stefan Schwarz, dem Bosnien-Mitkämpfer, wissen: Sag mal, das kann doch nicht wahr sein?! Der ist doch gegangen, weil er die Postreform nicht weitermachen wollte, weil er... Die Unkenrufe waren Legion.

Er hat uns alle und mich Lügen gestraft. Er ist einer der beständigsten Humanitären im Deutschen Bundestag.

Das Fähnlein ist sehr ausgedünnt in den 20 Jahren, die ich rückblickend überschaue. Mittlerweile gilt das nicht mehr viel, sich für ein Land der Habenichtse mit Haut und Haaren einzusetzen. Wir hatten damals (1979) wirklich immer wieder einzelne, die mit persönlichen Beziehungen oder aus Freundschaft sich eines Landes besonders annahmen.

Heinz Toetemeyer, der SPD-Abgeordnete aus Hagen, geboren in Namibia, fühlte sich dem Land Angola so verbunden, dass er nicht aufhörte, für das Volk dort zu streiten und zu kämpfen.

Uschi Eid hatte sich im Apartheid-Südafrika in der Deutschen Botschaft aus Protest gegen den Skandal der Rassentrennung und die skandalöse Ungerechtigkeit angekettet.

Aber Schwarz-Schilling hat sie alle überholt. Natürlich hatte er die Probleme, die man hat, wenn man aus seinem Beruf gejagt wird und nicht mehr den Apparat seiner Firma, seines Senders oder seiner Zeitung benutzen kann. Schwarz-Schilling sah ich, er sah mich nicht, bei einer seiner ersten Reisen im Frankfurter Flughafen, auf dem Weg nach Zagreb - ohne Portefeuille! Als Minister wurde ihm das alles gemacht: Ticket, Tasche, Reisegepäck. Es kam ihn schon schwer an.

Aber mittlerweile ist er unser aller humanitärer Wegbereiter.

Er wurde etwas, was es bisher kaum gab: „Streitschlichter". Er hat daraus viel mehr gemacht, als das Amt vorsah. Was Christian Schwarz-Schilling geleistet und errungen hat, ist unvergleichlich viel mehr als Bodo Hombach, der mit seinen hilflosen Konferenzverrenkungen im Rahmen des Stabilitätspaktes bisher nur heiße Luft produziert hat.

Alle kennen ihn in Bosnien. Er geht immer dahin, wo die Menschen ihn besonders brauchen. Zumal die, die wieder in ihr ausgebranntes Haus in einem Ort zurückwollen, in dem ein kroatischer HDZ (Tudjmann-Nationalisten)-Bürgermeister das genau verhindern möchte. Oder wo ein SDA (Fundamentalisten-Bosnier) einem Kroaten verwehren möchte, da zu leben, das Leben zu genießen und zu sterben, wo er und seine Vorfahren geboren wurden.

Ihm gehört die Plakette an das Revers geheftet als Ehrenauszeichnung: „Born in Bosnia" - die alle seine Freunde tragen, die nicht wollen, dass man ständig die Bürger Bosniens auseinanderdividiert, in die richtigen und die falschen Bosnier.

Er hat etwas, was kein deutscher Politiker mehr hat: Er hat Zeit. Die Streitschlichtung steht und fällt damit, ob der Streitschlichter Zeit hat. Zehn Stunden mit Menschen beider oder dreier politisch-ethnischer Seiten zusammenzuhocken - so jüngst wieder in der muslimisch-kroatischen Stadt Bugoino, im Beisein des wunderbaren Cowboy-Franziskaners Fra Mirko - ist keine Seltenheit.

Am Ende aber muss eine Erklärung unterzeichnet werden, die aussieht wie ein großer Staatsvertrag. Darauf nämlich will sich Schwarz-Schilling und wollen sich alle seine Anbefohlenen berufen dürfen.

Gut, es ist natürlich schwer erträglich, solche Nationalisten-Hohlköpfe wie jüngst in Bugoino oder in Jaice oder in Mostar länger als eine Stunde auszuhalten. Schwarz-Schilling hat ein untrüglich wirksames Mittel dagegen. Er schläft zwischendurch mal für die Zeit eines Nickerchens einfach ein. Das hat eine kathartische Wirkung. Der Nationalist glaubt, es sei ihm etwas Schlimmes passiert, er versucht seinen Redeschwall lauter zu machen. Kurz, das Zwischendurch-Einschlafen, das kalkulierte Ausblenden aus diesen Streitschlichtungssitzungen wird von allen Teilnehmern als eine geniale neue diplomatische Methode gehandelt.

Ich wünsche mir, den Humanitären und Sinologen Schwarz-Schilling noch einmal auf einer Reise nach Tibet begleiten zu dürfen. Irgendwann wird es den Chinesen klar sein müssen, dass Tibet nie

China war. Und dass der Dalai Lama kein Terrorist ist. Sondern einer der friedlichsten und kompromissbereitesten Menschen der Welt. Genau dann möchte ich mit Schwarz-Schilling nach Lhasa, nicht auf die Schnelle, sondern auf eine Pilgertour in humanitärer Absicht.

Ich will das aus ganz eigensüchtigen Motiven. Schwarz-Schilling kennt sich in dieser Ecke der Welt hervorragend aus.

lch wünsche der deutschen Politik, einst in Bonn, nun in Berlin, dass ihr dieser Christian Scllwarz-Schilling, der freiwillig die Gottähnlichkeit seines Ministeramtes aufgab, noch lange erhalten bleibt.

Ich wünsche uns und der deutschen Gesellschaft, dass diesem Schwarz-Schilling kräftige Mitstreiter nachwachsen, die ebenfalls ohne große Bandagen ihre Überzeugung zur Richtschnur ihres Handelns machen. So wie es das Evangelium sagt: Importune opportune. Komme es gelegen oder ungelegen.

Elisabeth Noelle-Neumann

Umfrageforscherin

Christian Schwarz-Schilling ist alles auf einmal: Politiker, Diplomat, Unternehmer, Wissenschaftler. Wissenschaftler - wieso? wird mancher fragen. Es ist wahr, die Zeit, um Universitätsprofessor zu werden, hat er sich nicht genommen, aber seinen Anlagen, Motiven nach ist er zu all dem, was er sonst in sich vereint, auch Wissenschaftler.

Das bedeutet aber auch: Er ist der geborene Außenseiter. Kein Stallgeruch. Er muss grofle Anstrengungen auf sich nehmen und kann nur mit geringem Lohn rechnen. Wenn er nicht überall, wo er tätig ist, so gut wäre, hätte er kaum seinen 70. Geburtstag mit so starker Wirkungskraft erreicht.

Aber nun versammeln sich alle um ihn zu seinem 70. Geburtstag - die Politiker, die Diplomaten, die Unternehmer, die Wissenschaftler - und entdecken: Das gibt es also, einen starken Charakter, der keine Feinde hat.

Für mich ist er außerdem Familienmitglied. Eine Schwester meines Vaters Ernst Noelle heiratete einen Schilling, sie lebten in ihrem Haus in der Koblenzer Straße in Bonn.

Ein solcher Außenseiter ist übrigens auch ein typischer Deutscher. Man sieht: ich stehe an der Staffelei und versuche, ein Porträt von Christian Schwarz-Schilling zu zeichnen. Ich hoffe, man erkennt die Sympathie, die den Zeichenstift führt. Ich denke auch an die große Selbstlosigkeit von Christian Schwarz-Schilling.

Herzlichen Glückwunsch - ich hoffe auf noch viele wirksame Jahre.

Branka Raguz, Vera Jovanovic, Esad Muhibic

Ombudsleute der Föderation Bosnien und Herzegowina, Sarajewo

Unsere Bekanntschaft mit dem Streitschlichter für die Föderation besteht seit Mai 1995, als wir uns zum ersten Mal in Mostar anlässlich einer Lagebesprechung im Rahmen des Aufbaus der Föderation trafen. Seit damals bis heute hat Herr Schwarz-Schilling - während er selbstlos Hilfe leistete und persönliche Opferbereitschaft an den Tag legte - für den Aufbau der Föderation mehr geleistet, als all unsere Politiker es jemals vermocht haben.

Die endlosen Reisen durch zerstörte und verlassene Städte, die nicht zählbaren Stunden bei Treffen mit Teilnehmern, die Krieg gegeneinander geführt haben und sich bis hin zur Absurdität konfrontieren, all dies stellt weit mehr als reines Vermitteln dar. Es war und ist eine einseitige Parteinahme für die einfachen Menschen, die im Krieg gelitten haben und weiterhin im Frieden - als Geiseln ihrer nationalistischen Führer - leiden. Es war ein unermüdlicher Kampf um Hilfe für all jene, die in ihre Häuser zurückkehren wollen, ein Kampf für die Schaffung von besseren Lebensbedingungen für alle Menschen, ohne Rücksicht auf ihren Glauben und ihre Nationalität, ein Kampf gegen die örtlichen Machthaber, die all dies zu verhinder suchten, sei es aus persönlichen oder politischen Interessen.

Nicht minder engagiert war er auch im Kampf gegen die ausländerbehördliche Verwaltung im eigenen Land, die unmittelbar nach Kriegsende versucht hat, all jene Flüchtlinge nach Bosnien und Herzegowina - genauer gesagt in die Republika Srpska - zurückzuschicken, die von dort auf brutale Art und Weise vertrieben worden waren. Unter ihnen befanden sich auch solche, die während des Krieges gefoltert worden waren und es geschafft haben, nach Deutschland zu fliehen, aber, indem sie in die Fänge der Administration gerieten, sich auf Abschiebelisten wiederfanden.

In seinem Bestreben, beweisen zu wollen, daß die Voraussetzungen für eine Massenrückkehr der Menschen in die Gebiete, aus denen sie vertrieben wurden, noch nicht gegeben sind, lud er uns ein, vor dem Ausschuss für Menschenrechte des Bundestages - aber auch anlässlich zahlreicher, von ihm organisierter Treffen mit Verantwortlichen - zu sprechen und Tatsachen bezüglich der Situation in Bosnien und Herzegowina darzulegen sowie Voraussetzungen einer eventuellen Rückkehr zu erörtern.

Also, der Kampf für jeden Einzelnen, dem Voraussetzungen für ein besseres Leben geschaffen werden mussten, blieb und bleibt ein Teil seiner Mission. Mensch sein, immer und überall, in jeder Lage, dies war die Botschaft an uns alle, die das Glück hatten, ihn kennenzulernen und mit ihm zusammenarbeiten zu dürfen.

Hartnäckigkeit und Beharrlichkeit im Erzielen von Abkommen unter den Vertretern der Behörden, seine erneute Wiederkehr zu gleichen Orten - sei es zur Überprüfung von vorher gestellten Aufgaben oder aufgrund von neu zu startenden Initiativen -, all dies hinterließ bleibende Eindrücke, überall wo er seine Besuche abstattete.

Ein Mensch, der keine Niederlage akzeptiert, auch nicht in Duellen mit den härtesten Nationalisten, ein Mensch, der auch nach 15 oder 18 Stunden ununterbrochener Verhandlung immer noch bereit ist weiterzuarbeiten und dorhin zurückkehrt, wo er mit dem Prozessverlauf nicht zufrieden ist - so jemand ist nicht nur einfach ein Streitschlichter.

Sein außergewöhnlicher Humor kam auch bei den anstrengendsten Verhandlungen zum Ausdruck. Wir erinnern uns an ein Ereignis Ende 1997 in Jajce. Es wurde über die Rückkehr von Flüchtlingen in diese mittelbosnische Stadt verhandelt. Da keiner der örtlichen Teilnehmer Englisch sprach, verliefen die Gespräche über Dolmetscher. Die örtlichen Teilnehmer sollten bei diesen Verhandlungen einen Vertrag unterzeichnen, so daß dieses Wort am häufigsten in der marathonartigen Überzeugungsarbeit fiel. Irgendwann, tief in der Nacht hatte ein Verhandlungsführer genug von der ermüdenden Überzeugungsarbeit und sagte: „In Ordnung Leute, laßt uns dieses 'agreement' unterzeichnen und nach Hause gehen." Herr Schwarz-Schilling, der offensichtlich selbst sehr müde war, lachte bei diesen Worten laut auf und bemerkte: „Sehen Sie, diese langen Treffen können doch nützlich sein, denn nebenbei kann man auch noch Englisch lernen."

Er ist in erster Linie ein Freund der Menschen und ein Heilender von tiefen Wunden, die als Folgen des Krieges entstanden sind.

Durch die zahlreichen Aufenthalte in Bugojno, Jajce, Vares, Mostar, Stolac, Kakanj, Zenica, Drvar und anderen Orten hat er langsam aber systematisch und unglaublich hartnäckig die zerissenen Fäden zwischen den Menschen neu geknüpft; er hat behutsam ein Netz geflochten, in welches auch die halsstarrigsten Politiker - denen das Parteiinteresse und das persönliche Interesse stets wichtiger war als die Verfassung, die Gesetze und die Bedürfnisse der unglücklichen und unterdrückten Menschen - hineingefallen sind. Während dieses Vorhabens hatte er nur ein Ziel, und so haben wir ihn erlebt, nämlich dem sogenannten kleinen Mann zu helfen.

Da Herr Schwarz-Schilling als Streitschlichter und wir als Ombudsleute viele gemeinsame Aufgaben haben, kamen wir zu der Einschätzung, dass gemeinsame Verhandlungen, die wir mit den Behörden führen würden, bessere Erfolgsaussichten hätten als Einzelgespräche. Deshalb haben wir mit großer Freude die gemeinsame Arbeit und Kooperation angenommen. Wir haben ihm unsere Berichte zukommen lassen: über die Lage der Menschenrechte in einzelnen Gebieten, über Probleme, die mit Hilfe der Mediation gelöst werden könnten, wobei wir, bzw. unsere Bevollmächtigten beiwohnen würden. Jedes Abkommen, welches der Streitschlichter mit den örtlichen Behörden geschlossen hatte, enthielt eine Bestimmung, die diese Behörde zusätzlich zur Zusammenarbeit mit uns, den Ombudsleuten verpflichtete. Dies bedeutetet für uns eine Unterstützung und trug zur Stärkung der Autorität der Ombudsleute als einer jungen Institution bei.

Herr Schwarz-Schilling verwies bei fast jedem öffentlichen Auftritt auf die Bedeutung unserer Arbeit, auch auf unseren Mut und auf die Notwendigkeit, dass die Behörden mit uns zusammenarbeiten. All dies hat feste Bindungen in der gemeinsamen Arbeit, gegenseitiges Anerkennen, aber auch eine unzertrennliche Freundschaft geschaffen.

Deshalb gebühren unserem geachteten Freund, Herrn Schwarz-Schilling, bedeutende Verdienste an den bisherigen Ergebnissen, die die Institution des Ombudsmannes erzielt hat.

Ohne Übertreibung kann gesagt werden, daß Herr Schwarz-Schilling für uns ein Licht im Tunnel, in dem wir uns befanden, darstellt. Herr Schwarz-Schilling hat uns klar die Wege gezeigt, die wir einschlagen müssen - im gemeinsamen Kampf für Menschenrechte, Demokratie und für eine bessere Zukunft.

Wolf-Dieter Ring

Präsident der Bayerischen Landeszentrale für neue Medien

Dr. Christian Schwarz-Schilling hat früher als andere Politiker die Bedeutung der Medienpolitik erkannt. Bereits 1976, damals Vorsitzender des Koordinierungsausschusses für Medienpolitik der CDU/CSU, hat er sich vehement für ein Ende des Monopols der öffentlich-rechtlichen Rundfunkanstalten ausgesprochen. Er plädierte dafür, im Rahmen der neuen technischen Möglichkeiten des Kabelfernsehens private Anbieter zuzulassen, um die Meinungsvielfalt zu erhöhen. Zudem sollte der Wettbewerb die verkrusteten Strukturen der öffentlich-rechtlichen Anstalten aufbrechen. Es war nur folgerichtig, dass der profilierte Medienpolitiker 1981, als der Bundestag mit der Einsetzung der Enquete-Kommission „Neue Informations- und Kommunikationstechniken" eine politische Antwort auf die Herausforderungen des elektronischen Medienzeitalters zu suchen begann, zum Kommissionsvorsitzenden gewählt wurde.

Nach dem Bruch der sozialliberalen Koalition und dem Amtsantritt der CDU/CSU/FDP-Regierung wurde Schwarz-Schilling im Oktober 1982 zum Bundesminister für das Post- und Fernmeldewesen ernannt. In dieser Funktion war er in der Lage, die bis dahin herrschende politische Blockade gegen die neuen Medien aufzuheben. Durch eine möglichst schnelle und flächendeckende Verkabelung schuf er nicht nur die Voraussetzung für das Entstehen privater Fernsehsender in Deutschland. Er löste dadurch auch einen wichtigen Innovationsschub aus, der die Wettbewerbsfähigkeit deutscher Technologie verbesserte und zugleich neue Arbeitsplätze schuf. Die Widerstände waren zunächst enorm. Sie umfassten die öffentlich-rechtlichen Rundfunkanstalten, weite Teile der SPD, Teile der Zeitungsverleger und wirkten sogar bis in die Unionsparteien hinein. Als Beispiel dafür möge die Situation in München gelten, wo die Bürgerinitiative gegen Kabelkommerz (BIKK) mit allen Mitteln die Verkabelungspolitik bekämpfte. Symptomatisch für diese Zeit waren Formulierungen wie: „Kein Kommerz für die Weltstadt mit Herz" oder „Wollen Sie, dass Ihre Kinder den Fernseher mehr lieben, als den eigenen Vater?" Gerade das Kabel wurde als besonderes „Teufelswerk" gesehen. Dies ging so weit, dass auf Plakaten - in Anlehnung an die griechische Mythologie - Menschen von Kabelsträngen erwürgt wurden.

Dr. Schwarz-Schilling hat dagegen unermüdlich und voller Überzeugungskraft die Richtigkeit seiner Politik vertreten, auch wenn das manchmal sehr schwierig war. Ich erinnere mich beispielsweise an heftigste Auseinandersetzungen mit den Vertretern des Freistaats Bayern, als es um das Bayerische Teilnehmerentgelt ging. Die bayerische Politik deckte sich, was die Einführung privaten Rundfunks anbetraf, völlig mit dem, was Schwarz-Schilling auf Bundesebene im Rahmen seiner Verkabelungspolitik vorangetrieben hat. Das prinzipielle Ja zur Einführung privaten Rundfunks stand. Aber die Staatsregierung wollte in besonderer Weise aus regionalpolitischen Gründen, aus dem Gesichtspunkt zusätzlicher Vielfalt und aus der Überlegung heraus, diese Entwicklung auch wirtschaftlich zu unterstützen, ein eigenes Finanzierungsinstrumentarium vor allem für lokales Fernsehen. Es ging darum, dass jeder Kabelteilnehmer einen bestimmten Betrag abzuführen hatte, der im Besonderen den Programmanbietern in Bayern zu Gute kommen, aber auch dazu dienen sollte, die technischen Verbreitungswege zu fördern und die bayerische Innovationspolitik zu unterstützen.

Schwarz-Schilling hat hartnäckig gegen diese Position gekämpft und sich in einer ganzen Reihe von Ländern, in denen ähnliche Überlegungen angestellt wurden, auch durchgesetzt. Erst jüngst hat er in einer internen Runde darüber berichtet, wie sehr es ihm am Herzen lag, diesen bayerischen Weg nicht zu einem bundesweiten Weg werden zu lassen. Dies ist ihm geglückt. Nicht erreicht hat er allerdings, Bayern vom Weg des Teilnehmerentgelts abzubringen, obwohl er das sehr massiv versucht hat. Ich erinnere mich, wie Mitarbeiter des Postministeriums Berechnungen vorgelegt haben, um die Argumentation ihres Ministers gegenüber dem damaligen Chef der Bayerischen Staatskanzlei, Herrn Dr. Edmund Stoiber, und mir als dem zuständigen Medienreferenten zu unterstützen. Die Vertreter des Postministeriums haben damals vor allem die Position vertreten, dass das bayerische Teilnehmerentgelt die Kabelanschlussdichte in Bayern im bundesweiten Vergleich erheblich beeinträchtigen werde und dass dieser Weg deshalb für die Verkabelungspolitik der Bundesregierung kontraproduktiv sei. Die vorgelegten Fakten, Zahlen und Prognosen zeigten die Akribie, mit der man diesen bayerischen Weg verhindern wollte - ohne Erfolg. Heute haben wir immer noch das Teilnehmerentgelt in Bayern. Es hat eine vielfältige lokale und regionale Rundfunklandschaft ermöglicht, ohne sich negativ auf die Anschlussdichte in den bayerischen Kabelnetzen auszuwirken. Eine Fernsehlandschaft, wie sie in keinem anderen Bundesland entstanden ist.

Abgesehen von der Einführung des Teilnehmerentgelts gibt es kaum

Sachverhalte, bei denen sich Schwarz-Schilling nicht durchgesetzt hätte. So zum Beispiel auch beim Aufbau terrestrischer Frequenzen, die innerhalb des Postministeriums äußerst umstritten waren. Man befürchtete offensichtlich hier eine Konkurrenz zur Nutzung des Kabels und war mit zusätzlichen terrestrischen Frequenzen - vor allem für das Fernsehen - sehr zurückhaltend. Doch Schwarz-Schilling hat sich in der ihm eigenen Art damit durchgesetzt. Dies führte sogar so weit, dass der damalige Präsident der Oberpostdirektion in München im Konflikt mit dem Postminister letztlich den Kürzeren zog und nach Hamburg versetzt wurde, weil er nicht bereit war, die Politik des Ministers in diesem Punkt zu unterstützen.

Woran ich mich auch sehr gut erinnere, war das Auftreten des Postministers im Oktober 1985 im Medienrat der BLM. Hier hat er wiederum sehr überzeugend die Grundzüge seiner Politik dargelegt. Genauso deutlich hat allerdings der Medienrat der Landeszentrale ihm gegenüber Forderungen nach einer flächendeckenden Verkabelung des Freistaats aufgestellt. Dass Schwarz-Schilling sehr viel für die Verkabelung in Bayern getan hat, sieht man am erreichten Versorgungsgrad in einem Flächenland, in dem die Verkabelung ja auch wirtschaftlich ihre Grenzen findet.

Auch heute noch gilt zweifellos, dass man Dr. Christian Schwarz-Schilling nicht wegdenken kann aus der bundesdeutschen Entwicklung im Bereich der elektronischen Medien und der Telekommunikation. Insbesondere sein geschicktes Zusammenspiel mit den Ländern hat die Entwicklung des privaten Rundfunks in Deutschland entscheidend beschleunigt. So kann Schwarz-Schilling sicherlich in der Rückschau für sich verbuchen, dass er einen ganz entscheidenden Beitrag, möglicherweise sogar den entscheidenden Beitrag zur Entwicklung des privaten Rundfunks in Deutschland geleistet hat. Dies ist seine historische Leistung, die angesichts seines 70. Geburtstages entsprechende Würdigung finden muss und finden wird. Ich erinnere mich gerne an die vielen Zusammentreffen mit ihm, sein hervorragendes Auftreten, seine Eloquenz, seine überzeugenden Reden und seine Spontaneität. All dieses hat den Erfolg seiner politischen Tätigkeit ausgemacht und prägt ihn auch heute noch.

Jasmina Rose
Journalistin, Sarajewo

Ich erlebte ihn oft bei seinen Streitschlichtungen in Bosnien-Herzegowina. Einmal standen wir vor der Tür des „Moritscha Hans", des ältesten Kaffeehauses auf dem Balkan. Ich wollte ihn in Sarajewo zu dem traditionellen Kuchen und Mocca einladen. So wie es bei den Osmanen vor 500 Jahren, nach der Besetzung Bosniens, Brauch war. Die alte Frau, die nach einer ganzen Weile die Tür aufmachte, sagte ziemlich unfreundlich: „Es ist geschlossen!". Plötzlich veränderte sich ihr Gesicht. Sie hatte ihn erkannt, den Streitschlichter Christian Schwarz-Schilling, wie sie mir später zugab. Um sicher zu sein, fragte sie mich, aus welchem Lande der Herr komme. „Aus Deutschland", antwortete ich. „Aus Deutschland", wiederholte sie dankbar und fügte hinzu: „Na ja, dann ist er ein guter Mensch. Bitte schön, Sie sind willkommen, kommen Sie herein, ich möchte Sie zum Kaffee und Kuchen einladen."

Willkommen in Bosnien war er nicht immer. Bei seiner ersten Reise durch die Republik Srpska kam er nach Prijedor, um als Gast eine Rede im Stadtparlament zu halten. Zu der Sitzung kamen zum ersten Mal auch Vertreter der überlebenden und vertriebenen bosnischen Muslime und Kroaten. Seine Rede wäre nichts Ungewöhnliches gewesen, wäre es nicht die Stadt, in deren Nähe das berüchtigte Todeslager Omarska lag, wo zahlreiche Bosniaken und Kroaten im Jahre 1992 zu Tode gequält wurden. Nachdem der Streitschlichter in seiner Parlamentsrede den Serben eindeutig zur Kenntnis gab, dass die Vertriebenen in ihre Häuser zurückkehren müssten, entstand eine große Spannung. Bis ein serbischer Abgeordneter aus der Karadzic-Partei zum Rednerpult ging und es auf den Punkt brachte: „Herr Schilling braucht nicht hier zu erscheinen, um uns eines Besseren zu belehren. Es wäre besser, er brächte uns 'Schillinge'."

Ich hatte immer den Eindruck, dass er sein Engagement für die Menschen und ihre Rechte liebt. Denn wie könnte man ansonsten seine Aufopferung, Hingabe und Ausdauer erklären. Nicht selten griff er in sein Portemonnaie und gab den Menschen, denen im Krieg alles genommen wurde, eine Unterstützung. Er war tief beeindruckt, sie in den heruntergekommenen Scheunen als Rückkehrer zu sehen.

Er war der erste, der die bosnischen Parteien an einen Tisch brachte. Man muss sich das so vorstellen: Meistens gab es eine Seite der Vertriebenen und die Seite der Besetzer und Peiniger. Die einen wollten in ihre Wohnungen und Häuser zurück und die anderen versuchten dies mit allen Mitteln zu verhindern. Daraus ergab sich, dass die Streitschlichtungen nicht selten 14 Stunden und länger dauerten. Christian Schwarz-Schilling betrieb sie wie ein Asket, dass wir alle, die ihn begleiteten, regelrecht abmagerten. Meistens begannen die Verhandlungen am frühen Morgen und zogen sich, ohne Unterbrechung und ohne Mittag- und Abendessen, in verrauchten Räumen bosnischer Rathäuser bis früh in den nächsten Morgen. Es dauerte seine Zeit, bis wir begriffen, worauf sein Durchhaltevermögen basierte. Er bediente sich der Meditationstechnik. Es sah so aus, als schliefe er, während sich die Parteien stundenlang Berichte lieferten und gegenseitige Forderungen stellten. In dem Moment aber, als sie ihre Reden beendeten, öffnete er seine Augen. Er gab deutlich zu verstehen, dass er sich jedes Wort eingeprägt und jede Art von Austricksen durchschaut hatte. Die Hardliner bedienten sich aller erdenklichen Listen, um ihm die Arbeit zu erschweren.

Ich erinnere mich noch genau an Verhandlungen in Drvar, im Dezember 1997: Plötzlich ging mein Aufnahmegerät aus. Ich tauschte die Batterien, doch nach kurzer Zeit merkte ich, wie sich das Band immer langsamer drehte, bis es schließlich stehen blieb. Ich besorgte mir erneut Batterien, dennoch war das Ergebnis das Gleiche. Bis mir ein holländischer NATO-Offizier die Erleuchtung brachte: die niedrigen Temperaturen waren schuld daran. Wir zitterten vor Kälte im Verhandlungssaal, weil man den internationalen Streitschlichter bei minus 10 Grad Außentemperatur ausfrieren wollte. Man erklärte ihm, die Heizung sei leider defekt. Wahrscheinlich haben sie nicht damit gerechnet, dass er sich davon nicht beeindrucken ließ und in dem Saal bis tief in die Nacht ausharrte. Allerdings hatte dies schwere Folgen für einen seiner Mitarbeiter. Die Grippe erwischte ihn so sehr, dass ich ihn auf dem Sofa im gut geheizten Büro der Sekretärin unterbringen musste. Irgendwann muss es den Gastgebern wohl auch zu kalt geworden sein. Denn plötzlich funktionierte die Heizung auch im Verhandlungssaal.

Auch Christian Schwarz-Schilling nutzte sein taktisches Geschick. Erst ließ er die aggressiven, erbosten Nationalisten stundenlang reden bis zur völligen Ermüdung. Er wappnete sich mit Geduld und Informationen, um in der Endphase die Gegenoffensive zu starten. Fast immer schaffte er es, dank seiner Verhandlungskunst die Parteien zu überzeugen und das Agreement unterzeichnen zu lassen. Bei ihm wurden sämtliche Bürgermeister und Chefs der Stadtparlamente zu Studenten der Demokratie (Kurs für Anfänger). Wie funktioniert ein Parlament? Warum müssen die Flüchtlinge zurückkehren? Warum muss ein Abgeordneter dem Volk und nicht der eigenen Partei (womöglich Karadzic- oder Tudjman-Partei) dienen? Er lehrte ihnen die Grundregeln der Menschenrechte und erzählte vergleichbare Horrorbeispiele aus der Nazizeit, die er selber erlebt hatte. Manche konnten sich darin gut erkennen und andere verstanden sein Engagement um so besser. Im Laufe der Jahre lernten ihn alle schätzen. Dabei übte er Gerechtigkeit gegen Jedermann und blieb immer ein Gentleman. Wie die alte Frau vom Kaffeehaus sagte: „Ein guter Mensch aus Deutschland!“

Manfred Schneider
Vorsitzender der Geschäftsleitung KRONE GmbH, Berlin

Als Bundesminister für das Post- und Fernmeldewesen bzw. Telekommunikation hat Dr. Schwarz-Schilling von Beginn seines Wirkens an in diesem Amt - neben den politisch-strategischen Hauptzielsetzungen, die zur Postreform führten - stets seine Person und sein Interesse auch in den Dienst der Fernmeldeindustrie gestellt. Sein Anliegen dabei war, die Weichen so zu stellen und seine Arbeit danach zu orientieren, dass bei Beachtung aller Ordnungen und Wettbewerbsregularien der Erfolg der Industrie gefördert werden kann und wird. Dies führte u. a. zu regelmäßigen sogenannten Industriegesprächen, bei denen von Planungen für die Beschaffung von Produkten/Systemen und Dienstleistungen bis hin zu langfristigen Aspekten des Ministeriums informiert wurde. Eine stets begrüßte hilfreiche Serviceleistung für die Industrie.

Im Zeichen dieser Industrieorientierung standen unzählige internationale Aktivitäten. Diese reichten von Tagungen, Kongressen und bilateralen Vereinbarungen für das Post- und Fernmeldewesen bis zu ausgedehnten Reisen in politisch und wirtschaftlich interessante Länder. Es war deutlich zu erkennen, dass Dr. Schwarz-Schilling den Aus- und Aufbau von Kontakten mit allen Regierungen weltweit zu seinem besonderen Anliegen zählte.

Aus der Vielzahl der Initiativen und Bemühungen von Dr. Schwarz-Schilling zur Förderung der Industrie in Deutschland - insbesondere der mittelständischen Industrie - will ich mich auf diese internationale Tätigkeit und hier speziell auf Reisen ins Ausland konzentrieren. Dr. Schwarz-Schilling hat bei seinen Reisen, so oft es ging und sinnvoll war, die Industrie mit eingebunden und sich insbesondere auf deren Probleme und Wünsche eingestellt. Diese Reisen führten uns gemeinsam in viele interessante Länder, z. B. China, Hongkong, Indonesien, Indien, Iran, Malaysia, Taiwain, Ukraine, Vietnam und viele andere.

Bleibend sind meine Eindrücke von einer 14-tägigen Reise nach Ostasien. Am Sonntag, den 3. Mai 1992 starteten wir. Wir, das waren neben der Ministerdelegation, Dolmetschern, Politikern und Journalisten vierzehn Repräsentanten der Industrie. Bereits den langen Flug nutzte der Bundespostminister dazu, die Anliegen der einzelnen Firmen im Detail kennenzulernen. Dabei wurde ausführlich über die Aktivitäten, Probleme und Wünsche der einzelnen Firmen in Bezug auf das Reiseziel diskutiert und gesprochen. Dies wurde auf jedem Flug so gehandhabt, obwohl die Dienststellen des Ministeriums schon vor Antritt der Reise ausführliche Informationen für jedes Gespräch vorbereitet hatten.

In den Ländern selbst hat mich immer der staatsmännische Auftritt von Dr. Schwarz-Schilling beeindruckt. In China war dieser Eindruck natürlich besonders geprägt davon, dass Dr. Schwarz-Schilling als Sinologe die Kulturen und Mentalitäten der Chinesen bestens kennt, bis hin zu deren Sprache. Sein Auftritt war auch politisch beeindruckend. So hat Dr. Schwarz-Schilling bei den Tischreden in China, auch anlässlich des Essens, das der Vize-Premierminister zu Ehren der Delegation gab, die Einhaltung der Menschenrechte in China angemahnt.

Von Peking aus ging es zwei Tage später nach Shanghai. Ich erinnere mich noch sehr genau, wie Dr. Schwarz-Schilling beim Oberbürgermeister der Stadt Shanghai, in Anwesenheit des gesamten Stadtparlaments, unser Unternehmen namentlich besonders ausführlich hervorhob und für die umfangreichen Auf- und Ausbaumaßnahmen in der Kommunikationsinfrastruktur der Stadt empfahl. Seine Begeisterung, sich für ein mittelständisches Unternehmen einzusetzen, ging oft über die möglichen Leistungsfähigkeiten des Unternehmens hinaus. Mit Engagement rundete er jeweils das Liefer- und Produktprogramm des Unternehmens so ab, dass gesamte Systemlösungen daraus entstanden. Letztlich wurde immer das Interesse aller Firmen ausgewogen dargestellt. Der Zeitplan war bei den Reisen so eng, dass wir oft mehrere Gespräche parallel führen mussten. Die Gespräche dauerten bis spät in den Abend. Am Wochenende unternahm die Delegation Ausflüge ins Land. So machten wir in China eine Schifffahrt auf dem Li-Fluss. Hier hatten wir wieder Glück, dass uns Dr. Schwarz-Schilling an seinen umfangreichen Kenntnissen über das Land teilhaben lassen konnte. Genaue Erklärungen über Land und Leute prägten das Bild und gaben uns tiefe Einblicke.

Am aufregendsten war die stundenlange Reise mit dem Bus über die Landstraßen von Guangshou nach Shenzhen. Da wir erst nach 20.00 Uhr in Guangshou abfuhren, erlebten wir eine Nachtfahrt, die ihresgleichen suchte. Auf engen Straßen, wo jedes Überholmanöver ein Abenteuer war, engen Brücken und in Staus, wo es weder vorwärts noch rückwärts ging, hatten wir Erlebnisse, wie man sie nur einem Kenner des Landes verdanken kann. Eigentlich war diese Busreise hoffnungslos, aber spannend. Als die Kolonne um Mitternacht plötzlich stoppte und wir in eine Nachtkneipe geführt wurden, war allen klar, dies war wieder eine spontane Idee unseres Ministers. Ob diese Kneipe unserem Minister durch das Studium der Sinologie bekannt war, kann man nachhaltig bezweifeln. Eher muss man annehmen, dass der Stop an dieser Stelle aus dem Gefühl für das Besondere resultierte. Zahlreiche junge Chinesinnen füllten die Kneipe und boten uns ein schönes Bild - optische Ablenkung. Mein bleibender Eindruck ist, dass Dr. Schwarz-Schilling extreme Augenblicke besonders schätzt und - die Zigarre dampfend, ein Gläschen Rotwein dazu - die Vielfalt der Eindrücke schweigend genießt.

Es folgten zwei spannende Tage in Hongkong; Gespräche mit dem Gouverneur, Pressekonferenz, Firmenbesuche. In jedem Land gab es immer die Chancen, die für unser Geschäft bedeutendsten Leute kennen zu lernen. Aus den intensiven Nachgesprächen mit den Partnern, deren Bekanntschaft man auf der Reise machte, konnten deutliche Erfolge für das Unternehmen erzielt werden. Daraus resultiert meine immer wieder angesprochene Forderung, die deutsche Industrie sollte sich einen eigenen Minister solcher Art leisten. Obgleich auch Reisen mit anderen Bundesministern immer spannend sind und viele Chancen für Gespräche geben, war es jedoch so, dass die Gespräche mit dem Bundespostminister eben zielorientiert waren, d. h. die Gesprächspartner waren immer konkret im Bereich der Post- und Telekommunikation aktiv.

Am 12. Mai kamen wir sehr früh in Taipeh an. Aus politischen Gründen musste sich der Bundesminister in diesem Land von offiziellen Auftritten distanzieren. Dies führte dazu, dass die Gespräche rein industrieorientiert stattfanden und Dr. Schwarz-Schilling sich in Einzelgesprächen ein Bild von der Situation des Landes machte. So sind wir auch bereits zwei Tage später nach Kuala Lumpur weitergeflogen. Zahlreiche Gespräche mit dem zuständigen Minister für Energie, Telekommunikation und Post sowie mit den Damen und Herren aus seinem Ministerium brachten uns erhebliche Informationen und Möglichkeiten für Geschäfte in Malaysia. Die Gespräche intensivierten sich beim Aufenthalt in Pengnang insbesondere auf deutsche Firmen, die in Malaysia seit Jahren besonders erfolgreich waren. Dies gab Unternehmen, die in diesem Land noch keine Erfolge aufweisen konnten, die Chance, entsprechende Impulse zu bekommen.

Die Ostasienreise ist nur ein Beispiel, es könnte über viele andere Touren berichtet werden. Etwa über die Reise nach Vietnam und Indonesien. Allein die Begegnung mit dem dynamischen damaligen Minister für Forschung und Technologie, Prof. Dr. Habibie, mit unserem Minister und der gesamten Delegation wäre eine Geschichte für sich. Oder der alleinige Spaziergang von Dr. Schwarz-Schilling mittags in Ho-Chi-Minh-Stadt einfach ums Hotel herum. Dieser Weg endete mit dem Verlust der kleinen Tasche mit sämtlichen persönlichen Dokumenten. Dr. Schwarz-Schilling hatte immer viele Unterlagen persönlich mit sich getragen. Meistens waren dies zwei Taschen. Eine Tasche durfte man nur im besonderen Ausnahmefall, und dann nur wenige Meter entfernt, unter ständiger optischer Beobachtung tragen. Übrigens, die im Gehen gestohlene Tasche wurde zum Erstaunen aller Reiseteilnehmer beim Abflug am Flughafen von Ho-Chi-Minh-Stadt vom Polizeipräsidenten der Stadt persönlich Dr. Schwarz-Schilling zurückgegeben. Die Aufklärung dieses kriminellen Vorfalls bleibt ein Geheimnis.

Immer wieder stelle ich fest, über Erlebnisse mit Dr. Schwarz-Schilling zu schreiben oder zu sprechen, ist ein Vergnügen. Er hat die Gabe, dass seine Anwesenheit den Raum, den Ort, die Begegnung bestimmt. Stets hat sein Auftritt, sein Wirken den Blick darauf fokussiert, Deutschland würdig zu vertreten und dabei gleichzeitig Aquisitionen für Firmen zu betreiben. Für mich kann ich feststellen, dass ich Glück hatte, in entscheidenden Jahren den richtigen Mann zu treffen. Daher waren und sind die Jahre mit Dr. Schwarz-Schilling für mich bedeutende Jahre. Begegnungen mit ihm geben Impulse und erinnern mich an einen Satz von Hellmut Freund, den dieser zum 60. Geburtstag von Peter Härtling schrieb: „Das Ich altert nicht“.

Mit der Freude auf viele weitere Begegnungen mit beiden wünsche ich Dr. Schwarz-Schilling und seiner verehrten Frau weiterhin viele gute Jahre des Wirkens, des Schreibens und des Lebens.

Peter Spary

Hauptgeschäftsführer des Bundesverbandes des Deutschen Groß- und Außenhandels

„Fortschrittliche Politik der Mitte für Europa muss sich am Leitbild des freiheitlichen und selbständigen Menschen orientieren. Wir bejahen und fördern die private Initiative, wir wünschen eine lebendige und streitbare Demokratie, wir bekämpfen Funktionärsmacht und Bürokratismus. Politik der fortschrittlichen Mitte ist eine sich ständig erneuernde Politik Sie lebt nie abgelöst von der Wirklichkeit, sie erhält das Erhaltenswerte, sie lebt von der Teilung der Macht und der Dezentralisierung der Entscheidung, und sie bekennt sich zur Gleichheit der Chancen".

Dies sind einige der Kernaussagen, die Dr. Christian Schwarz-Schilling am 12. November 1977 in Meran anlässlich eines Festvortrags zur Rolle der Mittelschichten in Europa gemacht hat. Dr. Christian Schwarz-Schilling war nie Mitglied des Europaparlamentes, er war aber dennoch einer der maßgeblichen Politiker, die Europa mit gestaltet haben auf dem Weg von der Europäischen Wirtschaftsgemeinschaft bis zur Europäischen Union. Dabei hat er sich als aktiver Unternehmer natürlich um die Formierung des Mittelstandes in Europa besonders intensiv und erfolgreich gekümmert.

Am 5. Februar 1977 unterlag Christian Schwarz-Schilling ganz knapp in einer Kampfabstimmung um den Bundesvorsitz der Mittelstandsvereinigung der CDU/CSU Prof. Dr. Gerhard Zeitel, dem er nach dieser Wahlentscheidung das Feld der nationalen Mittelstandspolitik überließ, um sich mit ganzen Kräften der Formierung des Mittelstandes in Europa zu widmen. Noch im gleichen Jahr 1977 konnte er im Rahmen einer ersten europäischen Mittelstandskonferenz am 6. und 7. November die führenden Mittelstands-Repräsentanten aus 13 europäischen Ländern begrüßen, unter anderem Dr. Wolfgang Schüssel, damals Generalsekretär des Wirtschaftsbundes der ÖVP, heute österreichischer Bundeskanzler. Damals wurde in Bonn auf Initiative von Schwarz-Schilling von 13 Ländern das Initiativkomitee zur Aktivierung und Koordinierung europäischer Mittelstandspolitik konstituiert. Es wurde ein Exekutivbüro aus 6 Ländern - Italien, Österreich, Bundesrepublik Deutschland, Belgien, Frankreich und Großbritannien - gewählt, zu dessen Vorsitzenden Schwarz-Schilling ernannt wurde. Er war somit der 1. Präsident der Europäischen Mittelstandsunion EMSU, die sich hieraus sehr schnell entwickelt hat. Die EMSU wurde sehr bald aufgenommen in die Europäische Demokratische Union, EDU, und wirkte aktiv mit in der Europäischen Volkspartei, EVP.

Unter Führung von Schwarz-Schilling fanden sich erstmals Mittelständler aus verschiedenen europäischen Ländern zusammen, um Lösungen für ihre gemeinsamen Probleme zu erörtern. Bereits 1978 fand dann in Rom der 1. Kongress der Europäischen Mittelstandsunion statt, wurden Statuten und ein Manifest verabschiedet.

Für Christian Schwarz-Schilling war Europapolitik in den folgenden vier Jahren bis zur seiner Ernennung zum Bundesminister für Post- und Fernmeldewesen im Jahre 1982 ein zentraler Schwerpunkt seines politischen Wirkens in Bonn und Europa. Nach seiner Berufung in das Bundeskabinett wurde er auf der europäischen Ebene zum Ehrenpräsidenten der Europäischen Mittelstandsunion gewählt und blieb in dieser Funktion sehr aktiv auch weiter der Formierung der Mittelschichten und des Mittelstandes in Europa verbunden.

Wenn es heute in der Welt eine freiheitlich-demokratische Grundordnung gibt, so haben die Mittelschichten Europas einen entscheidenden Anteil daran. An der Formierung dieser Mittelschichten wiederum hat Christian Schwarz-Schilling den entscheidenden Anteil.

„Handeln wir also, ehe es zu spät ist!“ - das war damals seine Devise. Je mehr die Mittelschichten sich als Bollwerk der Freiheit verstehen, um so mehr werden sie auch in der Lage sein, für die innere und äußere Bedrohung einen konstruktiven Abwehrbeitrag zu leisten, durch Losung der uns auf den Nägeln brennenden inneren Probleme sowie durch Geschlossenheit in der Verteidigung unserer Kultur nach außen. Schwarz-Schilling ist ein kämpferischer Mittelstandspolitiker auf europäischer Ebene. Damals motivierte er die Mittelschichten, einen überzeugenden Beitrag zu leisten in der Auseinandersetzung der freien Gesellschaft mit Marxisten, Sozialisten und Utopisten. Die Vernichtung des Mittelstandes war damals noch eine zentrale Zielsetzung osteuropäischer Diktatoren. Daher war damals die Abwehrschlacht des Mittelstandes zu organisieren. Dies war eine der großen Herausforderungen der Europäischen Mittelstandsunion EMSU.

Schwarz-Schilling wollte von Anfang an Europa nicht nur den Regierungen und den Bürokratien überlassen. Gerade als mittelständischer Unternehmer wollte er seinen Beitrag beisteuern. Dies ist ihm damals durch die Formierung der europäischen Mittelstandspolitik gelungen. Heute, ein rundes Vierteljahrhundert nach dieser von Schwarz-Schilling vorgenommenen Initiative zur Formierung des

Mittelstandes, wird seine Arbeit fortgeführt von der Wirtschafts- und Mittelstandsvereinigung der Europäischen Volkspartei. Die Aufgaben haben sich gewandelt. Nach der Vollendung der deutschen Einheit ist nun die Vollendung der Einheit Europas die Hauptaufgabe. Auch hier bleibt der Mittelstand in Europa gefordert. Er hat durch den Gründungsakt von Christian Schwarz-Schilling noch heute die politische Infrastruktur, sich in den christlich-demokratischen, christlich-sozialen Parteien, in den Parteien der Mitte Europas kraftvoll zu artikulieren. Unstrittig hat Christian Schwarz-Schilling wesentlich zur notwendigen Kräftigung der politischen Mitte und damit zum Erhalt eines freiheitlichen Europa beigetragen.

Dieter Stolte

Intendant des ZDF

Christian Schwarz-Schilling, ein Politiker und Unternehmer mit vielen Talenten, war aus meiner beruflichen Sicht vor allem ein sachkundiger Medienfachmann, der in diesem Bereich auf drei Ebenen gewirkt hat:

Als langjähriger Vorsitzender des Koordinierungsausschusses für Medienpolitik der CDU/CSU sowie später als Vorsitzender der Enquete-Kommission des Bundestages „Neue Informations- und Kommunikationstechniken" hatte er maßgeblichen Anteil an der Entwicklung und Entfaltung des dualen Rundfunksystems in Deutschland, das man - zumindest im europäischen Maßstab - als eine der gelungensten Medienordnungen bezeichnen darf.

Als Mitglied des Ausschusses für Politik und Zeitgeschehen im ZDF-Fernsehrat hat er in den Jahren 1971 bis 1982 engagiert an der Herausarbeitung eines Grundkataloges zur Bewertung von ZDF-Sendungen mitgewirkt und dabei zugleich unverzichtbare Qualitätsstandards, aber auch journalistische Verhaltensnormen für die Sendungen des öffentlich-rechtlichen Rundfunks insgesamt erarbeitet.

Als Stimmführer seiner politischen Gruppe im ZDF-Fernsehrat war er schließlich ein beredter Diskussionspartner für den nicht minder stimmgewaltigen Hermann Heinemann von der SPD. Dass das Kräftemessen beider Persönlichkeiten mich die Wahl zum Intendanten in der Nachfolge von Karl Holzamer im Jahre 1977 gekostet hat, habe ich erst Jahre später - in der Rückschau - als eine mir insgesamt nicht nachteilige Entwicklung empfinden können. Nicht auszudenken, es wäre anders gekommen: Ich wäre dann heute schon im 23. Jahr Intendant - oder gerade auch nicht.

Inzwischen immerhin im 18. Intendanten-Jahr steht das duale System vor seiner entscheidenden Bewährungsprobe: In einer Phase, da das Bezahl-Fernsehen expandiert und das Fernsehen insgesamt einen weiteren Kommerzialisierungsschub erfährt, gilt es, das duale Gleichgewicht durch einen funktionstüchtigen öffentlich-rechtlichen Rundfunk zeitgemäß auszutarieren: Je größer die programmlichen Freiheiten der Kommerziellen, desto notwendiger die Rückbindung des Systems an den Programmauftrag der Öffentlich-Rechtlichen.

Demgegenüber hatten seinerzeit die neuen Freiheiten der kommerziellen Anbieter für Schwarz-Schillings liberale Medienpolitik Vorrang: Ausgehend von der im Grundgesetz garantierten Informationsfreiheit und damit verbundenen Meinungsvielfalt, sollte die Öffnung des öffentlich-rechtlichen Mono- beziehungsweise Duopols hin zum dualen System die größtmögliche Programmfreiheit und -vielfalt realisieren.

Dennoch bestand das kritische Fernsehratsmitglied Schwarz-Schilling zugleich auf der größtmöglichen Binnenvielfalt der Öffentlich-Rechtlichen: In der sogenannten „Ausgewogenheitsdebatte" versuchte er mit dem ihm eigenen Engagement, dem Anspruch der Bürger auf Informationsfreiheit in einem entsprechenden Angebot an Meinungsvielfalt gerecht zu werden.

Die Ausgewogenheit betrifft dabei drei Ebenen, die in dem von Schwarz-Schilling im Jahr 1979 herausgegebenen Heft 22 der ZDF-Schriftenreihe unter dem Titel „Information und Meinung" unterschieden sind:

1. Auf medienpolitischer Ebene gilt zunächst der Grundsatz, Quantität und Qualität der verschiedenen Gruppen und Meinungen unserer Gesellschaft im Programm angemessen zu berücksichtigen.

2. Auch wenn der Grundsatz nicht immer in ein und derselben Sendung umzusetzen ist, sollte er alsdann auf programmlicher Ebene doch im Gesamtangebot eines Senders - und im Gesamtsystem ohnedies - umgesetzt werden.

3. Hinzu sollte schließlich auf menschlicher Ebene auch die Ausgewogenheit in ein und derselben Person kommen, was sowohl das Berufsethos des Journalisten als auch das des Politikers betrifft.

Christian Schwarz-Schilling plädierte entsprechend für eine von der Parteipolitik unabhängige Haltung, die an den „ethischen Wertzielen" der Gesellschaft, also am „Allgemeinwohl", orientiert ist. In dem 1976 von mir mitherausgegebenen Buch „Fernsehen - Ein Medium sieht sich selbst" schrieb Schwarz-Schilling unter dem Titel „Das Fernsehen - Eine Herausforderung im 20. Jahrhundert": „Bei der Koordinierung der Meinungsvielfalt in den Gremien müssen sich die Parteienvertreter im klaren sein, dass sie nicht von vorneherein das Allgemeinwohl für sich gepachtet haben - dem steht fast immer das unmittelbar parteipolitische Interesse im Wege! -, sondern dass dieses Allgemeinwohl erst das Ergebnis der notwendigen Koordinierung zwischen allen Gruppen in den Kontrollgremien sein könnte."

In der Gemeinwohlorientierung treffen sich die Wege des Politikers und des Programmverantwortlichen. Da in beiden Fällen eine berufliche Minderheit für die Mehrheit der Bürger Verantwortung trägt, zielte das Medienengagement von Schwarz-Schilling darauf, „die Bedingungen des Mediums so zu gestalten, dass die Chance eines vernünftigen Gebrauchs steigt und die Risiken des Missbrauchs begrenzt werden".

Das Fernsehen, das für den Jubilar zu den „großen Erfindungen" des zu Ende gegangenen Jahrhunderts gehört, gewinnt und behält nur dort seine Größe, wo es nicht zum politischen „Machtinstrument" oder zur totalitären „Lenkungsapparatur", sondern zu einem verantworteten „Gestaltungsfaktor" unserer modernen Demokratie wird.

Hierzu hat Christian Schwarz-Schilling nach Kräften beigetragen.

Roland Thimme

Schulfreund

Am 1. September 1941, im zweiten Kriegsjahr, hatten über 40 Schüler die Aufnahmeprüfung des humanistischen Viktoria-Gymnasiums in Potsdam bestanden. Das 1878 im neugotischen Stil erbaute Gymnasium liegt am Nauener Tor, am Rand des Holländischen Viertels.

Der Anteil des Adels an der Bevölkerung der ehemaligen Residenzstadt war überdurchschnittlich. Das wirkte sich auf die Zusammensetzung der neuen Klasse aus, etwa 15% der Schüler trugen ein Adelsprädikat. Die Mehrzahl der Sextaner kam aus bürgerlichen Verhältnissen, viele aus Beamtenfamilien oder auch aus Familien, die einen Betrieb oder ein Geschäft führten. Das Einzugsgebiet der Schule umfasste auch das Umland, so Nüchendorf, Werder und Geltow, wo Christian wohnte. Er war einer der Schüler, die 1941 Latein ab Sexta und als zweite Fremdsprache Griechisch erhalten sollten. Das war damals nicht möglich in der näher an Geltow gelegenen Stadt Werder, wohl aber in Potsdam.

Die jüngeren Lehrer des Viktoria-Gymnasiums waren zum Wehrdienst eingezogen, ältere wieder aktiviert worden. Alle Lehrer, die uns unterrichteten, waren in der Kaiserzeit oder der Weimarer Republik ausgebildet worden. Die Fremdbestimmung des Unterrichts im „Dritten Reich“ durch strenge inhaltliche Vorgaben reduzierte die pädagogischen Möglichkeiten des einzelnen Lehrers. Dienst, Opfer und Gefolgschaft waren die Kategorien des Führerstaates, welche die Schule der Jugend einprägen sollte. Egal, wie der einzelne Lehrer zur Partei stand, er musste sich an den Lehrplan halten und jede Unterrichtsstunde mit dem Hitlergruß beginnen, den die Klasse stehend erwiderte.

Direktor der Anstalt war von 1930 bis 1946 Hermann Diehl, ein Lehrer mit demokratischen und humanistischen Überzeugungen. Er konnte es vermeiden, der Partei beizutreten, musste sich der autoritären Schulpolitik des NS-Regimes anpassen. Ihm kommt das Verdienst zu, die Schule von nationalsozialistischen Auswüchsen ferngehalten zu haben und das Niveau, so gut es eben ging, in schwieriger Zeit bewahrt zu haben. Nach dem Krieg war er Mitbegründer der CDU und des Kulturbundes in Potsdam.

Die 1941 aufgenommene Sexta kam in eine Schule mit ca. 400 Schülern. In meiner Erinnerung taucht Christian als stiller Schüler auf, der in den letzten Reihen des Klassenraums saß. Religionslehre erhielten wir erst ab dritter Klasse, hier fiel es auf, dass er einer der wenigen katholischen Schüler war, die von der evangelischen Unterweisung befreit waren.

Unser Klassenlehrer war bis 1945 W. E. Boschann, er unterrichtete Latein, Deutsch, Biologie, Religion und Griechisch ab dritter Klasse. Ausführliche Eintragungen in Klassenarbeitsheften waren für ihn charakteristisch, er beobachtete die Mitarbeit seiner Schüler sorgfältig. Christian erwähnt in der Schilderung seiner Jugenderlebnisse ihn allein, dem er für seinen Griechischunterricht das Prädikat „ausgezeichnet zuteil werden lässt. In seinen Stunden sei über die Idee der Freiheit, des Bewusstseins und des Gewissens, ja sogar über die Demokratie gesprochen worden. Zu Christian hatte Boschann eine freundschaftliche Beziehung, die wohl auch auf der Anerkennung seiner musikalischen Fähigkeiten beruhte. Einmal befreite er ihn von einer Strafarbeit für die ganze Klasse, weil er glaubte, Christian habe an einem Unfug nicht teilgenommen. Auf Druck der anderen Schüler offenbarte sich Christian als einer der Übeltäter. Boschann honorierte dies und teilte uns mit, weil er sich freiwillig gemeldet habe, bleibe er von der Strafe ausgenommen. Dieser Lehrer stand dem Nationalsozialismus wohl eher ablehnend gegenüber, er nahm sich bei Kriegsende, mit seiner Frau, das Leben.

Ab 1943 erteilte Otto Rusch, ein ungewöhnlich kleiner Mann, den Deutschunterricht. Er war ein begeisterter Nationalsozialist, hielt bei besonderen Anlässen die Ansprachen auf dem Schulhof. Aufsatzthemen und Nachschriften waren vorwiegend unpolitisch. Zeitgebunden waren die Themen: „Kohlenklau, wie sieht er aus?" und „Unsere Verdunklung und ein anderes Beispiel". Er unterrichtete auch Geschichte.

Ab Mitte 1944 übernahm Georg Knüppel den Lateinunterricht. Er hatte im Ersten Weltkrieg den rechten Arm verloren und war ein strenger, aber gerechter Lehrer, der schon mal mit seiner linken Hand Schülern, die sich allzu ungehörig verhielten, eine starke Backpfeife verabreichte. Vertretungsweise erhielten wir Lateinunterricht bei Karl Wey, der wegen seiner unnachgiebigen Strenge gefürchtet war. Auch Christian war einmal Opfer seiner seltsamen Erziehungsmaßnahmen. Er befolgte die Aufforderung des Lehrers, möglicherweise wegen einer mangelhaften Antwort, mit der Stirn gegen dessen ausgestreckte Hand anzurennen, die Wey aber zurückzog. So knallte Christian gegen die Tafel, was vor allem beim Lehrer Erschrecken auslöste. Geschichte und Erdkunde erteilte Johannes Weigt. Mathematik lernten wir beim Privatgelehrten Johannes Haferbier. Er war umfassend gebildet, hatte sogar Sanskrit studiert. Da er gutmütig war, hatte er Schwierigkeiten, die Schüler zu disziplinieren. Diese Schwäche hatte der Turnlehrer Karl Deinert nicht. Er jagte uns mit Vorliebe die Kletterstangen hinauf und kannte keine Gnade, wenn seine Befehle nicht schnell befolgt wurden. Als Zeichenlehrer schaffte Lothar Blankenburg es, allen einige akzeptable kunstvolle Arbeiten abzugewinnen. Oskar Wylach gab in unserer Klasse ab 1944 Unterricht in Physik. Er war ein liebenswürdiger Lehrer, der in den später erteilten Chemiestunden mit Vorliebe den Spruch „Da haben wir unseren Alkohol“ dozierte. Genannt werden soll noch Wolf Stechele, der unserer Klasse vertretungsweise Deutsch- oder Geschichtsunterricht gab. Er hat den humanistischen Geist des Gymnasiums in eindrucksvoller Weise verkörpert.

Die Pädagogik war bei einigen Lehrern noch in der Kaiserzeit verwurzelt, was uns damals als Schüler nicht besonders irritiert hat. Arreststrafe etwa wegen „ernsten Vergehens“ gab es bei geringen Anlässen. Sie wurde ins Klassenbuch eingetragen und auf dem Zeugnis vermerkt. Der Schüler musste dann unter Aufsicht eines Lehrers bis zu zwei Stunden im Schulgebäude, oft nachmittags, arbeiten. Der Umgangston mancher Lehrer mit den Schülern war rauh, Bemerkungen wie: „Setz' Dich auf den Hintern, Du Lümmel, sechs!“ waren keine Seltenheit. Die Schüler durften das Gebäude nicht von der Straßenseite betreten, das war nur den Lehrern gestattet. Wir mussten dagegen den Hintereingang benutzen. Der Hausmeister Leo Quick war sofort zur Stelle, wenn es einem Schüler gelang, den verbotenen Eingang aus Zeitnot zu benutzen. Es gab eine weitere Kuriosität, die mir damals nicht bewusst war. Allein den Lehrern stand eine Toilette im Haus zur Verfügung, wir Schüler mußten bei jedem Wetter über den Schulhof zu den primitiven Toilettenräumen an der Turnhalle.

Ab Januar 1945 wurde die Schule Reservelazarett, unterrichtet wurde nun im Realgymnasium (Wilhelm-Frick-Schule). Die Schüler sahen sich nur vormittags, die knappe Zeit für Gespräche wurde vor allem zur Besprechung der umfangreichen Schularbeiten genutzt. Zu nennen wäre hier, dass ganze Abschnitte der lateinischen Grammatik „Ludus Latinus“ auswendig gelernt werden mussten, oder dass griechische Texte, wie der Anfang der „Odyssee“, aus dem Gedächtnis zu repetieren waren. Natürlich wurde in den Pausen auf dem Schulhof allerhand Unsinn angestellt, was auch die Aufsicht eines Lehrers nicht verhindern konnte.

Zahlreiche außerschulische Aktivitäten, an denen sich auch Christian beteiligen musste, beeinträchtigten die schon wegen der langen Schulwege knappe Freizeit, hierzu gehörte das Sammeln von Kartoffelkäfern, Kräutern und Altmaterial, nicht zu vergessen das Verkaufen von Abzeichen des Winterhilfswerks auf den Straßen. Weiter erinnere ich mich an angeordnete Streifzüge durch die Wälder, um feindliche Flugblätter aufzusammeln. 1944 kam im wachsenden Maße die Betreuung von Flüchtlingen hinzu, dann gab es Einsätze zum Ausheben von Schützengräben und Panzersperren. Die immer häufiger werdenden Luftalarme und fehlendes Heizmaterial machten schließlich einen geordneten Unterricht fast unmöglich.

Über politische Themen wurde unter den Klassenkameraden kaum gesprochen. Die Auswirkungen der sogenannten „Reichskristallnacht" im November 1938, die u. a. zu sichtbaren Schäden in der Brandenburger Straße in Potsdam führten, die Rechtlosigkeit der Juden, die Unterdrückung Andersdenkender, der Einsatz von Fremdarbeitern wurden wahrgenommen, man fügte sich ins unvermeidlich Scheinende. Da die Schüler aus ganz unterschiedlichen Stadtteilen und Gegenden kamen, waren nur wenige zusammen in einer Jungvolkeinheit. Die Mehrzahl der Schüler wurde durch den Dienst am Mittwoch und Sonnabend beansprucht.

Christian hatte bereits in der Volksschule mit einigen Geltower Klassenkameraden schlechte Erfahrungen gemacht, sie hatten ihn wegen der polnischen Herkunft seiner Mutter beschimpft. Deshalb wollte er nicht mit ihnen zusammen im Jungvolk sein. Er meldete sich zum Flugerkennungsdienst, die Ausbildung hat ihm großen Spaß gemacht und er ist bis heute ein Experte auf diesem Gebiet.

Fragt man ehemalige „Pimpfe" nach ihren Erinnerungen, werden meistens zuerst aufregende Geländespiele genannt, die schleichende nationalsozialistische Indoktrination über Liedtexte wie: „Wir marschieren für Hitler durch Nacht und durch Not mit der Fahne der Jugend für Freiheit und Brot" sind vergessen. Ein Mitschüler war besonders stolz auf seine Würde als Jungenschaftsführer. Als er wieder einmal in Uniform in die Schule gekommen war, wurde seinem Geltungsdrang von der Klasse ein Denkzettel verpasst, er wurde mit seinem Koppel an einem Garderobenhaken aufgehängt. Da er von kleinem Wuchs war, konnte er sich nicht allein befreien. Bemerkenswert ist, dass gerade dieser Schüler, wie ein weiterer Klassenkamerad, seinen Vater im Zusammenhang mit den nach dem Attentat auf Hitler am 20. Juli 1944 einsetzenden Terrormaßnahmen verlor. Die lokale Verwurzelung des Widerstandskampfes kommt auch durch die Beteiligung ehemaliger Schüler des Gymnasiums, wie Carl-Hans Graf von Hardenberg, zum Ausdruck. Eine Gedenktafel am Eingang der Schule erinnert jetzt an die Hinrichtung von Albrecht Ritter Merz von Quirnheim. Auch der Vater eines anderen Mitschülers, Pfarrer in Babelsberg, war wegen seiner Gegnerschaft zur nationalsozialistischen Kirchenpolitik mehrmals inhaftiert worden. Christian berichtet von Verhören seiner Eltern durch die Gestapo.

Am 14. April 1945 wurden große Teile der Altstadt durch den Luftangriff der Royal Air Force auf Potsdam in Trümmer gelegt. Der Einmarsch der Roten Armee in Potsdam erfolgte am 27. April. Das war weder eine „Stunde Null" noch eine „Stunde der Befreiung", es ging nur noch ums Überleben, die Bevölkerung war in furchtbarer Angst, einige Familien hatten den Freitod gewählt, andere verloren Angehörige durch Willkürakte der Besatzungsmacht. Die Lehrer Blankenburg und Karl Catholy (Latein, Griechisch) sowie der Hausmeister Quick starben in sowjetischer Haft. Rusch und Deinert unterrichteten nach ihrer Inhaftierung nicht mehr.

Die Schüler des Viktoria-Gymnasiums konnten bereits im Mai 1945 wieder zum Unterricht kommen. Das Schulgebäude hatte durch die Kriegsereignisse nicht gelitten. Christian zog es vor, in Geltow „wie auf einem Bauernhof" zu leben und ein Jahr nicht zur Schule zu gehen. Er hatte sein Fahrrad auseinandergenommen, damit die Russen es ihm nicht abnehmen konnten. Da es zunächst keine öffentlichen Verkehrsmittel gab, konnte er Potsdam nicht erreichen. Anfang April 1946 zog er mit seinen Eltern nach West-Berlin.

Von Christian ist in der Schule das Abgangszeugnis vom 30. April erhalten. Unter „Aufmerksamkeit" und „Betragen" steht folgender Eintrag: „Fleiß und Aufmerksamkeit genügten im allgemeinen den Anforderungen. Sein Betragen war einwandfrei." Unter „Leistungen" finde ich bei Musik die Note „gut". Schwachpunkte waren „Lateinisch" und „Leibesübungen". 1990 hat er einmal bei einem Schulbesuch in Dahlem, wo er 1950 das Abitur bestanden hat, gesagt: „Schule ist das Schwierigste im Leben überhaupt."

Als Folge der Teilung Deutschlands wurde auch die Klasse auseinandergerissen; erst 1999 kam es zum Klassentreffen der Sexta von 1941 in einem Hotel in Geltow. Die meisten Schüler hatten seit 1945 keinen Kontakt mehr miteinander gehabt. So war es für alle überraschend, dass sich 21 „Ehemalige", unter ihnen Christian, erstmals seit der Schulzeit wieder zusammenfanden. Acht der damals eingeschulten Sextaner leben nicht mehr, andere waren durch Krankheit oder andere Gründe verhindert. Christian hatte bereits zur DDR-Zeit 1987 seine alte Schule besucht und damit die Verbundenheit mit der

Potsdamer Schulzeit bestätigt. Von den Sextanern sind sechs in der DDR geblieben, einige wurden Anhänger des dortigen Systems, andere haben unter den politischen Verhältnissen gelitten. Die Mehrzahl der 1941er Eingangsklasse hat in der Bundesrepublik oder in anderen Ländern ein neues Zuhause gefunden. Es scheint, als ob alle in Berufen gewesen sind, auf die sie nun mit Befriedigung zurückblicken können, soweit sie nicht wie Christian noch tätig sind.

Astrid Triesch

ehem. Mitarbeiterin Wahlkreisbüro

Im Herbst 1971 traf ich erstmals mit Christian Schwarz-Schilling zusammen. Mein Mann trat seinen Job als Qualitätsmanager bei der im Besitz der Familie Schwarz-Schilling befindlichen Accumulatorenfabrik Sonnenschein an, und ich suchte ein Betätigungsfeld für mich in Büdingen. Daraus wurde eine fast drei Jahrzehnte währende Zusammenarbeit, zunächst im Unternehmen und bald auch in der Politik.

Christian Schwarz-Schilling habe ich als einen sachbezogenen, verantwortungsbewussten und absolut workaholic-Menschen kennengelernt, eine Persönlichkeit mit motivierender Ausstrahlung, fußend auf christlichen Grundwerten und mit klarem sozialen Engagement.

Aber auch einem verantwortungsbewussten Menschen widerfährt hin und wieder etwas Unerwartetes. Ende der 70er Jahre - Christian Schwarz-Schilling war gerade in den Bundestag eingezogen - war er mit seinen Parlamentskollegen zur ersten Abstimmung in Form des Hammelsprungs aufgefordert. Schwarz-Schilling ging ins Foyer, unterhielt sich mit einem FDP-Kollegen und schlenderte mit ihm zusammen zurück in den Saal. Anschließend gestand er mir, dass er dadurch anders abgestimmt habe, als er wollte. Von großer Tragweite war diese Abstimmung zum Glück nicht.

Ich bin stolz darauf, dass ich Christian Schwarz-Schilling fast drei Jahrzehnte auf seinem Weg begleiten durfte. Für die kommenden Lebensjahre möchte ich ihm wünschen, dass er seine Vorhaben realisieren kann, dazu persönliches Wohlergehen und Gottes Segen.

Walter Wallmann

Ministerpräsident a. D.

Am 6. November 1966 wurden wir beide zum ersten Mal in den Hessischen Landtag gewählt. Die politische Großwetterlage war seinerzeit für die Union äußerst ungünstig. Bundeskanzler Ludwig Erhard war während des Wahlkampfes zurückgetreten, weil die Koalition mit der FDP zerbrochen war. Am Wahlabend stand fest, dass die CDU Hessen auf 26,6 % abgestürzt war. Aber diese so deutlich reduzierte Unionsfraktion resignierte nicht. Verhältnismäßig viele neue Abgeordnete rückten am 1. Dezember 1966 in den Landtag ein: Dr. Christian Schwarz-Schilling, Gottfried Milde, Wilfried Böhm und ich gehörten zu dieser neuen und jungen Mannschaft. Schon ein gutes Jahr später, am 2. Dezember 1967, signalisierte die Wahl Dr. Alfred Dreggers zum Landesvorsitzenden der CDU-Hessen, dass in diesem Bundesland ein neues Kapitel in der Nachkriegspolitik aufgeschlagen worden war. Und wer damals über den Anspruch Alfred Dreggers Hohn und Spott ausgoss, und das waren nicht wenige, dem verging dieses Lachen in den folgenden Jahren gründlich. Zu Stellvertretern wurden übrigens Dr. Christian Schwarz-Schilling, Dr. Hanna Walz, Otto Zink, Dr. Hans Wagner und ich, zum Landesschatzmeister Walther Leisler Kiep gewählt.

Alfred Dregger war ein entschlossener, führungsstarker und nüchtern abwägender Politiker. Ohne ihn wären die spektakulären Stimmengewinne der Hessen-CDU in den 70er Jahren nicht denkbar gewesen. Aber für diese Erfolge war auch die Führungsmannschaft wichtig, die Dregger klug um sich versammelt hatte. Zur Landtagswahl 1972 traten wir mit einem legendären Plakat an: In Keilformation war hinter Alfred Dregger in vorderster Position die Spitzenmannschaft formiert. Die Überschrift lautete: „Wir kommen".

In der Führungsriege übernahm Christian Schwarz-Schilling eine herausgehobene Aufgabe. Er war „Erster Stellvertreter" und außerdem Generalsekretär in den Anfangsjahren dieser „neuen" CDU. Er organisierte Arbeitskreise und Veranstaltungen zu besonderen Themen. Insbesondere engagierte er sich in den damals besonders umstrittenen Politikfeldern der Schul- und Hochschulpolitik. Im Parlament faszinierte Christian Schwarz-Schilling auch die politischen Gegner mit seiner profunden Bildung, seinem glänzenden rhetorischen Talent und der unübersehbaren Weltläufigkeit. Seit jenen Jahren habe ich über viele Legislaturperioden dem Landtag wie dem Bundestag angehört. Keine Fraktion konnte es mit jenem Häuflein der 26 Abgeordneten von 1966 bis 1970 aufnehmen. Diese jungen Parlamentarier argumentierten auf hohem Niveau, sie hatten Mut, waren von unbändigem Kampfeswillen und zugleich einfühlsam sowie von bemerkenswerter Geschlossenheit.

Christian Schwarz-Schilling ragte auch aus einem anderen Grunde aus den 96 Abgeordneten hervor. Während mit Fahrer und Wagen nur wenige Kommunalpolitiker wie Oberbürgermeister und Landräte anreisten, ließ sich der Abgeordnete Schwarz-Schilling ebenfalls von seinem Chauffeur in einem schweren Mercedes vorfahren - oder er fuhr mit einem BMW selbst vor, den er nur für Fahrten als Abgeordneter gekauft hatte.

Wenn ich mich an den Abgeordneten Schwarz-Schilling erinnere, dann sehe ich ihn nie ohne zwei prall gefüllte Aktentaschen vor mir. Auf die meisten Kollegen im Parlament wirkte er kühl-distanziert. Dabei konnte er herrlich lachen, besaß viel Humor und konnte als Redner bis an die Grenze des Erlaubten gehen. Ich erinnere mich an die Schlusslesung des hessischen Universitätsgesetzes. Schwarz-Schilling hielt eine wirklich leidenschaftliche Rede. Etwa um Mitternacht war die Tagesordnung abgehandelt. Dregger, Schwarz-Schilling und ich gingen zur Garderobe. In seiner Rede hatte Schwarz-Schilling auf den renommierten Hochschullehrer für Politik, Professor Hennis aus Freiburg - meines Erachtens Mitglied der SPD - Bezug genommen. Als wir drei an der Garderobe standen, kam ein eher schmächtiger Mann auf uns zu und sagte, dass er nach Inhalt und Form von der Rede Schwarz-Schillings tief beeindruckt sei. „Ich kann Ihnen nur gratulieren, Herr Doktor Schwarz-Schilling. Mein Name ist übrigens Hennis."

Wenn Christian Schwarz-Schilling eine Aufgabe übernahm, dann kniete er sich in die Arbeit hinein. Ich habe das auch bei ihm als Postminister erlebt. Wahrscheinlich war dieser Sinologe der kenntnisreichste unter allen Postministern seit Bestehen der Bundesrepublik.

Um die Persönlichkeit dieses außergewöhnlichen Mannes wenigstens in etwa zu schildern, muss noch seine Liebe zur Musik erwähnt werden, die ein wichtiges Erbe seines Elternhauses war. Sein Bruder war übrigens ein angesehener Dirigent.

Ich wünsche Christian Schwarz-Schilling noch viele gute Jahre in Gesundheit. In seinem schönen Haus „Am Dohlberg" in Büdingen möge er mit seiner charmanten Frau noch viele Freunde versammeln und die Fragen der Zeit diskutieren. Ad multos annos!

Dieter Weirich

Intendant der Deutschen Welle

„Alt ist man dann, wenn man an der Vergangenheit mehr Freude hat als an der Zukunft". Wendet man diese Lebensweisheit des Schriftstellers John Knittel auf Christian Schwarz-Schilling an, dann wird er 70 Jahre jung. Voller Pläne steckend, allem Neuen aufgeschlossen, neugierig und ohne ideologische Verkrümmung - der Mann will etwas bewegen, steht für Zukunft. Schwarz-Schilling ist für mich „der mit den Taschen". Bis zu einem halben Dutzend Aktenkoffer und aus sparsamer Treue sogar die Jutetasche der Deutschen Post AG schleppte er schon als junger Landtagsabgeordneter mit sich rum. Mittelstand, Medien, Postmonopol, Wirtschaftspolitik - beweisbare Substanz trägt man am besten mit sich. Und da der streitbare Unions-Politiker auch nicht frei von Rechthaberei ist, kann er praktischerweise an Ort und Stelle Behauptungen nach- oder zurückweisen. In der Wissensgesellschaft des Jahres 2000 freilich braucht man solches Marschgepäck, das dem zerstreuten Jubilar auch schon mal verloren ging, freilich nicht mehr. Chips eignen sich für Brieftaschen und lassen sich bequem in der Hosentasche unterbringen.

Auf allen Stationen beobachtet

Ich habe Christian Schwarz-Schilling auf allen Stationen seines politischen Lebens begleiten und aus der Nähe beobachten können. Als er Generalsekretär der hessischen CDU war, diente ich dem hessischen CDU-Landesvorsitzenden Alfred Dregger als Persönlicher Referent, anschließend war ich Pressesprecher der Landespartei und der Landtagsfraktion. Später waren wir Landtagskollegen, bevor er 1976 nach Bonn wechselte. 1980 folgte ich ihm als Bundestagsabgeordneter nach Bonn, arbeitete mit ihm in der Bundestags-Enquetekommission „Künftige Informations- und Kommunikationstechniken" zusammen. Als er 1982 nach dem Regierungswechsel zum Bundesminister für das Post- und Fernmeldewesen avancierte, übernahm ich das von ihm zuvor bekleidete Amt des Vorsitzenden des medienpolitischen Koordinierungsausschusses der CDU/CSU. Auch gehörte ich dem Bundestagsausschuss für das Post- und Fernmeldewesen an.

In den Grundsätzen einig, in konkreten Sachfragen hin und wieder mit unterschiedlichen Auffassungen, kämpften wir für die gleichen medienordnungspolitischen Zielsetzungen: Wettbewerb und Vielfalt bei den elektronischen Medien, die Beseitigung von Monopolen, ob des öffentlich-rechtlichen Rundfunks oder der Deutschen Bundespost. Mit dem Aufkommen von Kabel und Satellit - so wussten wir - war es mit dem Mono- oder Oligopol des öffentlich-rechtlichen Rundfunks vorbei. Wir stritten deshalb gemeinsam für eine offensive Auslegung der im Grundgesetz garantierten Informationsfreiheit der Bürger, sahen den Staat in der offensiven Verpflichtung, die Quellen der Vielfalt zu öffnen. Wir trafen dabei auf viele Gegner: Wer sich an Monopole im strukturkonservativen Deutschland heranmacht, bekommt den Widerstand der mit hehren Bekundungen auf den Lippen daherkommenden Interessenvertreter zu spüren. Monopole - seien sie öffentlich-rechtlich oder privatrechtlich organisiert - sind immer schlecht. Sie behindern die Freiheit. Als ich 1989 zum Intendanten der Deutschen Welle - des deutschen Auslandsrundfunks - gewählt wurde, blieb ich Christian Schwarz-Schilling als Mitstreiter in der Sache und natürlich auch persönlich verbunden. Nach seinem Rücktritt als Postminister übernahm er die Rolle als internationaler Vermittler in Bosnien-Herzegowina. Sein Credo war, selbst einen Beitrag zur Rückkehr des früheren Jugoslawien zu Frieden und Demokratie zu leisten. Die Deutsche Welle hat unter anderem auch die Aufgabe, Krisen- und Präventionsradio zu sein. In Südosteuropa engagierte sie sich deshalb besonders stark, etablierte neben dem bereits bestehenden Radioprogramm in Serbisch, Kroatisch, Mazedonisch, Bulgarisch, Rumänisch, Griechisch und Türkisch noch weitere Angebote in Albanisch und Bosnisch. Mit dem in Sarajewo sitzenden, um Frieden in der Region bemühten Parlamentarier gab und gibt es für uns und für mich deshalb enge Berührungspunkte

Erste Begegnung

Meine erste Begegnung mit Schwarz-Schilling hatte ich Mitte der sechziger Jahre, als ich als junger Journalist von Baden-Württemberg nach Hessen kam. Für die „Kölnische Rundschau" schrieb ich eine Reportage über Alfred Dreggers neues Führungsteam, das er 1967 bei dem später Landesgeschichte machenden Landesparteitag von Eltville vorstellen wollte. Der damalige Pressesprecher Herbert L. Piedbeuf - später Geschäftsführer des Instituts für Herrenmode - hatte ein kurzes Treffen mit Dreggers designiertem Generalsekretär arrangiert. Vor mir saß ein gutaussehender, routiniert dozierender, eher etwas introvertiert wirkender Mann, dem ich nur schwerlich zutraute, Festzelte mitzureißen und die „rote Bastion" Hessen aufzubrechen. Ich ahnte damals nicht, dass ich später im Interesse des Erfolgs der Hessen-Union mit ihm zusammenarbeiten sollte. 1969 übernahm ich - damals ehrenamtlich im Landesvorstand der Jungen Union Hessen - die Rolle des Persönlichen Referenten Dreggers. Ich spürte, wie wichtig der junge Unternehmer für den Aufstieg der hessischen Union, die sich in der Dregger-Ära von einer schläfrigen Sonntagsschulklasse in einen modernen Kampfverband verwandelte, war. Der frühere Frankfurter Bürgermeister Dr. Wilhelm Fay, ein durchaus respektabler aber glückloser Parteichef, hatte sich Schwarz-Schilling als seinen Nachfolger ausgeguckt. Der damalige Mittdreißiger, 1964 zum Kreisvorsitzenden in Büdingen und 1966 ins Wiesbadener Landesparlament gewählt, sollte für einen richtigen Generationswechsel sorgen. Auf eine Machtprobe mit dem Fuldaer Oberbürgermeister Dregger, der ihn mit der Aussage „Ich habe Charisma und muss es machen" überraschte und gleichzeitig einband, ließ er es nicht ankommen. Er wurde beim Parteitag in Eltville zum wichtigsten Mann in Dreggers Team, als Generalsekretär und Erster stellvertretender Landesvorsitzender. Dass Dreggers Mannschaft, die mit dem Slogan „Wir kommen" bei der Landtagswahl 1970 für einen Erdrutsch sorgte, von 26,4 auf stolze 39,7 Prozent kletterte, war nicht nur der seinerzeit hervorragenden bundes- und auch landespolitischen Großwetterlage zu verdanken. Selten hatte ein Oppositionsführer in der Nachkriegszeit in einem Bundesland so viele herausragende Persönlichkeiten, die später bundesweit noch von sich reden machten, aufgeboten. Neben Dr. Christian Schwarz-Schilling und Dr. Walter Wallmann - später Frankfurter Oberbürgermeister, Bundesumweltminister und Ministerpräsident - beispielsweise noch der Schatzmeister und Bundestagsabgeordnete Walter Leisler-Kiep, oder der Diplom-Chemiker Dr. Heinz Riesenhuber, der nach der Wende 1982 von Bundeskanzler Dr. Helmut Kohl zum Bundesminister für Forschung und Technologie berufen wurde.

Ein starker „General"

Schwarz-Schilling tanzte als neuer „General" virtuos auf den unterschiedlichsten politischen Hochzeiten. Er mobilisierte die Orts- und Kreisverbände der Landespartei, die als eine im 30-Prozent-Turm strukturell eingeschlossene Minderheitenpartei galt und deswegen einst Konrad Adenauers Sorgenkind war, konsolidierte die Parteifinanzen, verwandelte die Mitglieder-Postille „Hessenkurier" in ein lesenswertes Organ und weckte die Landesgeschäftsstelle aus ihrem Dornröschenschlaf. Er siedelte begabte junge Referenten an und pflegte einen unkonventionellen Arbeitsstil, der mit tradierten Bürozeiten wenig im Sinn hatte. „Wenn der General die Parteizentrale besuchte“, so wusste die Hamburger Wochenzeitung „Die Zeit“ zu berichten, liefen die Mitarbeiter „wie aufgescheuchte Hühner herum“. Das mag etwas übertrieben gewesen sein, doch habe ich selbst in Erinnerung, dass er über's Autotelefon die Beschäftigten zusammentrommeln ließ, die Uhrzeit aber nicht klar war, weil er gerade mit seinem Auto einen Tunnel durchquerte. Mancher freie Abend wurde bei seinen Mitstreitern durch den Entwurf neuer Ideen beeinträchtigt, einige Vertraute wissen von mit Reiswein beendeten Nachtsitzungen in der Büdinger Villa am Dolberg zu berichten, wo man nicht nur durch das im Arbeitszimmer dislozierte Fernrohr in den Himmel gucken konnte, sondern an Reden und Zukunftskonzepten feilte. Wer mit Schwarz-Schilling arbeitet, muss mit einem Vollprogramm rund um die Uhr rechnen. So geht die Fama, dass sich sein Persönlicher Mitarbeiter im Postministerium, Walter Maschke, eine Zeltliege ins Büro gestellt haben soll. Für alle Fälle. Im Gegensatz zu Dregger, der vor Mitternacht ins Bett zu gehen pflegt, ist Schwarz-Schilling ein Nachtmensch. Der vergehende Tag macht ihn erst richtig kreativ.

Redeschlachten mit Friedeburg

Aufmerksamkeit und öffentlichen Stellenwert erzwang Schwarz-Schilling aber in dieser Zeit vor allem als Bildungspolitiker. Besser gesagt als Counterpart des „roten Bildungs-Ideologen“ Prof. Ludwig von Friedeburg, der mit der als Demokratisierung getarnten Politisierung des hessischen Schulwesens der Union die Wähler scharenweise in die Arme trieb. Die Durchsetzung der integrierten Gesamtschule als Regelschule, von spätmarxistischen Bildungstheoretikern beeinflusste Rahmenrichtlinien, ein Hochschulgesetz, das die Leistungsfähigkeit der Universitäten weiter zu untergraben versuchte – Friedeburg und Albert Osswalds SPD lieferten Steilvorlagen für die grundsätzliche Auseinandersetzung um Freiheit oder Sozialismus. Wenn Schwarz-Schilling und Friedeburg dem ansonsten eher langweiligen Hessischen Landtag in kulturpolitischen Redeschlachten intellektuelle Glanzlichter aufsetzten, verließen die Landtags-Korrespondenten die Cafeteria, um auf der Berichterstatter-Tribüne Platz zu nehmen. Es gab etwas zu berichten. Aber auch in der Wirtschafts-, vor allem in der Mittelstandspolitik, setzte Schwarz-Schilling Akzente. Er stand dem Wirtschaftspolitischen Ausschuss und dem mit dem linken Flügel gemeinsam gebildeten Gesellschaftspolitischen Ausschuss vor. In diesem Gremium wurde die Position der hessischen CDU zur Mitbestimmung, mit der Dregger auf dem Düsseldorfer Parteitag bundesweit Furore machte, vorbereitet. Wie sehr ihm die Wirtschaftspolitik, in den Bundesländern eigentlich nur noch regionale Strukturpolitik, am Herzen lag und mit welch schon überzogenem Optimismus er in die Zukunft sah, merkte ich vor der Landtagswahl 1970. Nach einem vorsichtigen Stimmzuwachs der neuen Dregger-Mannschaft bei den Kommunalwahlen 1968 kam es bei dieser landespolitischen Entscheidung - ausgehend von mageren 26 Prozent - darauf an, einen kräftigen Sprung nach vorne zu machen. Nicht einmal unerschütterliche Optimisten glaubten daran, die übermächtige SPD vom Sockel zu stürzen. „30 plus X" war die interne Erfolgsdevise. Wir hatten kein offizielles Schattenkabinett, sondern eine Führungsmannschaft. In der „Frankfurter Rundschau" fädelte ich eine Story ein, wie bei einem Unions-Sieg die Regierung aussehen könnte. Nicht mehr als ein lustiges Gesellschaftsspiel bei der tristen Ausgangsbasis. Dregger war von dem Bericht über die mögliche Alternativ-Regierung von morgen angetan, verstärkte er bei den Lesern doch den Eindruck, die Union sei eine echte Alternative und zum Regieren ebenso fähig wie bereit. In dem Blatt wurde spekuliert, Schwarz-Schilling werde Kultusminister. Womöglich in mir den Indiskretin ahnend, rief er daraufhin Dregger an und beschwerte sich humorlos, in Wirklichkeit wolle er Wirtschaftsminister werden. Dregger, der mir das erzählte, amüsierte sich darüber köstlich. Beide freuten wir uns aber darüber, mit wie viel Zuversicht der vielseitige Mannschaftsspieler der Wahl entgegensah. Er sollte vom Wähler tendenziell bestätigt werden. 1970 wurde die Opposition so stark, dass der inzwischen verstorbene SPD-Ministerpräsident Osswald seinem Parteivorsitzenden Willy Brandt am Telefon klagte, man habe „ein Notopfer für Bonn" erbracht. Eine sozialliberale Koalition aus SPD und FDP nach Bonner Muster wurde gebildet. Vier Jahre später verfehlte die Dregger-CDU mit 47,3 Prozentpunkten nur um ein paar tausend Stimmen die absolute Mehrheit. Dregger wurde aber mal wieder knapp um den Erfolg gebracht. Er habe sich zu Tode gesiegt, waren die Kommentare der Presse.

Ohne hessische Hausmacht

Dregger und Wallmann hatten 1972 die Bonner Bühne betreten. Für Schwarz-Schilling schien das Feld frei, Oppositionsführer in Wiesbaden zu werden. Im Juli 1971 machte er seinen Anspruch klar, um eine „liberale Politik der realistischen Reformen" durchzusetzen. Ohne Hausmacht, über die Wallmann im Überfluss verfügte, war dieses Ziel aber nicht zu erreichen. Dregger schätzte den Büdinger Unternehmer, er wusste aber die innerparteilichen Bataillone woanders zuhause Schon über den Wassern schwebend, hielt er sich zurück. Bereits 1970 nach dem Wahltriumph hatte eine innerfraktionelle Riege versucht, Schwarz-Schillings Wahl zum „Vize“ zu behindern. Das misslang aber gründlich.

Nachdem das Präsidium der Bundespartei ihn 1975 zum Beauftragten für Medienpolitik berief und er den Vorsitz des medienpolitischen Koordinierungsausschusses der Unionsparteien übernahm, war sein künftiger Bonner Weg vorgezeichnet. 1976 errang er ein Bundestagsmandat, was landespolitische Korrespondenten voreilig mit der Bemerkung kommentierten, nun habe die in Wiesbaden von Spitzenleuten leergefegte Hessen-Union ihren Traum vom Regierungswechsel endgültig aufgegeben. Die Medienpolitik der Opposition zu steuern, war ein ebenso schwieriges wie undankbares Geschäft. Rundfunkpolitik war und ist Sache der Länder, und jeder Ministerpräsident der in den Bundesländern inzwischen wiedererstarkten Union war in seiner eigenen Badewanne Kapitän. Hinzu kam ein Trauma der Partei. Seit Professor Elisabeth Noelle-Neumann die These aufgestellt hatte, die Union habe die Bundestagswahl - Helmut Kohl war 1976 nur knapp an der sozialliberalen Koalition gescheitert - im Fernsehen verloren, baute sich in der Partei in einer Mischung aus Ärger und Resignation eine emotionale Barriere gegen den öffentlich-rechtlichen Monopolrundfunk auf. Medienpolitik galt auch deswegen als Kärrnerarbeit ohne Lorbeeren, weil zu diesem Thema kein Ministerium passte und man sich deswegen nicht als Bundesminister von morgen profilieren konnte. Das Ministerium für das Post- und Fernmeldewesen wurde in allen Parteien in fahrlässig altmodischer Betrachtung mit Briefmarken und Telefon assoziiert. Außerdem galt es als Erbhof der CSU. Stücklen und Dollinger hatten schließlich „gelbe Geschichte“ gemacht.

Neue Medien-Ordnungspolitik

War Medienpolitik zuvor ausschließlich der Versuch, in der Personalpolitik in den Spitzenrängen des öffentlich-rechtlichen Rundfunks mitzumischen, setzte Schwarz-Schilling nun eine völlig neue Duftmarke. Er begann die Medienordnungpolitik zu verändern. In einer Rede mit dem Titel „Ist der öffentlich-rechtliche Rundfunk noch zu retten“, wobei auf das Fragezeichen verzichtet wurde, trat er vor der Evangelischen Akademie Tutzing für einen Wettbewerb mit privaten Anbietern in der elektronischen Medienlandschaft auf. Konkurrenz belebe das Geschäft und neue Techniken böten schon bald die Chance zum Nebeneinander und Gegeneinander. Der damalige sozialdemokratische „Medien-Papst“ Peter Glotz empörte sich, Schwarz-Schilling habe den Konsens der demokratischen Parteien aufgekündigt. Die Rede löste ein lautstarkes Echo aus. Nicht nur die Sozialdemokraten und die Rundfunkanstalten heulten bundesweit auf, auch in der eigenen Partei hatte der Befürworter von Wettbewerb Vermittlungsprobleme. In den gedruckten Medien, die den bildungspolitischen Streiter aus Hessen zuvor zu den Liberalen - was immer man darunter verstanden hatte - gezählt hatten, wurde ihm nun entweder das Image des hartgesottenen Konservativen oder das des „Systemveränderers“ angeklebt. Wie persönlich diese neue Ordnungspolitik genommen wurde, erlebte ich bei einer Internationalen Funkausstellung (IFA) Ende der siebziger Jahre in Berlin.

In der ARD-Sendung „Pro und Contra“, verantwortet von Holger Obermann vom Süddeutschen Rundfunk, wurde das Thema Privatfernsehen von seinen Gegnern sofort mit dem Etikett „Kommerz-TV“ belegt. Ich war der „Pro“-Anwalt für Privatfernsehen, Schwarz-Schilling wurde als Sachverständiger verpflichtet. Den Advokaten fürs „Contra“ spielte Manfred Buchwald, damals Chef des Deutschen Journalistenverbandes und später Intendant des Saarländischen Rundfunks, assistiert vom „Sachverständigen“ Günter Verheugen, seinerzeit FDP-Generalsekretär, später seine Heimat in der SPD suchend. Bei der Schlussabstimmung gelang es uns, einen Zuschauer aus dem Publikum herüberzuziehen, was die Laune Schwarz-Schillings spürbar hob. Bei einer nächtlichen „Nachsitzung“ mit den SDR-Verantwortlichen, die der gemeinschaftlichen Entspannung dienen sollte, ging es plötzlich gespannt zu. Der legendäre Dr. Hans Bausch, seit Urzeiten Intendant des Süddeutschen Rundfunks und einer der entschiedensten Ritter der Monopol-Romantik, giftete nach einigen Gläsern badischem Roten plötzlich Schwarz-Schilling wegen dessen aus seiner Perspektive falscher Ansichten an. Das Recontre des jungen Bundestagsabgeordneten ließ sich nicht lumpen. Zwei Streitbare hatten sich gefunden. Bis in den frühen Morgen ging das ungemütliche Duell. Dr. Peter Staisch und ich hatten inzwischen genug von den Neuen Medien und beschäftigten uns mit unterschiedlichen Weinen aus unserer schwäbischen Heimat.

Beflügelt vom Vormarsch neuer Techniken und der internationalen Liberalisierung gewann die neue Medienordnungspolitik immer mehr Anhänger in der Union. Ministerpräsidenten wie Ernst Albrecht („Privatfernsehen - ein Ding größer als Gorleben“), Bernhard Vogel, aber auch Gerhard Stoltenberg und später Lothar Späth machten den Wettbewerb zu ihrem Thema. Als ich 1980 als Novize nach Bonn kam, wurde die Enquetekommission „Künftige Informations- und Kommunikationstechniken" gebildet. Die CDU-Opposition sah in diesem Gremium die Chance, der Bevölkerung ihre Position für die Informationsgesellschaft von morgen darzulegen, die SPD-geführte Regierung, ihre Blockadepolitik zu verlängern. Man erinnere sich an 1980: Der Kanzler warb für den fernsehfreien Tag, der Bundespostminister wurde in seinem Versuch gestoppt, elf Städte flächendeckend zu verkabeln, Abstriche am Rundfunk- wie Postmonopol sollten keinesfalls zugelassen werden. Das „Teufelszeug Privatfernsehen" sollte unter allen Umständen verhindert werden.

Chef der Bundestags-Enquetekommission

Schwarz-Schilling wurde Vorsitzender der neuen Enquete-Kommission, die als „Unvollendete" in die deutsche Parlamentsgeschichte einging. Das war auch nicht weiter schlimm, denn angesichts der Mehrheiten und eines strukturkonservativen Interessengeflechts, das auch in der Wirtschaft partiell von den Interessen der „Amtsbaubetriebe" - oder häßlicher gesagt „der Hoflieferanten" der Deutschen Bundespost - geprägt wurde, hätte es zum großen Wurf so oder so nicht gereicht. In der Retrospektive erscheinen übrigens viele Prognosen der Experten geradezu lächerlich. So wurde die Erwartung ausgesprochen, bis zum Jahre 2000, das wir inzwischen gerade erreicht haben, werde es höchstens eine Million Mobilfunk-Kunden in Deutschland geben. Dass man heute angesichts einer mehr als zehnfach so großen „Handymaniker-Gemeinde" damit rechnet, dass schon 2005 vier von fünf Deutschen mobil telefonieren, hätten die Fachleute nie geglaubt. Man wäre bei einer solchen Prophetie schlicht für verrückt gehalten worden.

Das Aus der Kommission kam mit dem Regierungswechsel. Schwarz-Schilling brachte es zum Postminister, übrigens dem mit der längsten Amtszeit. Seine Berufung kam für viele politische Auguren überraschend. Man hatte damit gerechnet, die starke CSU werde sich die angestammte Position nicht entgehen lassen. Außerdem galt mit der Ernennung von Dr. Heinz Riesenhuber zum Bundesminister für Forschung und Technologie und mit der - von Kohl als Trostpflaster für die 1982 kurz zuvor verlorene landespolitische Entscheidung in Hessen gewollte - Wahl von Alfred Dregger zum CDU/CSU-Bundestagsfraktionschef das hessische „Ticket" als überbesetzt. Drei Gründe dürfte es für Schwarz-Schillings Sprung „hoch auf den gelben Wagen" gegeben haben. Durch seine neue Medienordnungspolitik hatte er das Bewusstsein dafür geschärft, dass das Post- in Wirklichkeit ein Technologieministerium ist, mit dem man verkrustete Strukturen aufbrechen kann. Ein Umstand, den auch „schwarze" Post-Traditionalisten bei den späteren Postreformen nur unzureichend erkannten. Hinzu kam, dass Kanzler Kohl in Schwarz-Schilling einen ebenso treuen wie verlässlichen Mitstreiter hatte. Er gehörte zu den wenigen prominenten Politikern, die Kohl schon bei dem ersten Anlauf um den CDU-Parteivorsitz auf dem Bundesparteitag 1971 in Saarbrücken unterstützt hatten. So gesehen war Schwarz-Schilling eine Stütze im „System Kohl", wobei die Verfasser dieses eher abwertenden Begriffs immer übersahen, dass in der deutschen Parteiendemokratie der Kanzler und auch Parteivorsitzende nichts dem Zufall überlassen darf. Gerhard Schröder, der erste von den Medien gemachte Bundeskanzler, verspürte in den vergangenen Monaten schmerzlich, wie der Liebesentzug durch die eigene Partei, auf deren Kosten er sich so häufig profiliert hatte, die Stabilität der ganzen Regierung untergraben kann. Auch die Zurückhaltung der CSU beim Griff nach dem Postministerium kam Schwarz-Schilling entgegen. Das hatte er vor allem dem Strategen Fritz Zimmermann, der ihn in einem zur „Männerfreundschaft" führenden Winterurlaub animiert hatte, nach dem Steuer der Postkutsche zu greifen, zu verdanken.

Die Zeit als Minister

Schwarz-Schilling hatte ein Amt übernommen, von dem weitblickende Betrachter wussten, dass es langfristig gar keine Berechtigung mehr haben würde. Er schuf durch eine energische Verkabelungspolitik die technischen Voraussetzungen für Wettbewerb im elektronischen Medienbereich, ließ den Urknall in Ludwigshafen ertönen, umging mit Betriebsversuchen das eherne Regelwerk der Deutschen Bundespost, die sich in ihrer monopolistischen Ruhe gestört fühlte. Die unionsregierten Bundesländer zogen mit, andere wie das rot-grün regierte Hessen verweigerten sich der Zukunft. Medien wurden zur Standortfrage, was dann auch SPD-regierte Länder zumeist unter dem Druck der Genossen in ihren Kommunen zu einem Schwenk veranlasste. Von „konservativer Revolution" war die Rede, Schwarz-Schillings Politik der Veränderung wurde zu einer der Zielscheiben oppositioneller Angriffe. Die persönlichen Attacken auf Kohls Herold einer neuen Informationsgesellschaft - teils weit unter der Gürtellinie - nahmen zu, Rücktrittsforderungen waren an der Tagesordnung. Ich erinnere mich an eine Aktuelle Stunde, wo der Minister zum wiederholten Male aufgefordert wurde, zu demissionieren. Ich sprach - nachdem ich zwei Dutzend solcher Postulate gezählt hatte - daraufhin vom „silbernen Rücktritts-Jubiläum" und warnte die Opposition vor einer „Ridikülisierung durch Ritualisierung".

Einher ging diese neue Medienpolitik mit einer Entmonopolisierung der Deutschen Bundespost, die sonst den internationalen Geleitzug von Deregulierung und Liberalisierung verpasst hätte. Bei der ersten Postreform wurden drei selbständige Unternehmen gebildet, die nach markt- und betriebswirtschaftlichen Gesichtspunkten geführt werden sollten. Ich verhehle nicht, dass mir die „Liberalisierung auf Deutsch" zu langsam voranging, doch gleichzeitig sah ich, mit welch massiven Widerständen das Kabinettsmitglied zu kämpfen hatte.

Eine übermächtige Gewerkschaft, im Monopoldenken verhaftete eigene Parteigänger, ein gelbes, von harmonieterroristischer Behaglichkeit geprägtes Postfamilienverständnis, eine widerwillige Begleitung neuer Ordnungspolitik durch die sogenannten „Amtsbaubetriebe" der Industrie - diese für die Unbeweglichkeit des Standortes Deutschland typischen Erscheinungen ließen nur zaghafte Schritte zu. Ein Anfang war aber gemacht und keiner wusste besser als Schwarz-Schilling, dass die internationale Wettbewerbslage in der Telekommunikation und das sich vereinigende Europa für ein immer schnelleres Liberalisierungs-Tempo sorgen würden.

Wie unbestechlich Schwarz-Schilling der Sache verbunden war, welche taktischen Risiken er dabei auch in Kauf zu nehmen bereit war, zeigte die erste Stufe der umstrittenen Postreform. Während es innerparteiliche Hürden gegen seine Ziele zu überwinden gab und sein Kabinettskollege Norbert Blüm gebetsmühlenhaft den Deutschen versicherte, die Rente sei sicher, entwickelte er ein eigenes Konzept für die Rentenreform und diktierte im Urlaub hoch über den Dächern seiner Wohnung in Nizza das Manuskript für ein Buch zur langfristigen Sicherung der Rente und riskierte damit innerparteiliche Konflikte, die sein eigenes Reformwerk gefährdeten.

Jeder nur halbwegs begabte Taktiker hätte sich in dieser Phase voll auf seine eigene politische Aufgabe konzentriert. Bei mir löste diese Initiative nur Kopfschütteln aus. Ich sagte ihm das auch in freundschaftlicher Form. Er widersprach mir heftig. Wenn es um die Zukunft gehe, dürfe man nicht passen.

Schließlich hatte er Glück. Seine Postreform passierte im Windschatten anderer, konfliktträchtigerer Themen. Er konnte zufrieden sein. Christian Schwarz-Schilling wurde zum Postminister mit der längsten Amtszeit. Sein Name steht für die umfassendsten Reformen in der Geschichte des Unternehmens. Er machte die Bahn frei für privates Fernsehen und elektronischen Medienwettbewerb, er beseitigte das Postmonopol.

Der Rücktritt

„Meine Aufgabe ist es, mich als Postminister selbst überflüssig zu machen". Diesen Satz konnte man häufig von ihm hören, wenn er seine neue Ordnungspolitik begründete. Er sollte aber nicht der letzte Postminister bleiben.

1993, die nächste Bundestagswahl schimmerte bereits herauf, war ein schwieriges Jahr für die Koalition. Die Jugoslawien-Krise erschütterte Europa, die Risse im Regierungsbündnis wurden immer deutlicher, die wirtschaftlichen Folgen der Wiedervereinigung trieben die Staatsverschuldung nach oben, die Stimmung für den Kanzler in der Bevölkerung wurde schlechter, über Kabinettsumbildungen wurde spekuliert. Als abzulösende Kandidaten genannt wurden auch die Hessen Schwarz-Schilling und Riesenhuber. Die innere Distanz Schwarz-Schillings zur Außenpolitik der Regierung Kohl - insbesondere zur Haltung in der Jugoslawien-Frage - war in den vergangenen Monaten immer größer geworden. Er intervenierte vergeblich bei Kohl, schließlich demissionierte er. Ich erinnere mich gut an die traditionelle Weihnachtsfeier der Post für die Bonner Journalisten, wegen des Briefmarkenalbums als Festgabe besonders beliebt. Wir erlebten einen sichtlich aufgeräumten Minister. Ein Kabarettist zog die Bundesregierung durch den Kakao. Er konnte schon immer über sich selbst lachen, was zu seinen angenehmen Eigenschaften gehört. An diesem Abend, an dem er den Abschiedsbrief an den Bundeskanzler bereits geschrieben hatte, schien er es besonders befreit zu tun. Niemand ahnte etwas von seinem Schritt. Dass er sich voll und ganz entschieden hatte, zeigt die Tatsache, dass der erstaunte Kanzleramtschef Friedrich Bohl ihm anbot, das Rücktrittsgesuch in den Papierkorb wandern zu lassen und die Sache zu vergessen, Schwarz-Schilling aber ablehnte. Natürlich vertraten manche Medien-Macher die Auffassung, er habe seiner Ablösung zuvorkommen wollen. Wer Schwarz-Schilling kennt, weiss, dass dieses eher taktisch bestimmte Motiv nicht zutrifft. Er wollte vielmehr seine innere Freiheit als Abgeordneter zurückgewinnen, da er sich in einer zentralen außenpolitischen und humanitären Frage nicht mehr in Übereinstimmung mit der Regierungsmannschaft befand. Dass er sich möglicherweise zudem verletzt fühlte, dass aus der Regierungszentrale Personalspekulationen nicht widersprochen und damit auch die Autorität eines Ministeramtes untergraben wurde, steht auf einem anderen Blatt.

Der CDU-Politiker Wolfgang Bötsch war dann der letzte Minister der staatlich beherrschten Post. Er führte Schwarz-Schillings Reformen zu Ende, konnte auf einem gut gelegten Fundament aufbauen. Christian Schwarz-Schilling wandte sich als Abgeordneter konsequenterweise der politischen Stabilisierung in Südosteuropa zu. Er widerstand der Versuchung, als mit hoher Sachkompetenz ausgestatteter „elder statesman" in seinen früheren Sachgebieten mitzumischen. Zu rasch gewinnt man bei einer solchen Politik den Ruf des Besserwissers, der neue Kreise stört. Als engagierter Streiter für die Menschenrechte wurde er Mitglied des Auswärtigen Bundestagsausschusses, 1995 übernahm er den Vorsitz des Unterausschusses für Menschenrechte und humanitäre Hilfe. Als deutscher UNO-Streitschlichter ist er in Bosnien-Herzegowina so bekannt und angesehen wie in seinem Wahlkreis.

Ich erinnere mich an einen winterlichen Tag im zerbombten Sarajewo, wo ich ihn beim Konflikt-Management begleiten durfte. Nirgendwo ist die Kunst des Zuhörens so wichtig wie in dieser Stadt, wo Friedensarbeit Geduld, Fleiß, Besonnenheit und den unerschütterlichen Glauben an Menschen, die zum vernünftigen Zusammenleben bereit sein wollen, bedeuten. Dabei scheute Schwarz-Schilling auch vor der Auseinandersetzung mit der eigenen Regierung oder internationalen Organisationen nicht zurück, wenn es um den Erfolg in der Sache ging. „Troubleshooting" dieser Art schafft auch Gegner.

Nicht verschwiegen werden soll, dass der Unternehmer seine neue Freiheit auch zu privatwirtschaftlichem Engagement genutzt hat. Er etablierte eine Unternehmensberatung, die angesichts seiner Erfahrungswerte auf dem Zukunftsmarkt Telekommunikation nur zu einem Erfolg werden konnte. Nur einen Hut zu tragen hat nie dem politischen Modebewusstsein Schwarz-Schillings entsprochen.

Optimale „familienpolitische Beratung" hat Schwarz-Schilling in seiner Ehefrau Marie-Luise, einer gelernten Diplom-Volkswirtin. Die blitzgescheite, hochgebildete und temperamentvolle Frau ist eine Art „political animal", in der Analyse ihrem Gatten mindestens ebenbürtig. Frontarbeit hat sie auch geleistet, als Vorsitzende eines CDU-Gemeindeverbandes. Manches, was der „Mann mit den Taschen" als Zielvorstellungen mit sich herumträgt, ist in Gesprächen mit ihr vorher sorgfältig diskutiert und ausgelotet worden. Dabei ist sie in ihren Standpunkten viel zu eigenwillig, um annehmen zu können, anderen – und sei es der eigene Ehemann – den Kurs diktieren zu können.

Was macht den Jubilar so interessant, so unverwechselbar

1. Er ist engagiert und streitbar. Nur das Argument, nicht die Sternchen auf der politischen Uniform des Gesprächspartners zählen. Er ist unideologisch und missionarisch zugleich. In seiner Person löst sich dieser scheinbare Widerspruch auf.

2. Er will spannende Menschen um sich haben. Weil es in der Politik mindestens durchschnittlich so viele Langweiler wie im gewöhnlichen Leben gibt, trifft man bei seinen Gesellschaften Schriftsteller und Journalisten, Künstler und Wirtschafts-Manager. Wohldosiert mit Vertretern des politischen Parketts jeder Couleur.

3. Er setzt sich Ziele, für die er unbeirrbar streitet. Das in der Zukunft erreichbar Scheinende gibt ihm Kraft. Dabei ist er vielseitig angelegt.

4. Er ist ein musischer Mensch, was vielleicht genetisch bedingt ist. Schließlich ist er Sohn eines Komponisten. Er beherrscht mehr als ein halbes Dutzend Instrumente und demonstriert sein Können hin und wieder. Noch immer habe ich das Bild des Presseabends eines hessischen CDU-Landesparteitages vor meinem geistigen Auge, wo er - von Rheingauer Weißwein beschwingt - als letzter Gast noch gefühlvoll in die Tasten des Pianos griff, während alle anderen den Saal schon verlassen hatten. Oder ich denke an die feuchtfröhliche Silvesterparty in Büdingen, wo er das neue Jahr mit der Trompete begrüßte.

5. Er glaubt unerschütterlich an die Vernunft von Menschen, in Frieden und Freiheit ihr Leben einrichten zu wollen. Sein Engagement auf dem Balkan trägt dieses Credo.

6. Er ist gesellig, kann dabei sogar sanguinisch werden. Er liebt das geistreiche Gespräch, langweilige „Stallgeruchs-Begegnungen" in der Partei sind ihm zuwider. Das hat ihm das Leben in der Politik oft schwerer, aber wohl auch aufregender gemacht.

7. Er ist ein verlässlicher Freund. In kritischen Situationen konnte ich das selbst erfahren.

Dem englischen Schriftsteller Alan Ayckbourne wird die Sentenz zugeschrieben: „Das Alter schützt nur dann vor Torheiten, wenn man für sie zu schwach ist". So wünsche ich Christian Schwarz-Schilling vor allem Stärke, die aus der Gesundheit und der Freude am Leben erwächst. Ad multos annos, lieber Christian!

Katrin Wiesenhütter

ehem. Mitarbeiterin Ministerbüro

Von den heutigen Bewohnern des Gebäudes an der Bonner Heinrich-von-Stephan-Straße 1, in die 1987 das Bundesministerium für Post- und Fernmeldewesen mit seinem Minister Dr. Schwarz-Schilling eingezogen war, weiß sicher nur noch eine verschwindend kleine Zahl, warum die Eingangshalle ganz offiziell „Halle des Volkes“ genannt wird. Diese Namensgebung ist in meinen Augen eine Art von Anerkennung des Menschen Schwarz-Schilling und des Sinologen durch seine damaligen Mitstreiter im Ministerium gewesen, ähnlich dem Spitznamen Black Penny, der ihm von Fernmeldelehrlingen verliehen worden war.

Zusammen mit meinen beiden Kolleginnen Waltraud Baltes und Ingrid Derra-Müller waren wir das beständige Dreigestirn im Vorzimmer; die Persönlichen Referenten bzw. Leiter des Ministerbüros wechselten auf dem Weg der eigenen Karriere öfters. Und wir Hüterinnen der Telefone und des Büros haben mit unserem Minister natürlich nicht so viel nicht Alltägliches erlebt wie diejenigen, die mit ihm unterwegs waren, so dass Episoden nicht unbedingt wie am laufenden Band zu erzählen sind.

Wir konnten gute zehn Jahre lang die kontinuierlichen Fortschritte unseres Ministers beim Posthornspiel verfolgen. Es gab doch tatsächlich bei der Post Zeiten, da war es möglich, dass der Herr Minister bei sich bietender Gelegenheit und wenn es der Situation angemessen war, zum Posthorn griff und - selbst in den Ohren hochoffizieller postalischer Posthornbläser ganz ordentlich - den Anwesenden etwas vorspielte. Es war fast Tradition, dass am Wochenende, wenn der Minister Bonn verließ, er sich mit einem Stück auf dem Posthorn von uns verabschiedete. Eines Tages kam aus dem Hintergrund eine völlig erschöpfte Stimme: „Die Sau ist tot“!... Es muss eine harte Woche gewesen und noch lange kein Ende in Sicht gewesen sein.

Nehmen wir einmal an, dass es nicht dieselbe Stimme war, die in die offensichtlich leeren Büros rief: „Ist kein Schwein hier?“ - und dann die etwas abwesend klingende Stimme des Ministers aus einer Ecke seines Zimmers kam: „Doch, ich“. Ich glaube, der Rufer durfte annehmen, dass er nur die Stimme und nicht die Worte gehört hatte.

Was gäbe es noch über den Menschen Schwarz-Schilling zu erzählen? Bestimmt sehr viel, wenn man erst einmal in den Erinnerungen kramt. Bei jedem, der mit ihm zu tun hatte, wird etwas anderes im Gedächtnis geblieben sein, so vielleicht der Jasmintee oder der chinesische Rosenschnaps (man frage nicht nach den Prozenten), die den Gästen angeboten wurden. Aber etwas muss noch erwähnt werden, weil er diese Angewohnheit bis heute pflegt. Christian Schwarz-Schilling ist ein „Aktentaschen-Fetischist“. Die Zahl der von ihm gleichzeitig benutzten und mit sich geführten Taschen bewegt sich - nicht übertrieben - zwischen fünf und zehn! Es dauerte eine geraume Zeit, bis man das System, was wohin gehörte und was man dementsprechend wo finden konnte, verstanden und verinnerlicht hatte! Manch einer hat auf dem Weg zum Ziel aufgegeben...

Eberhard Witte
Betriebswirtschaftler, Institut für Organisation, Universität München

Als Dr. Christian Schwarz-Schilling im Oktober 1982 zum Bundesminister für das Post- und Fernmeldewesen vereidigt wurde, fand er eine Situation vor, die ihm von Herzen fremd war.

Aus einem musisch orientierten Elternhaus stammend hatte er Sinologie studiert und die Dissertation über einen altchinesischen Text verfasst. In allen späteren Fachdiskussionen über technische Details hatte man ihm gegenüber stets das Gefühl, den nüchternen Gesprächsgegenstand in einen größeren intellektuellen und kulturellen Bezugsrahmen einordnen zu müssen. Mancher kleine Geist fand dies zu viel verlangt.

Als Politiker hatte Schwarz-Schilling seine Lehrjahre in der hessischen Landespolitik absolviert. Der engagierte Christdemokrat widmete sich der Bildungspolitik, dem Mittelstand und ließ auch außenpolitische Themen nicht aus, die er später im Hinblick auf die Bosnien-Krise zur ganz persönlichen Aufgabe erklärte. Seine moralischen Grundsätze hat er niemals aus dem Auge verloren, auch wenn ihm dies im täglichen Geschäft der Kompromisssuche manche Schwierigkeit eingebracht hat.

Und schließlich war Dr. Schwarz-Schilling ein Unternehmer. Er kannte die disziplinierende Kraft des Wettbewerbs auf freien Märkten. Das Monopol war ihm so fremd wie administrierte Preise. Deshalb ist es nicht verwunderlich, dass dieser Mann als Bundespostminister einen ganzen Wirtschaftszweig mit weit über 500.000 Beschäftigten, einem Jahresumsatz von damals schon 50 Mrd. DM von Grund auf umgestaltete.

Die Vorbereitung zu einer solchen Herkulestat wuchs ihm durch seinen Vorsitz der Enquete-Kommission des Deutschen Bundestages „Neue Informations- und Kommunikationstechniken“ zu. Hier erkannte er im Verlauf von Expertenanhörungen und Auslandsreisen, dass Deutschland im Begriff war, den Anschluss an den fortschreitenden Innovationsprozess im Bereich der Informations- und Kommunikationssysteme zu verlieren.

Medienpolitik

Die sogenannten neuen Medien, insbesondere die Breitbandverteilnetze und später die Satellitentechnik erlaubten eine neue Vielfalt im Angebot von Hörfunk- und Fernsehsendungen. Damit wurde die seit Jahrzehnten gewachsene Struktur der Massenmedien in Frage gestellt. Das Meinungsmonopol der öffentlich rechtlichen Rundfunkanstalten - wie man es damals nannte - wurde durch die neue Übertragungskapazität von 30 Fernsehkanälen obsolet. Bundeskanzler Helmut Schmidt hatte die Verkabelung kurzerhand verboten, und die Bundesländer hatten sich auf Pilotprojekte geeinigt, die von Jahr zu Jahr vertagt wurden. Es wurden Horror-Szenarien von der „Droge der Reizüberflutung" gezeichnet und jedes Argument an den Haaren herbeigezogen, um den Fortschritt zu verzögern.

Heute kann man feststellen, dass ohne die Entscheidung von Minister Schwarz-Schilling, die bundesweite Errichtung von Breitbandverteilnetzen unverzüglich einzuleiten, die heutige Medienvielfalt nicht entstanden wäre. Es war ja ein Henne-Ei-Problem zu lösen: Das bundesweite Kabelfernsehnetz wurde gebraucht, um die ökonomisch notwendige Anzahl von Teilnehmern erreichen zu können. Andererseits hatte ein derart investitionsintensives Netz nur dann einen Sinn, wenn die Kabelkanäle wirklich mit Inhalt gefüllt würden. Wer die Infrastruktur errichtete, musste darauf vertrauen, dass hinreichend viele Medieninhalte zur Ausfüllung der Kapazität bereitgestellt werden. Wer neue Inhalte produzierte, musste darauf vertrauen können, dass schließlich ein hinreichend großes Netz zur Verfügung stehen wird. Mit der Entscheidung des Postministers wurde diese Blockade des Fortschritts überwunden. Die Länder gerieten in Zugzwang und gaben schließlich ihren Widerstand auf. Später hat der Fernsehsatellit die Restversorgung in ländlichen Gebieten übernommen.

In dieser medienpolitischen Umwälzung hat Minister Schwarz-Schilling vor allem Mut bewiesen. Denn die Bundesländer, insbesondere die sogenannten A-Länder waren strikt gegen die Einbeziehung privater Programmanbieter eingestellt, und auch die CDU/CSU-regierten Länder legten Wert auf ihre föderalen Entscheidungsbefugnisse. Dass der Bund durch die Schaffung einer neuen Infrastruktur die zwingenden Voraussetzungen für eine Medienvielfalt schuf, war eine verfassungsrechtlich gefährliche Gratwanderung. Der Schritt wurde nur dadurch erleichtert, dass für die Investition in ein neues Kabelverteilnetz weder eine Gesetzgebung noch eine Zustimmung der Länderebene notwendig war.

Die neue Übertragungskapazität hätte im schlimmsten Fall einfach brach liegen können, ohne dass eine neue Angebotsvielfalt erreicht worden wäre. Heute ist sie ausgefüllt und bildet im übrigen den breitbandigen Zugang zum Teilnehmer auch für neue Dienste der Telekommunikation.

Postreform

Im Gegensatz zur Medienpolitik war die Reform von Post und Telekommunikation zwar politisch weniger brisant, weil es hier nicht um die Meinungsmedien, sondern lediglich um die Übertragungswege des Nachrichtenverkehrs ging. Auf der anderen Seite war der Widerstand wesentlich größer, weil sowohl die Deutsche Postgewerkschaft als auch die Sozialdemokratische Partei Deutschlands strikt gegen die Öffnung der Märkte für den Wettbewerb und die damit verbundene Privatisierung eingestellt waren. Auch im eigenen Haus bedurfte es der Überzeugungsarbeit, um das Ministerium reformfähig und reformwillig werden zu lassen.

Dr. Schwarz-Schilling hat deshalb die nach außen gerichtete medienpolitische Reform vorgezogen und hatte schließlich den Erfolg im Rücken, als er an die Reform der Deutschen Bundespost ging. Inzwischen war es ihm auch gelungen, eine Gruppe von jungen Ministerialbeamten als Stab um sich zu versammeln. Dadurch konnte er die Informationsströme aus dem Ministerium auf sich konzentrieren und im Gegenzug seine Ideen in das Ministerium hineinwirken lassen. Man darf nicht vergessen, dass vorher die sozialliberale Regierung 13 Jahre geherrscht hatte und auch davor eher staatswirtschaftlich eingestellte Minister die Politik bestimmt hatten. Eine grundsätzliche Aufgeschlossenheit gegenüber einer Wettbewerbs- und Privatisierungspolitik konnte nicht vorausgesetzt werden.

Ich habe immer empfunden, dass Dr. Schwarz-Schilling ein vorzüglicher Professor geworden wäre. Im Gegensatz zu manchem Praktiker der Tagespolitik, der einen beliebigen Kompromiss sucht, hat er das Grundsätzliche in den Vordergrund gestellt und daraus die täglichen Entscheidungen abgeleitet. Damit wusste seine Umgebung stets, wohin die Reise geht. Er hat sich Zeit genommen, die Gegenargumente mit seinen Begründungen zu konfrontieren und das Resultat im besten Sinne zu lehren. Damit hat er Schritt für Schritt seine Gesprächspartner in der Bundespost, in der Bundesverwaltung und in der eigenen Partei überzeugt. Genauso deutlich trat allerdings auch zutage, daß die ideologischen Gegner durch Argumente nicht daran gehindert werden konnten, ihn emotional anzugreifen. Der Wandel im ordnungspolitischen Ziel war ja auch ungeheuerlich. Von nun ab galt das Paradigma: Wettbewerb soll die Regel und Monopol die zu begründende Ausnahme sein.

Die Postreform von 1989 brachte nach 150 Jahren des traditionellen Fernmeldewesens und nach 500 Jahren Postgeschichte einen tiefen Einschnitt. Die vorher vermischten Funktionen der Hoheitsgewalt und des Dienstleistungsbetriebes wurden getrennt. Das Ministerium konzentrierte sich auf die Aufgaben einer Bundesverwaltung, also auf die Kontrollbefugnis und die Regulierungskompetenz. Demgegenüber wurden die drei Leistungseinheiten Telekom, Postdienst und Postbank ausgegliedert und organisatorisch verselbständigt. Damit waren Erfolgsbereiche geschaffen worden, die eine getrennte Aufwands- und Ertragsverantwortung übernahmen. Dieses war die unternehmerische Leistung von Dr. Schwarz-Schilling.

Hervorzuheben ist seine Einstellung zur „gelben Post". Während sogar von manchem Kritiker eingesehen wurde, die Telekom als Hochtechnologieunternehmen und die Postbank als Kreditinstitut auszugliedern, wurde die Brief- und Paketpost mit ihrem gewaltigen Personalkörper und ihrer engen Bindung an die Postgewerkschaft weiterhin als Staatsbetrieb verstanden. Demgegenüber hat Dr. Schwarz-Schilling von vornherein gesehen, dass die Gunst der Stunde zur Ausgliederung genutzt werden musste, weil es später kaum eine Chance für die Privatisierung der Post gegeben hätte. Heute kann man feststellen, dass diese - ebenfalls von Grundsatzüberlegungen getragene - Entscheidung richtig war. Nur der Zwang zum Wettbewerb schafft die Mobilisierung der unternehmerischen Eigenkräfte. Wenn die Post eine bundesunmittelbare Verwaltung geblieben wäre, müsste sie heute mit erheblichen Summen aus dem Bundeshaushalt subventioniert werden. Beeindruckend ist auch, welche Maßnahmen ergriffen wurden, um im Bereich der Telekommunikation den Markt für den Wettbewerb zu öffnen. Es war politisch unmöglich, das Fernmeldenetz und den Telefondienst, also die Kernkompetenz der Telekom auf den offenen Markt zu stellen. Ganz abgesehen davon, dass hierfür keine politische Mehrheit zu erreichen war, hätte es auch an Wettbewerbern gefehlt, die ohne mehrjährige Vorbereitung bereit gewesen wären, die Konkurrenz mit dem Telekom-Giganten aufzunehmen.

Dr. Schwarz-Schilling hat sich deshalb für ein schrittweises Vorgehen entschieden. Das Poststrukturgesetz von 1989 (ein Artikelgesetz mit vorsichtiger Änderung mehrerer bereits bestehender Gesetze) enthielt weiterhin das Monopol für die Errichtung von Fernmeldenetzen und das Angebot von Fernsprechdiensten. Demgegenüber wurden alle anderen Dienstleistungen, insbesondere der Datenverkehr und die sogenannten Mehrwertdienste sowie der gesamte Endgerätebereich dem Wettbewerb geöffnet. Dieser Randwettbewerb sollte sich schrittweise zum Kern der Telekommunikation voranarbeiten.

Den Schlüssel zur Öffnung des Randwettbewerbs bildete der Mobilfunk. Zum Zeitpunkt der Postreform 1989 stand der neue GSM-Standard für den digitalen Mobilfunk zur Verfügung. Die Lizenzen wurden sowohl an die soeben ausgegliederte Telekom als auch an einen privaten Wettbewerber (Mannesmann Mobilfunk) vergeben. Später traten (in einem anderen Frequenzbereich) ein dritter und ein vierter Wettbewerber (e-plus und Viag Intercom) hinzu. Nach der Erteilung dieser ersten privaten Lizenzen wurde offenkundig, dass sich die Telekommunikation schneller, bedarfsgerecht, billiger und zur allgemeinen Überraschung auch flächendeckend entwickeln kann, ohne dass öffentlich Bedienstete das Gemeinwohl praktizieren mussten.

Unmittelbar nach diesem ordungspolitischen Erfolg ging Dr. Schwarz-Schilling daran, das verbliebene Netz- und Telefondienstmonopol weiter einzuschränken. Die Telekom wurde verpflichtet, ihre Endgeräte genauso der staatlichen Zulassung zu unterziehen, wie das jeder Wettbewerber tun musste. Vor allem aber wurde den Unternehmen der Privatwirtschaft erlaubt, ihre Nebenstellenanlagen miteinander zu verbinden und auf diese Weise Corporate Networks zu installieren. Das Neue an dieser Regulierungsentscheidung des Ministers war, dass neben Daten, Texten und Festbildern nun auch die Sprache einbezogen wurde. Zwar blieb es weiterhin dem Monopol vorbehalten, die „Vermittlung von Sprache für die Öffentlichkeit" anzubieten. Aber der Sprachverkehr zwischen Kommunikationsgemeinschaften, also innerhalb geschlossener Benutzergruppen, wurde freigegeben. Damit erwiesen sich die Corporate Networks als das wirksamste Druckmittel für den schnellen Fortgang des Reformprozesses. Je länger man an den alten gesetzlichen Vorbehalten festhielt, desto umfangreicher wuchsen die Corporate Networks, so dass der Telekom erhebliche Deckungsbeiträge davonschwammen.

Dieser Reformdruck war notwendig, weil für die Privatisierung der Postunternehmen eine Grundgesetzänderung nötig war und dazu die Zustimmung der parlamentarischen Opposition gewonnen werden musste. Ohne eine Privatisierung wären auch weitere Schritte der Marktöffnung unmöglich gewesen, denn eine staatliche Telekommunkationsverwaltung hätte nicht in den härter werdenden internationalen Wettbewerb gestellt werden können. Die Vorbereitungen zur Verfassungsänderung hat Dr. Schwarz-Schilling mit seinem Stab unverzüglich getroffen und die politischen Verhandlungen aufgenommen. Diese wurden dann von seinem Nachfolger im Amt des Ministers für Post und Telekommunikation, Dr. Wolfgang Bötsch, fortgeführt und abgeschlossen.

Die persönliche Handschrift

Es ist oft gefragt worden, welche Eigenschaft und welcher politische Stil den Erfolg von Dr. Schwarz-Schilling begründet haben. Hierzu ist als erstes festzuhalten, daß nicht jeder Minister den Mut und die Leidenschaft für das Anpacken derart tiefgreifender Strukturänderungen aufgebracht hätte. Es hat ja dann auch genug Widerstand gegeben.

Für den Augenzeugen, der auch die Reaktion der Traditionalisten, der Missgünstigen und der verständnislos Zuschauenden einbeziehen kann, war ein weiteres Merkmal ausschlaggebend: die innere Überzeugungskraft, auf dem richtigen Weg zu sein. Alle Entscheidungen, alle öffentlichen Erklärungen, die mühsamen Überzeugungsschritte im engen Mitarbeiterkreis und schließlich der parlamentarische Auftritt, waren von den Grundwerten der wirtschaftlichen und politischen Freiheit getragen. Es ging Dr. Schwarz-Schilling nicht um das kurzfristig Zweckmäßige, sondern um eine wohlbegründete Langfriststrategie. Ein solches politisches Verhalten ist in der Tat selten.

Elfie Wörner

Kuratorium Hilfe für Bosnien-Herzegowina

Bonn im Jahre 1982: Regierungsmetropole, die CDU/CSU/FDP übernimmt das Zepter, Aufregungen und Anspannungen im politischen Geschäft, Neubeginn und Erfahrungen zweier Ministerkollegen, Begegnungen auf dem gesellschaftlichen Parkett.

Dr. Christian Schwarz-Schilling und mein verstorbener Mann, Dr. Manfred Wörner, kannten sich durch die politische Arbeit als Abgeordnete ihrer Wahlkreise, respektierten, schätzten, mochten sich - bis sie schließlich zu Freunden und Wegbegleitern wurden. Der Krieg in Bosnien-Herzegowina brachte sie noch enger zueinander. Sie kämpften für und litten mit den Menschen, die unweit von uns einem brutalen, menschenverachtenden Krieg ausgesetzt wurden. Mein Mann sprach Christian Schwarz-Schilling seine Hochachtung und seinen Respekt aus, als er sich entschied, aus Protest gegen die Jugoslawien-Politik der damaligen Bundesrepublik, auf sein Amt als Minister zu verzichten. Er hatte sich diesen Schritt nicht leicht gemacht. Ich erinnere mich gut, wie die beiden Männer sich lange miteinander berieten und hofften, dass dieser grausame Krieg ein Ende findet. Mein Mann übte damals die Funktion des Generalsekretärs der Nato aus und war nah am Geschehen.

Sein Entschluss war gut und richtig. Von nun an konnte er mit Engagement, Kraft und Durchsetzungsvermögen die überzeugende und moralisch wichtige Aufgabe als internationaler Streitschlichter in Ex-Jugoslawien für Deutschland übernehmen. Hier war und ist er der richtige Mann an der richtigen Stelle, da er neben seiner Kompetenz und Gabe als Vermittler auch sein Herz und seine Emotionen offen zeigte. Etwas, das im politischen Geschäft oft im Verborgenen bleibt.

Und - hier begann unsere Freundschaft und enge Zusammenarbeit. Ich hatte meinem Mann kurz vor seinem Tode in die Hand versprochen, mich um die Menschen in Bosnien zu kümmern. Nach seinem Tode am 13. 8. 1994 hatte ich durch Kranzspenden so viel Geld zusammen, dass ich eine Stiftung gründen konnte. Christian war sofort bereit, mich zu beraten und mitzuhelfen, Projekte und Hilfsmaßnahmen in Bosnien-Herzegowina zu unterstützen. Zu helfen, wo Hilfe wirklich gebraucht wurde. Von seinen bedrückenden und beschwerlichen Reisen brachte er genug Informationen über konkrete Fälle und über die menschliche Not mit, die er mit eigenen Augen gesehen und erlebt hatte.

Ich vergesse niemals unsere Fahrt mit Hilfsgütern nach Bihac, wenige Tage nach der Öffnung dieser Stadt. Wir schliefen in einem zerbombten Hotel mit Plastiktüten vor den Fenstern anstelle von Fensterscheiben, angezogen auf unseren Reiseutensilien. Wir mussten jederzeit startklar sein, wenn geschossen oder Alarm gegeben wurde.

Ich vergesse niemals unsere gemeinsamen Gespräche mit ausgemergelten und ausgehungerten Frauen und Kindern, mit eiligst ernannten Bürgermeistern aller Berufssparten, die ziemlich hilflos dem Chaos gegenüberstanden oder mit Politikern im Übergang einer neuen „Ära", die völlig überfordert waren oder ihr plötzliches Machtbewusstsein ausspielten.

Ich vergesse niemals seine Gesprächsbereitschaft, sein offenes Ohr für alle anstehenden Belange, seinen vehementen Einsatz für die rückkehrenden Flüchtlinge und sein Unverständnis gegenüber Menschen, die vom grünen Tisch aus Entscheidungen treffen.

Bei unserer letzten gemeinsamen Reise nach Travnik im August 1999 saßen wir hoch in den Bergen bei Kerzenschein beieinander. Die Kerzen brannten nicht der Romantik wegen, sondern weil die elektrischen Leitungen noch nicht wieder hergestellt waren. Um uns herum der amtierende Bürgermeister der Stadt, andere kommunale Kräfte, Journalisten und Dolmetscher. Wir redeten uns „die Köpfe heiß". Durch seine Erfahrungen und auch Enttäuschungen der letzten Jahre in diesen Regionen zeigte sich Christian Schwarz-Schilling in der Diskussion beharrlich, nachhakend bis zur Ungeduld; denn nach Dayton „muss doch endlich ein normales menschengerechtes Leben wieder herzustellen sein!" Er gibt niemals auf, auch wenn ihn oft aufgrund von Überanstrengung die Müdigkeit überfällt und er seine Augen schließt. Ist es Erschöpfung, Abschalten, Nichtmehrhörenwollen oder Konzentration, das wage ich bis heute nicht zu fragen.

Vielleicht erinnerst Du Dich, lieber Christian, an Deinen 65. Geburtstag? Damals bat ich Dich mit einem Gedicht von Cäsar Flaischlen, worum ich Dich heute wieder bitte:

O, nur nicht müde werden!
O, nur nicht müde werden!
Alles andere, nur nicht müde werden!

Ich meine nicht, vom äußren Lärm des Tages,
nicht vom Gedränge kleiner Unruhstunden –
das alles löst sich ganz von selbst

und löst's sich nicht, so wirf es hinter dich...
das große Ziel nur, lass dir's nicht verbiegen!
Es kann ein trüber Tag dich wohl verstimmen,
es kann Enttäuschung missgemut dich machen,
es kann Verdruss ob so viel plumpen Schwindel
zu jähem Zorn vielleicht die Faust dir ballen,
es kann dir auf die Nerven fallen –
lohnt sich's denn überhaupt zu siegen ?!

Das alles löst sich immer ganz von selbst!
Das innre Ziel nur, lass dir's nicht verbiegen,
und dich nicht müde machen...
müde...
in der Tiefe,
da, wo die Quellen des Lebens liegen!

Mark Wössner

Aufsichtsratsvorsitzender der Bertelsmann AG, Vorstandsvorsitzender der Bertelsmann Stiftung

Wer in den letzten 20 Jahren die Medienlandschaft in Deutschland beobachtet oder mitgestaltet hat, für den sind die rasanten Entwicklungen und Fortschritte in diesem Bereich untrennbar mit einem Mann verbunden: Christian Schwarz-Schilling. Es sind Herkules-Aufgaben, die Schwarz-Schilling vollbracht hat, und von denen jede einzelne einen Politiker hätte verschleißen können: Verkabelung der Republik, Wegbereitung des privaten Rundfunks und damit auch des dualen Rundfunksystems, Privatisierung von Post und Telekommunikation, Einführung des ersten Online-Dienstes und des Mobilfunks. Heute stellt niemand mehr Sinn und Nutzen dieser Innovationen in Frage. Ja, im nachhinein haftet ihnen eine Art Zwangsläufigkeit an. Dies war zu der Zeit, in der Schwarz-Schilling Medienpolitik gestaltete, ganz anders. Unzählig waren die Blockierer, Bedenkenträger und Besitzstandswahrer, die sich den politischen und technologischen Weichenstellungen für eine zukunftsfähige Informationsgesellschaft entgegenstellten. Um so größer ist sein Verdienst, trotz aller Widerstände dem Fortschritt Bahn gebrochen zu haben.

Bereits in den siebziger Jahren erkannte Schwarz-Schilling die medienwirtschaftlichen und -politischen Herausforderungen und Chancen der Zukunft. Als Unternehmer hatte er bereits in jungen Jahren die fortschrittsfördernde Kraft des Wettbewerbs erfahren. Als Medien-Experte in der CDU setzte er sich frühzeitig für eine Öffnung der verkrusteten Rundfunkstrukturen zugunsten privater Rundfunkanbieter und damit für Wettbewerb und Vielfalt im Informationsangebot ein. Wie kein anderer war er qualifiziert, nach der politischen Wende das Bundesministerium für Post und Fernmeldewesen zu übernehmen. Er hat dieses Amt in einer Zeit geführt, die durch bahnbrechende technologische Neuerungen gekennzeichnet war. Mit ihm in der dafür zuständigen politischen Verantwortung tat die damalige Bundesregierung einen Glücksgriff. Als „Vater des Kabels“ schuf Schwarz-Schilling die technologische Voraussetzung für die Multiplizierung privater Fernseh- und Rundfunkangebote. Das damals viel gescholtene btx-System hat sich im nachhinein als Nukleus eines der erfolgreichsten Online-Dienste erwiesen. Und wer würde heute noch die Richtigkeit der Entscheidung in Zweifel ziehen, die die Privatisierung von Post und Telekommunikation einleitete? Ich habe Christian Schwarz-Schilling in den frühen achtziger Jahren näher kennen gelernt. Uns verband damals der Kampf für die Entwicklung des privaten Rundfunks innerhalb einer dualen Rundfunkordnung. Mit seiner hohen medienpolitischen Fachkompetenz und seinem unternehmerischen Verständnis konnte Schwarz-Schilling wesentlich zu einem Meinungswandel in den Fachkreisen und in der öffentlichen Meinung beitragen. Als junger Unternehmer - ich war damals Vorstandsvorsitzender der Bertelsmann AG geworden - war ich beeindruckt von diesem Politiker mit eigener unternehmerischer Erfahrung. Besonders schätzte ich die wirtschaftliche Unabhängigkeit, die er sich neben seiner politischen Laufbahn geschaffen und beibehalten hatte. Diese Unabhängigkeit gab ihm Kraft für die mutigen und weitsichtigen Weichenstellungen, die er als Politiker vornahm. Ich lernte in ihm einen kühl abwägenden und zugleich visionären Politiker kennen, dem es nie an Entschlossenheit mangelte - eine äußerst seltene Verbindung von außergewöhnlichen Eigenschaften. In dieser Zeit und darüber hinaus habe ich. Christian Schwarz-Schilling als konstruktiven, hochkompetenten und offenen Gesprächspartner erfahren, dessen Fachwissen in einen beeindruckenden geistigen Bildungshintergrund eingebettet ist.

Seine Haltung, die Berechtigung politischer Macht auch am Maßstab ethisch-moralischer Überzeugungen und Werte zu überprüfen, verdient Respekt, ja, mehr noch: Nachahmung! Viele empfanden „Scham" über die Untätigkeit der Politik, als eine Flugstunde entfernt unsägliche Verbrechen gegen die Menschlichkeit begangen wurden. Schwarz-Schilling empfand nicht nur - er zog die Konsequenz und begann ein zweites politisches Leben. Wir in der Medienwirtschaft haben damals seinen Schritt natürlich bedauert - aber dann auch bewundert. Seine Tätigkeit als internationaler Streitschlichter in Bosnien-Herzegowina hat ihn inzwischen zu einem der am meisten respektierten europäischen Politiker gemacht. Dabei sind ihm dieselben Eigenschaften von Nutzen, die ihn auch schon in den schwierigen medienpolitischen Verhandlungen auszeichneten. Mit Unbestechlichkeit, Unermüdlichkeit und Sachkenntnis hat er bereits unzählige Konflikte in der Krisenregion friedlich beilegen können.

Ich wünsche dem Visionär, Praktiker und - im wohlverstandenen Sinne - Moralisten Christian Schwarz-Schilling weiterhin viel Kraft. Unsere Gesellschaft und Zivilisation braucht Menschen wie ihn, Menschen, die den Wandel zu gestalten verstehen und zugleich ihren Überzeugungen treu bleiben.

Otto Zink

ehem. CDU-Parlamentarier, Hessen

Eine lange Freundschaft verbindet mich mit Herrn Dr. Christian Schwarz-Schilling. Sie geht zurück bis auf die Mitte der 60er Jahre.

Dr. Wilhelm Fay führte mit mir und mit Karl-Heinz Trageser ein längeres Gespräch über seine Nachfolge als Landesvorsitzender der hessischen CDU. Er wollte wissen, wie die Sozialausschüsse es sehen würden, wenn ein Unternehmer wie Dr. Schwarz-Schilling an der Spitze der Landespartei stände. Wir erklärten, dass der Berufsstand keine Rolle für uns spiele. Auf der einen Seite kenne ein Unternehmer auch die Probleme der Arbeitnehmer, und zum anderen müsse jeder Vorsitzende beweisen, dass er integrationsfähig sei.

Kurz danach begannen die Gespräche mit den verschiedenen Kandidaten. Für Dr. Schwarz-Schilling endete dies mit der neuen Funktion als Generalsekretär und stellvertretender Vorsitzender der Hessen-CDU. Durch sein Organisationstalent machte er die Landesgeschäftstelle fit für die kommenden Herausforderungen.

Nicht nur Organisationsfragen waren sein Thema, sondern auch politische Inhalte. Hier arbeiteten wir intensiv zusammen. Er war für Wirtschaftspolitik und ich für Sozialpolitik zuständig. Beide Arbeitskreise agierten sehr kopflastig. Bei ihm waren mehrheitlich Unternehmer und Geschäftsführer vertreten und bei mir vor allem Betriebsräte und Gewerkschaftsleute. Unser Ziel war es jedoch, die CDU als Volkspartei zu positionieren. Dies gelang durch die Gründung des Gesellschaftspolitischen Arbeitskreises, in dem beide - der Wirtschaftspolitische und der Sozialpolitsche Arbeitskreis - präsent waren.

Ich kann Christian Schwarz-Schilling bescheinigen, dass unsere Beratungen (wir nahmen wechselnd den Vorsitz wahr) stets fair verlaufen sind. Das „Düsseldorfer Programm“ der Bundes-CDU beispielsweise erforderte viele Verhandlungen. In den meisten Punkten konnte wir eine breite Zustimmung erreichen. Ein Punkt, der kontrovers blieb, war das Thema Mitbestimmung. Nur knapp entschied sich der Landesparteitag gegen die Parität.

Was ich nicht vergessen möchte zu erwähnen, sind in jüngster Zeit die Bemühungen von Christian Schwarz-Schilling um die Menschenrechte im ehemaligen Jugoslawien. Dafür hat er mehr als ein Dankeschön verdient.

Lieber Christian, ich danke Dir für die langjährige gute Zusammenarbeit. Daraus kommt mein herzlicher Glückwunsch zu Deinem 70. Geburtstag. Ich wünsche Dir viel Glück und Erfolg sowie Gesundheit und dazu Gottes Segen.

Kresimir Zubak

Vorsitzender der Partei „Neue Kroatische Initiative", ehem. Präsident der Föderation Bosnien und Herzegowina

Herrn Schwarz-Schilling habe ich in Bonn kennengelernt, wo wir, d. h. Vertreter des kroatischen und bosniakisch-moslemischen Volkes, Gäste der Bundesregierung und zuständig für die Umsetzung des Abkommens über die Gründung der Föderation Bosnien und Herzegowina waren. Wir hielten uns dort auf, um die Umsetzung des Abkommens zu beschleunigen, da bereits am Anfang erkennbar war, dass große Anstrengungen bei seiner Realisierung notwendig sein würden.

Ich weiß nicht, ob die tiefen, im Krieg entstandenen Wunden der Grund waren, weshalb dieser Prozess sich so schwierig gestaltete; ich weiß nicht, ob es an politischem Willen mangelte oder ob beides und noch vieles mehr ein unüberwindbares Hindernis darstellte. Ich weiß aber genau, dass wir allein und ohne die Hilfe von außen kein Vertrauen zurückgewonnen hätten, auch hätten wir keine Regierungsinstitutionen, insbesondere auf der Gemeinde- und Regionalebene errichten können.

Der Vorschlag, dass Herr Schwarz-Schilling Streitschlichter für die Umsetzung des Abkommens sein sollte, wurde von beiden Seiten angenommen, und wie es sich mit der Zeit erwiesen hat, war Herr Schwarz-Schilling die beste Lösung.

Ich habe mit Herrn Schwarz-Schilling als Präsident der Föderation Bosnien und Herzegowina und später als Mitglied des Gesamtpräsidiums Bosnien und Herzegowina zusammengearbeitet. Durch zahlreiche Zusammenkünfte, Gespräche und durch gemeinsames Wirken habe ich den unfehlbaren Eindruck gewonnen: Herr Schwarz-Schilling ist wahrlich ein aufrichtiger Freund Bosniens und Herzegowinas, seiner Völker und Bürger. Vermutlich bedingte diese Tatsache sein Engagement in der Umsetzung der ihm anvertrauten Aufgabe.

Für solch eine Aufgabe des Mediators musste man eine Person finden, die Erfahrung in Gesprächsführung, oder besser gesagt in Verhandlungsführung, ferner Wissen und Taktgefühl besaß, vor allen Dingen aber Geduld, Ausdauer und Entschiedenheit. All dies hat Herr Schwarz-Schilling zum Ausdruck gebracht, vor allem aber seinen Wunsch, den Völkern Bosniens und Herzegowinas zu helfen, um das Böse der nationalistischen Ausschließlichkeit, dem wir gegenüberstanden, zu überwinden.

Nur eine Person, die von solch einem Ideal geleitet wird, konnte sich großen Risiken und außerordentlichen Anstrengungen aussetzen. Wir reisten kreuz und quer durch Bosnien, unter Bedingungen und Umständen des gerade beendeten Krieges. Stundenlang zu sitzen, tagelang Menschen zu überzeugen und zu „überlisten" - Menschen, die in vielen Fällen in keiner Weise verdient hatten, ein Amt zu bekleiden und die oft nicht einmal ein Minimum an Kooperationswillen an den Tag legten -, das konnte nur ein Mensch wie Herr Schwarz-Schilling. Darum bezeuge ich ihm gleichzeitig meine Bewunderung und meine Dankbarkeit.

Ich muss gestehen, dass ich manchmal die Meinung von Herrn Schwarz-Schilling in einigen Fragen nicht geteilt habe. Aber all diese „Missverständnisse" zwischen uns kamen aus dem ehrlichen Bestreben seitens Herrn Schwarz-Schillings sowie seiner Überzeugung, dass man schneller und entschlossener im Aufbau der Regierungsinstitutionen vorangehen kann und muss. So hat sich alles, was er bisher getan hat, als richtig erwiesen und als das einzig Mögliche. Die Tatsache, dass er nach unseren Überzeugungen immer einen Schritt vor uns ging, war und ist unsere Schwäche.

Ich wünsche mir, dass sich in diesem Sinne auch seine Gedanken und Überzeugungen, die er mir in Dayton mitgeteilt hat, bestätigen könnten. Damals in Dayton nämlich war ich durch die Form der inneren Staatsordnung Bosniens und Herzegowinas resigniert, aber Herr Schwarz-Schilling hat mir zwar eine kleine, aber immerhin eine gewisse Hoffnung gegeben, dass dies nur eine Phase bis zur vollen Reintegration Bosniens und Herzegowinas ist. Heute ist diese Hoffnung viel größer und sie wird noch mehr wachsen, wenn Herr Schwarz-Schilling seine lobenswerte Arbeit fortsetzt.

Ich hoffe, dass dieses Land, seine Völker und seine Bürger mit der Zeit begreifen werden, welche Anstrengungen Herr Schwarz-Schilling unternommen hat, damit sich die Lage hier normalisiert, und bis dahin gilt mein Dank Herrn Schwarz-Schilling.

Klaus Zumwinkel

Vorstandsvorsitzender der Deutschen Post AG

Wenn der Name Schwarz-Schilling fällt, zumal unter Fachleuten und politischen Weggefährten des Mannes, der inzwischen sein 70. Lebensjahr vollendet, dann stellen sich umgehend Assoziationen zu den Themen „Postreform" und „Liberalisierung des Post- und Fernmeldewesens" in Deutschland ein.

Ich selbst habe damit in besonderer Weise deshalb zu tun, weil der damalige Bundespostminister mich vom Chef-Posten des Versandhauses Quelle nach Bonn holte, um die ersten Schritte nach der Postreform mit ihm gemeinsam zu gehen und ihre zunächst nur theoretischen Liberalisierungsmodelle in die Tat umzusetzen.

Die Postreform von 1989 leitete in logischer Konsequenz die Entwicklung von der staatlichen Leistungsverwaltung zur privatwirtschaftlichen Erbringung von Postdienstleistungen ein. Bis zu diesem Reformschritt zählten Postdienstleistungen zur staatlichen Daseinsvorsorge und waren unmittelbare Bundesaufgabe, gewährleistet durch die Deutsche Bundespost. Kernstücke dieser Reform waren die Trennung der politisch-regulatorischen Funktionen von den betrieblich-unternehmerischen Aufgaben, die ab 1990 in drei eigenständigen Unternehmen - Postdienst, Postbank und Telekom - wahrgenommen wurden. Als nächster logischer Schritt folgte 1995 die Privatisierung der obengenannten öffentlichen Unternehmen und dann 1998 die Liberalisierung des Postmarktes.

Man kann behaupten, dass die Reform des Post- und Telekommunikationsbereichs in Deutschland wie aus dem Lehrbuch konzipiert und - was mindestens genauso wichtig ist - politisch umgesetzt wurde.

Es ist das große Verdienst der beiden letzten Postminister in Deutschland, Schwarz-Schilling und Bötsch, dem Postbereich die gleichen Startchancen gegeben zu haben wie dem Telekommunikationssektor. Ohne diese Grundentscheidung hätte das traditionelle Postunternehmen und die Entwicklung des Postmarktes nicht die Chancen gehabt, die heute den Erfolg auch innerhalb Europas und der Welt ausmachen. Andere Länder schauen deshalb fast neidisch auf die Dynamik und Innovationsfähigkeit der Deutschen Post. Binnen einer Dekade ist aus der ehemaligen Staatsbehörde mit weitreichenden Monopolen ein privates Unternehmen geworden, das sich zunehmend unter Wettbewerbsbedingungen bewährt und kurz vor dem Börsengang steht.

Ich bin dem ehemaligen Postminister Schwarz-Schilling sehr verbunden, dass er mir die Chance gegeben hat, diese spannende Managementherausforderung anzunehmen. Gemeinsam können wir auf eine Entwicklung zurückblicken, die Mut für die Zukunft macht. Die Post wird ihren Erfolgsweg konsequent weitergehen, davon bin ich überzeugt.

Den Grundstein datür hat Schwarz-Schilling gelegt. Seine Persönlichkeit, die geprägt ist von strategischem Denken, Verlässlichkeit und Durchsetzungskraft, war ausschlaggebend für diesen politischen Erfolg.

Verabredungen in beruflichen wie in privaten Dingen pflegt er peinlich genau einzuhalten. Wer auf Schwarz-Schilling setzt, hat zu keiner Zeit auf Sand gebaut. Sein durchschlagender politischer Erfolg und seine Menschlichkeit geben ihm Recht: Er ist direkt und ehrlich, geht immer mit offenem Visier an die Dinge heran, die es zu verändern gilt. Wenn sich eine Entscheidung im Nachhinein als Fehler herausstellt, dann ist er auch bereit, dies einzugestehen und zu korrigieren. Beispielsweise hat sich die von ihm betriebene Trennung von Post und Postbank in der Praxis als Irrweg herausgestellt. Das hat er selbst schnell erkannt, und obwohl er zu dieser Zeit nicht mehr Postminister war, hat er sich öffentlich für eine Korrektur eingesetzt, die dann letztlich spät, aber nicht zu spät, auch erfolgte. Auch dafür gilt ihm Respekt.

Veröffentlichungen von Christian Schwarz-Schilling

1. Bücher

Schwarz-Schilling, Christian: Der Friede von Shan-Yüan (1005 n. Chr.). Ein Beitrag zur Geschichte der chinesischen Diplomatie (Diss.). Asiatische Forschungen Band 1. Wiesbaden 1959.

Ders. (Hrsg.): Reinhard Schwarz-Schilling zum 80. Geburtstag in Freude und Dankbarkeit gewidmet von seinen Kindern, Geschwistern, Enkelkindern, Anverwandten, seinen Schülern und Freunden. Büdingen 1984.

Ders. (Hrsg.): Langfristig sichere Rente. Ein Weg zur Erfüllung des Generationenvertrages. Bonn 1988.

Ders.: Grenzenlose Kommunikation. Bilanz und Perspektiven der Medienpolitik. Frankfurt/M 1993.

Ders.: Unsere Geschichte - Schicksal oder Zufall? Ausblick auf das 21. Jahrhundert. Berlin 1993.

2. Beiträge in Sammelbänden

Marktwirtschaft stärkt die Arbeitnehmerposition im Betrieb.
In: Konsequente Marktwirtschaft, die Heimat aller Schaffenden. Vorträge und Diskussionen. Ludwigsburg 1966.

Das Fernsehen - Eine Herausforderung im 20. Jahrhundert.
In: Brüssau / Stolte / Wisser (Hrsg.), Fernsehen - Ein Medium sieht sich selbst. Mainz 1976.

Freiheitliche Medienpolitik.
In: Höfer, Werner (Hrsg.), Schlagworte wörtlich. Aktuelle Bürgerkunde. Was sind Medien. Percha a. Starnberger See 1981.

Öffentliche Kommunikationsnetze und -dienste in den 90er Jahren.
In: Spary, Peter / Zschaber, Christan W. (Hrsg.), mega politics - Computer und Regierungsentscheidungen für Übermorgen. Bonn 1986.

The Quiet Revolution of 1989 - 1992.
In: Barry, Charles R. / Souchon, Lennart (Hrsg.), Security Architecture for Europe. Washington 1994.

Die echte Befreiung kam später.
In: Filmer / Schwan (Hrsg.), Besiegt, befreit... Zeitzeugen erinnern sich an das Kriegsende 1945. München 1995.

3. Reden, Aufsätze und Pressebeiträge

Mitbestimmung - Ideologie und Wirklichkeit.
In: Selbstverantwortung und Mitbestimmung. Vorträge vor der 18. Mitgliederversammlung des Arbeitgeberverbandes der Hessischen Metallindustrie e. V. 1965 in Bad Soden. Frankfurt/M. - Darmstadt 1965.

Makabres Schattenboxen. Soziale Marktwirtschaft - ein alter Hut?
In: Junge Wirtschaft, 6/1966.

Der große Traum. Von der Lösung aller sozialen Probleme.
In: Junge Wirtschaft, 8/1966.

Gesellschaftsordnung und Mitbestimmung. Versuch einer systematischen Untersuchung.
In: Junge Wirtschaft, 10/1966.

Der Arbeitnehmer in der Wirtschaft.
In: Vortragsreihe des Deutschen Industrieinstituts, 39/1966.

Zehn Jahre des Bemühens. Zum Verständnis zwischen Kirche und Wirtschaft.
In: Der Arbeitgeber, 12/1966.

Verwaltung und moderne Gesellschaft.
In: Mitteilungen für die Mitglieder des CDU-Kreisverbandes Büdingen, 4/1967.

Nicht weltoffen genug. Im Ausland investieren - aber wie?
In: Junge Wirtschaft, 9/1967.

Wie soll unsere Gesellschaft morgen aussehen?
In: Junge Wirtschaft, 10/1968.

Alternativen. Das Konzept der CDU Hessen.
In: Vier Reden zur Landespolitik. Wiesbaden 1969.

Ein neuer Weg in der Vermögensbildung und Vermögensanlage.
In: Vorschlag zur Gründung eines Gemeinschaftswerkes der deutschen Wirtschaft. Büdingen 1971.

Die Mitbestimmung in der Wirtschaft in einer sich wandelnden Gesellschaftsauffassung.
In: Aspekte zur sozialpolitischen Situation 1971. Vortrag anl. der Jahresversammlung der Vereinigung der hessischen Arbeitgeberverbände am 10. März 1971 in Frankfurt am Main.

Soziale Marktwirtschaft - jetzt erst recht! Gegen die falschen Rezepte.
In: Wirtschaftstag der CDU Hessen am 29. November 1975 in Langen. Frankfurt am Main 1975.

Manager als Politiker: Runter vom hohen Ross!
In: Manager Magazin, 4/1976.
Rundfunksystem in der Krise. Medienpolitische Anmerkungen zur Situation der öffentlich-rechtlichen Anstalten.
In: Bertelsmann Briefe, 91/1977.
Buch und Freiheit - Herausforderung unserer Zeit.
In: Bertelsmann Briefe, 93/1978.
Die Revolution des Informations- und Kommunikationswesens.
In: Die Frau in der offenen Gesellschaft. Materialien zur freiheitlich sozialen Politik. Medien. Hrsg. von der Konrad-Adenauer-Stiftung. Bonn 1978.
Politische Ausgewogenheit des Programms.
In: ZDF Schriftenreihe, Heft 22, Materialien zum Programm/Information und Meinung im Fernsehen. Mainz 1979
Die Rolle der Mittelschichten in Europa.
In: Reden zur Zeit, Nr. 38. Hrsg. vom Institut für Demokratieforschung. Würzburg 1979.
SPD-Umdenken in der Medienpolitik. Zustimmung für das Pilotprojekt Ludwigshafen?
In: Deutschland-Union-Dienst Nr. 48. Bonn 1980.
Kommunikationspolitik im Gespräch. Rundfunkinterview vom 29. Mai 1983.
In: Zeitschrift für das Post- und Fernmeldewesen, 6/1983.
Kultur - eine Symbiose von Geschichte und Gegenwart.
In: Kulturpolitik. Die Union in der kulturpolitischen Debatte des Deutschen Bundestages am 8. November 1984. Hrsg. von A. Wormit / H. Neumann. Bonn 1984.
Wirtschaftspolitische Ansätze zur Förderung der Gründung neuer Unternehmen im innovativen Bereich.
In: Schriftenreihe des Vereins zur Förderung der Wettbewerbswirtschaft e. V. Heft 22. Bonn 1985.
Chance und Herausforderung der Telekommunikation in den 90er Jahren.
In: Schriftenreihe über Konzepte und neue Dienste der Telekommunikation des Bundesministers für das Post- und Fernmeldewesen, Heft 4. Bonn 1986.
Die Rentenreform. Anpassungsmaßnahmen und strukturelle Neuansätze sind erforderlich.
In: MIT Standpunkt. Bonn 1987.
Der prophezeite Untergang des Abendlandes findet nicht statt! Ein Interview mit dem Bundesminister für das Post- und Fernmeldewesen.
In: VDI Nachrichten MAGAZIN, Dezember 1987.
Reform des Post- und Fernmeldewesens in der Bundesrepublik Deutschland.
In: Konzeption der Bundesregierung zur Neuordnung des Telekommunikationsmarktes. Heidelberg 1988.

Mehr Telekommunikation zum Nutzen der Bürger. Rede von Bundesminister Dr. Christian Schwarz-Schilling in Hannover, CeBIT 1988.
In: Bulletin der Bundesregierung, Nr. 39/1988.
Forty Years of the Federal Republic of Germany - A Guarantee for open Trade in the 1990s.
In: Occasional Paper Series, 10/1989. Hrsg. von der Konrad-Adenauer-Stiftung. Washington 1989.
500 Jahre Post. Ansprache des Bundesministers für Post und Telekommunikation, Dr. Christian Schwarz-Schilling, am 19. Januar 1990 in Bonn.
In: Bulletin der Bundesregierung, Nr. 14/1990.
Konjunktur und Kreativität.
In: Jahrestagung 1992 der Fraunhofer-Gesellschaft. München 1992.
Festrede zum 225. Geburtstag des Musikverlages Schott Musik International.
In: Mainzer Musik Gala. Mainz 1995.
Wachstumsmarkt und Telekommunikation.
In: Inhalt gestalten - Technik nutzen. Beiträge zur Medienentwicklung im vereinten Deutschland. Festschrift für Claus Detjen. Berlin 1996.
Eine überfällige Reform in der Bewährung.
In: Büchner, Lutz Michael (Hrsg.), Post und Telekommunikation. Eine Bilanz nach zehn Jahren Reform. Heidelberg 1999.

4. Biographisches, Anekdotisches, Gespräche

Niemetz, Alexander: Christian Schwarz-Schilling. Bonn 1983.
Maschke, Walter (Hrsg.): Ein Mann sieht gelb. Die Post mit Witz und Pfiff. Heidelberg 1986.
Barsig, Franz: Gefragt: Christan Schwarz-Schilling. Bornheim 1986.
Herles, Wolfgang: Im Gespräch. Christian Schwarz-Schilling. Bonn 1988.
Steiner, Hartmut: Der Fall Sonnenschein. Ein beispiellose Kampagne. Mainz 1988.

Personenregister